MEKTUP YAYINLARI ♦ 1
Gençliğe Hatıramdır ♦ 1

MEKTUP BASIN YAYIN DAĞITIM
PAZ. TİCARET. ve SAN. LTD ŞTİ.

Yay. Yönetmeni	: Recep Özkan
Kapak Tasarım	: İrfan Kahramanoğlu
Dizgi	: Çiğdem Kahramanoğlu
İç Düzen	: İ. Kahramanoğlu
Montaj	: Halil Erol 0535 290 08 63
İlk Baskı	*: İstanbul 1984*
Baskı	: Karmat Davutpaşa Cad. Kale İş Mrk. *No: 51-52 Topkapı-İSTANBUL* *Tel: 0212. 482 39 62*
Cilt	: Özener Ciltevi Tel: 0212. 481 97 88

Baskı Tarihi	: İSTANBUL MART 2006
ISBN	: 975-6717-01-7

Mektup Adresimiz	: MEKTUP YAYINLARI Boyacı Kapısı Sk. No: 7/1 Malta - Fatih / İSTANBUL Tel : 0212. 635 35 14 0212. 525 27 06 0212. 521 83 10 Faks: 0212. 534 18 71

Gençliğin İmanını Sorularla Çaldılar

Emine Şenlikoğlu

mektup

Emine Şenlikoğlu Özkan: 1953'te Giresun'un Dereli ilçesine bağlı Anbaralan köyünde dünyaya geldi. Daha sonra sırasıyla; Adapazarı Sinanoğlu, Karaçalı köyü, son olarak da İstanbul'a yerleşti.

Gençlik yıllarında din arayışına girdi, dört İncili okudu. Daha sonra İslâmî ilimlerde eşi Recep Özkan ve özel hocalardan dersler aldı. Akâid, hadis usulü gibi ilim dallarında kendini yetiştirmeye çalıştı.

İlk kez 1978'de yazmaya başladı. *Bursa Marmara Gazetesi, Milli Gazete, Yeni Asya Gazetesi* ile *Sur* ve *Ribat Dergisi*'nde yazdı. 1985 Şubatında eşiyle beraber aylık Mektup Dergisi'ni çıkardı. Halen aynı derginin genel yayın yönetmenliğini yürütmekte ve aynı dergide yazmaya devam etmektedir.

1984'te yazdığı *Gençliğin İmanını Sorularla Çaldılar* isimli eserinden dolayı 1985 Mayısında iki yılı gözetim olmak üzere 8,5 yıla mahkûm oldu. İki buçuk yıl hapis yattıktan sonra infaz yasasından yararlandı. 163. madde kalkınca kitap serbest bırakıldı.

Ceza evinde yedi kitap yazdı. O kitaplardan, *Burası Ceza Evi, Biz Bu Vatanın Nesi oluyoruz, Ben Kimin Kurbanıyım?* isimli kitaplarına dava açıldı ve bu üç kitap toplatıldı.

Yirmi kadar kitap yazdıktan sonra, Türkçe ve edebiyat dersleri aldı ve ilk kitaplarını gözden geçirmeye başladı. Gelecekteki yazarların aynı hatalara düşmemesi için deneme ve yanılma yoluyla Edebiyat ve Yazma Sanatı Üzerine isimli bir kitap hazırladı. Yazarın üç şiir kitabı var. Aynı dönemde çıkan şiir kitapları arasında Mahkum Duygular isimli şiir kitabı Türkiye rekoru kırdı. *Yeni Devir Gazetesi*nde bazı şiirleri yayınlandı.

Şenlikoğlu'nun yazdığı bir piyes sahneye kondu ve sahasında rekor sayılan izleyici kitlesine ulaştı.

Yazar, yirmi yaşından sonra ilkokulu, kırk yaşından sonra da ortaokulu ve İmam Hatip lisesini dışarıdan okudu. Kırk sekiz yaşından sonra üniversiteye gitmek istediğinde, başörtüsü yasağına takıldı.

Çok kez yargılandı.

Çarşaflı olarak televizyona çıkışından, *İslâmda Erkek, Kadınları Kadınlarda Eziyor* romanına kadar bir çok konuda eleştiriler almasına rağmen duruşunu korumaya devam etti.

Yurt içi ve yurt dışında birçok konferanslar verdi, radyo programları yaptı.

İki çocuk annesi olan Emine Şenlikoğlu'nun 1984 yılından itibaren yayınlanan eserleri şunlardır:

1. SERİ:
"GENÇLİĞE HATIRAMDIR"

1- Gençliğin İmanını
Sorularla Çaldılar
2- Bize Nasıl Kıydınız
3- Mahkum Duygular
4- a-Burası Cezaevi -*Toplatıldı-*
b-Burası Da Cezaevi
5- İslam'da Erkek
6- Ne Olur İhanet Etme
7- Ülkemi Arıyorum
8- Biz Bu Vatanın Nesi Oluyoruz
9- Ruhumun Penceresi
10- Kelepçeli Kalemimden
11- Ağlatan Yollar
12- İnsanlar da Kayar
13- Telefonla Röportaj
14- Önce Soru Sorarlar
15- İsimsiz Kitap (Hiciv)
16- Vicdan Azabı
17- Maria
18- İdamlık Genç

2. SERİ:
"İNSANLIĞA ÇAĞRI"

1- İnsanlığın Belgeseli
2- Kıbrıs Sular İçinde Bir Yetim
3- Ben Kimin Kurbanıyım
4- Geri Tepen Kurşunlar
5- Radyo ve Basın Röportajları
6- Televizyon Röportajları
7- Uzaktaki Çığlıklar
8- Geçmişin İzleri
9- Sabıkalı ve Dul
10- Çingene
11- İmamın Manken Kızı
12- Son Pişmanlık Fayda Eder
13- Çin İşkencesi
14- Kadınları Kadınlar da Eziyor

3. SERİ:
"NESİLLERİN ÖYKÜSÜ"
(7'den Yetmişe Herkes İçin)

1- Şirin Köy
2- Küçük Kız
3- Küçük Kelebekler
4- Yılan Yavrusu
5- Kırmızı Elbiseli Kız
6- Satılık Çocuk
7- Topal karınca
8- Küçük Kızın Umudu
9- Hayâl Çocuk
10- Konuşan Serçe
11- Kardeş Sevgisi
12- Depremin Ardından
13- Ağlayan Köpek
14- Ali'nin Dünyası
15- Anne Büyüklere
Bir Şey Söyle
16- Baba Sen de
Bir Şeyler Söyle

Not: Nesiller Öyküsü birbirinin devamıdır.

4. SERİ:
"SEVGİNİN SESİ"

1- Hristiyan Gülü
2- Harcandık
3- Çağrı
4- Bunalım
5- Esir Evliler
6- Sevgide Hiç Vefa Yok mu?

5. SERİ:
"BİLGİ SERİSİ"

1- Kılavuz: İslâm'ı Doğru Anlamak (4 Cilt)

6. SERİ:
"CİVCİV AİLESİ"
BEYAZ SERİ

1- Civciv Ailesini Tanıyalım
2- Özür Dileyen Civciv
3- Karşılık Beklemeyen Civciv
4- Soru Soran Civciv
5- Hastalanan Civciv Çimiçimi
6- Civcivin Rüyası

"CİVCİV AİLESİ"
BEYAZ SERİ

1- Civciv Ailesi Kır Gezisinde
2- Suya Dalan Civciv
3- Civciv Ailesi Yardım Ediyor
4- Eşyasını Kaybeden Civciv
5- Civciv Ailesi Dağılıyor
6- Çimi Çimi Meşuy Oluyo

Bu Kitabın Hikâyesi

Rahman ve Rahîm Allah'ın adıyla.

Değerli okuyucularım,

Sizlere kısaca bu kitabın hikayesinden bahsetmek istiyorum. Gerçi, kitabın içinde yıllar önce yer yer konu etmişim ama yine de bir özet yapayım istedim.

Ben, İslâm'ı çok zor bulmuş bir insanım. Her gittiğim yerde çeşitli sorular soruyorlardı. Bilhassa 1970'li yıllardan hatırlıyorum; “Allah’ı inkar” modaydı, Allah'a inanan gençlerin gerici olduğu vurgulanıyordu..

Türkiye'de o yıllarda, gündemde olan soruları bir bir tespit ettim. Bazı yazarlara götürdüm bu soruları. "Ben, güzel yazamam, sizler güzel yazarsınız. Şu sorulara cevap verin" dedim, fakat her yazar kendi programına göre yazar. Tabii olarak reddedildim..

Ben de yarım yamalak Tükçem ile, "Tesiri Allah'tan" diye kaleme sarıldım ve yazdım.

Allah'ın lütfu ile bu kitap çok tuttu..

Beni, bu kitap yüzünden, cezaevine attılar. Sekizbuçuk yıl hapis cezası verdiler. İki buçuk yıl cezaevinde yattıktan sonra, infaz yasasıyla hapisten çıktım. Daha sonra 163. madde kalkınca kitap üzerindeki yasak da kalktı.

İki buçuk yıl zarfında, cezaevinde, yedi adet kitap yazdım. Bazen arkadaşlara şaka yapıyor, diyorum ki; bilselerdi yedi kitap yazacağımı beni belki hapsetmezlerdi.

Şu anda bu yazıyı bu kitabın 63. baskısında yazıyorum. Türkiye şartları için oldukça güzel bir rakam. (Hırsızlar kaç baskı yaptı onu bilmiyorum. Bazıları bu hırsızlara korsan diyor.)

20 yıl geçmiş olsa bile kitabı bir daha gözden geçireyim dedim. Korsan baskılar hariç, bu kadar baskıyı, bu kitap, böyle olduğu halde yaptı. Her halde bir özelliği vardır diye konusunu bozmadım.

Evlilik işlerini de ihmal etmeyen kitabım, Allah'ın varlığından, ahirete imana, Yehova Şahidliği'nden özel hallere kadar yüzlerce konuyu kapsıyor. Son sahifelerindeki güzel sözleri de ayrıca ilave ettim.

Şimdi kitabı okuyunca, "Keşke bu kadar alıntıya yer vermeseydim" dedim. Fakat o günlerimi hatırlayınca hüzünlendim. O günlerde dipnotları belirlemek için kitapları bile zor bulmuştum. Halbuki, çok acele lâzımdı bu kitap... Gençlere bir an önce yetişmeliydi ve yetişti.

Beni, ikibuçuk yıl cezaevinde yatırdı ama gençlerimiz için değdi.

Cezaevinde yattığım yıllar, bu kitap için gördüğüm hakaretler, okuyucuma feda olsun.. Milyonlarca kez feda olsun...

Kitabı ilk çıkardığım günlerde niyetim şuydu; "Gençliğe Hatıramdır" diye bir seri çıkaracak, sonra ölsem de gam yemeyecektim. Allah'a şükürler olsun, hayallerimin çoğunu gerçekleştirmeyi nasip etti ve seri bitti.

"Gençliğin İmanı"yla başlayan seri, "İdamlık Genç" romanıyla son buldu.

Hatalarım benim, güzellikler davamındır.

Kitabı okurken, bu kitabın yazıldığı 1980'li yılların şartlarını hatırlarsanız iyi olur. Çünkü bazılarında aynı sorular devam ediyor.

Allah sizlerden razı olsun diyerek, 1984'te ilk baskısı yapılan kitabımla, sizleri başbaşa bırakıyorum. Allah'a emanet olun.

Emine Şenlikoğlu / 20.6.1993

DOST DAVETİ VE BİR SORU

Gel kardeşim diyorum, Rabb'ini dinle,
Dünya gitmeyecek inan ki seninle.
Sulara dargın mısın ki, guslün yok,
Bu kadar nankör müsün ki, şükürün yok.
Kör kütükte kaydın İslâm'dır ama,
İslâm'ın kütüğünde belki kaydın yok.
Anamız (Hz.) Havva'dır, babamız (Hz.) Adem.
Kimimiz niçin cevher, kimimiz neden maden?
Bir fincan kahveye teşekkür eden sen,
Yaratana nankörlük acaba neden?

E. Ş. 1984

ÖNSÖZ

İslâm'ı yaşamanın ayıp, her türlü rezaletin şeref sayıldığı şu asrımızda bir yanda ilerleyen İslâm'a hizmette bizim de vazifemiz olsun dedik. Çünkü, kim ne yaparsa kendi lehine veya aleyhine yapar.

Değerli okuyucum,

Aslında bu kitabı cebinden çıkarabilecek çok kitap var. Fakat, kitabımın içinde olan soruların hepsini bir arada toplayan bir kitap yok gibi bir şeydi veya benim elime geçmemişti. Bu arada, konferans ve vaazlarımda, Kur'an Kursu ve İmam Hatip talebelerinin de, "Siz, bu soruları kitap yapsanız çok iyi olur" teklifleri ile karşılaştım. Yalnız Kur'an kursu talebelerinden değil, kitabın içinde okuyacağınız gibi, yüksek okulda okuyan öğrenci kardeşlerimden de, "Biz bu soruların cevabını bilmediğimiz için, neredeyse imanımız elden gidecekti. Bizim gibi niceleri var ki, bunalım içindeler, siz bir kitap çıkarsanız nasıl olur?" dediler. Ben de düşündüm, faydalı olur niyetiyle yazmaya karar verdim. Şunu da söyleyeyim, herkesi memnun etmek, hiç tenkide uğramayan bir kitap yazmak mümkün değil. Zira,

Allah'ın kitabını tenkit eden insanoğlunun, benim yazdığımı tenkit etmemesi düşünülemez bile.

Her konuda bilgim yeterli olmadığı için, araştırmalarım esnasında borç bilgiler kullandığımı bilmenizi istiyorum. Zira, insanın kendinden yukarılarda görünmesi bana çirkin görünen bir konudur. Onun için bu açıklamayı yapıyorum.

Beni amelimle değil, niyetimle ölçen dost
Evet diyorum, odur kardeş, odur dost...

E. Ş.

7.3.1984/İstanbul

Not:

Yazar olmak isteyenler için önemli olan bir konuya değinmek istiyorum.

Elinizdeki kitap ilk kitabım. Deneyimli değildim onun için, tashih yaparken dipnot numaralarını kontrol etmedim. Yanlışlıkları yıllar sonra farkettim.

Tırnak içindeki bilgiler alıntıdır. Fakat hangi yazı hangi yazara ait bulmak oldukça zordu. Sahibini bulamadığım kısımlar için, hem siz değerli okuyucularımdan, hem de yazı sahiplerinden özür diliyorum.

Anlayışınızdan bize de sunun dostlar.

10.07.2006

Tuhaf bir giriş

BU DA MI OLACAKTI!

Kitabın girişini meşhur hikâye ile yapmak istiyorum.

Adamın biri, bir yılanla arkadaşlık kurar; adam yılanı çok sever. Ona, her gün bir tas süt içirir. Arkadaşlıkları bu şekilde günlerce devam eder. Fakat, günlerden bir gün, yılan değil mi, yılanlık damarı tutar. Adamın oğlunu sokarak öldürür. Zavallı adam, gelir bir de bakar ki, oğlu ölmüş. Yılan da biraz ötede. Adam; "Yazıklar olsun!" diyerek yılanın kafasını taş ile ağır bir şekilde yaralar. Adam, ağlayarak oğlunu kapısının önüne gömer. Aradan yıllar geçer, adam yılana der ki: "Yılan kardeş, gel seninle eskisi gibi yine dost olalım." Yılan, kafasını şöyle bir kaldırarak, cevap verir: "Bu yara benim kafamda, o mezar senin kapındayken seninle dost olmamız mümkün değil."

Adamın akılsızlığı, yılanla dost olmakla başlamıyor mu? Müslümanın emperyalist ve de İslâm düşmanlarıyla dost olması da aynı şey değil mi? Belki yılanla dost olunur ama İslâm'a düşmanlarla asla dost olunmaz. Peki, bugün İslâm düşmanlarına "Dostlar" diye hitap ediliyor. Bunun sebebi nedir? Hani Kur'an-ı Kerim'de Rabbulâlemin; "Ey iman edenler, kendi din kardeşlerinizden başkasını dost ve sırdaş edinmeyin. Çünkü, onlar, size şer ve fesat yapmakta hiç kusur etmezler, size sıkıntı verecek şeyleri arzu ederler. Hakikat, onların kin ve nefretleri ağızlarından (taşıp) meydana vurmuştur. Gögüslerinde gizlemekte oldukları (düşmanlık) ise daha büyüktür. Size ayetlerimizi (kat'i surette) açıkladık, eğer düşünürseniz."[1] diye buyurmuştu. Bize ne oldu da, gençliğimizi, düşmanlarımızın kültürüne göre yetiştiriyoruz? Rabbimizden (hâşâ) daha mı iyi biliyoruz?

Dostumuşlar! Gülünecek bir saflık. Dost, düşmanlık yapar mı? Günün birinde, bu dostluk Türkiye'yi mezara sokardı, ama Allah'a şükürler olsun ki, iş işten geçmeden uyandık. Ve onlara asla fırsat vermeyecek bilinç oluştu. Aklımızı başımıza alacağız. Yılan, "Biz dost olamayız" demişti. Fakat İslâm düşmanı, yılanın yaptığı dürüstlüğü yapmaz, açıkça, "biz dost olamayız," diye söylemez. İslâm düşmanlarıyla dost olmak, bizi Rabbimiz'den ayırır, Peygamberimizden ayırır, Kur'an'ımızdan ayırır. Böylece, hem dünyamız, hem ahiretimiz harap olur. Dünyamızın harap olması bir şey değil diyelim ama ya ahiretimiz harap olursa ne olur halimiz?

Bu arada, İslâm düşmanı olan boş inançtaki insanları konu etmediğimiz iyice bilinmeli. Bazılarını görünce içimden şöyle sitemler geçiyor:

"Altınla satın alamayacağımız kıymetli yıllarımıza, bir paçavra kadar bile değer vermiyoruz. Neticede, bu hale geldik.

Batı aşığı Müslüman! Geri kalmışlığımızı hâlâ dine mâledenlere aldanıyor. Bu nasıl uyumaktır anlayamadım. Bu, çağdaş gerici, yobaz aydın bozuntularının hiç mi akıl-

---

(1) Âl-i İmran: 118

ları ermiyor? İnsan şöyle bir düşünür: Dün, devlet, kısmen de olsa Kur'an-ı Kerim, yani Allah'ın ahkâmı ile yönetiliyordu, Batı bize muhtaçtı, bugün devlet, onların ahkâmı (kanunları) ile yönetiliyor, biz Batı'ya muhtacız... Dün, Kur'an'ın emirleri uygulandığı zaman, ülkede maddî ve manevî bir huzur vardı. Hattâ Batı devletlerine para yardımı bile yapılıyordu. İlimde de en ileri gidenler Müslümanlardı. Galileo'yi, İslâm anlayışı değil, Batı anlayışı ölüme mahkum etmişti, sonradan geri adım atsa da... O zamanlar Batılılar, dünya tepsi gibi düzdür derken, Müslüman âlimler "Dünya yuvarlaktır" diyorlardı. Şimdi o Batı'ya gençlerimizi hayran ettiler. Müslümanlar, ayın, güneşin, yıldızların döndüklerini bildiren ayetleri çoktandır okuyorlarken, Batı dünyasında bilim adamları arasında bile yıldızların sabit durduklarına inanılırdı."

İşte bu durumları fark edince yerimde duramaz oldum ve yazmaya karar verdim.

Kitabın yazılış gayesindeki en önemli mesele, yaratanımızı, mimarımızı bilmek ve dinsizliği tanımaktır. Okuyunca, insan bir tuhaf oluyor. O Müslümanlar, İslâm'ı nasıl yaşamışlar, İslâm için nasıl durmadan çalışmışlar, inanın tam bu duygularla dolu iken, Allah'ın emirlerini yapmayan, Tağut'u[2] destekleyen, onlara dua eden birinin, ben de Müslümanım, demesi yok mu? İşte o zaman, tuhaf bir ifadeyle "Hadi oradan" demiştim. Bir cümle ilave edeyim, tuhaflarda gerçektir, diyesi geliyor insanın.

---

(2) Tağut: Allah'ın indirdiği hükümlere inat ve onların yerine geçmek üzere hükümler icât eden ve kendisini ilah gösteren her varlık. Bunun, insan olması, put olması, şeytan olması veya bunların dışında her hangi birşey olması mahiyetini değiştirmez.

ANILARIN BAZISI UNUTULMUYOR

Birkaç sene evvel, bir konuşmamdan dolayı komiserin karşısına çıkarılmıştım.

Komiser Bey soruyordu:

— Seni buraya niçin getirdiler?

Şaşırmıştım:

— Siz bilirsiniz Komiser Bey, ben nereden bileyim? Beni buraya siz getirdiniz.

Yüzüme sert sert bakan komiser:

— Sen ne anlatıyordun bugün saat 12'de?

— Rabbimi, peygamberim Sallallahu Aleyhi Vesellem'i ve emirlerini...

— Onlar bilmiyorlar mı, Rabbini, peygamberini? Sana mı kaldı bunları anlatmak, okulda bunların hepsini öğretiyorlar?

— Okulda okutulan bir saatlik din dersi ile, Allah'ın ve peygamberin emirlerini, peygamberimizin hayatını, işlerini öğretemeyiz ki. Hem ben, sadece okulda okuyanlara vaaz vermiyorum ki, okulda okumayanlara da vaaz veriyorum, bildiğim ne varsa hepsinden.

Tuhaf konuşma tarzımız devam etti.

— Aman canım, ne yapmış ki peygamber, bol bol halkın zekâtını toplamış.

Ne kadar sinirlendiğimi anlatamam. Allah'tan gözlerimiz dindar komiserler de gördü de, her komisere 'aynıdır' diye bakmıyorum.

— Komiser Bey! Bakın, siz de peygamberimizin (s.a.v) hayatını okumamışsınız. Peygamberimiz (s.a.v), zekât almazdı. Allah (c.c.) zekat almasını yasaklamıştı. Buna ne dersiniz acaba?

Şok halinde, ama ustalıkla konu değişti.

— Neyse, konumuz bu değil. Ama Muhammed bir filozoftu, bunu kabul etmek gerekir.

— Bunu kabul etmek, Kur'an-ı Kerim'i reddetmek demektir. Filozof demek, kendi araştırmaları ile bir şeyler bulan, yeni fikirler ileri süren düşünür demektir. Halbuki, peygamberimize (s.a.v) Allah bildiriyordu. Aksi halde onun bilmesi mümkün değildi. Çünkü Kur'an'da öyle ayetler var ki, Allah bildirmeseydi Peygamberimizin bilmesi mümkün değildi. Çünkü insanlık o bilgilere sahip değildi. (Uzay genişliyor, gibi) Okuyup yazması yoktu. Nasıl oluyor da bir ümmîye filozof diyorsunuz? Peygamberimizin (s.a.v) söylemiş olduğu bütün emirleri, Allah (c.c) bildirmiştir. O da, biz ümmetine... Kafirler, peygamberimize (s.a.v) filozof demekle, Kur'an-ı Kerim'in Allah'tan (c.c) geldiğini saklamak istiyorlar.

— Sen bunları niçin öğreniyorsun?

— Bana, yani bir Müslüman'a farz olduğu için.

— Boşver canım, ne lüzumu var. Kendini bu kadar yormuşsun, gidip bir memur olsaydın, hiç olmazsa huzurun olurdu.

— Memurlar, çok mu huzurlu? Sonra ben, elhamdülillah çok huzurluyum, hem yorulmaktan da zevk alıyorum. Çünkü, ruhum yorgun değil. Siz devletin memurusunuz, ben de dinimin memuruyum. Devlete memur lazım da, İslâm'a memur lazım değil mi?

Komiser, konuyu değiştirerek konuşmasını sürdürdü. (İyi komiserlerle, bahsettiğim ruhtaki komiserleri lütfen aynı kefeye koymayalım.) Burada dikkatimi çeken bir durum var. İslâm'ın yanlış anlatıldığını, İslâm'ı ben de bilirim diyenlerin, aslında İslâm'dan hiçbir şey bilmediğini gözlemleyebiliyoruz bu olayda.

Ey kâinatın Sahibi! Atalarımızdan sonra biz de seni hakkıyla tanıtamadık, dinini tanıtamadık, bizleri affeyle.

Şimdi ne yapmak lâzım? İslâm'ı güzelce öğrenip amel etmek, sonra da İslâm'ı tebliğ etmek lazım. Mürşidimden duymuştum: "İnsanı eğitmek, hayvanı eğitmekden zordur" diyordu.

"Adam, dağdan ayı tutup getiriyor, onu terbiye ediyor da, biz elimizdeki talebeyi terbiye edemiyoruz." Bu bizim tam eğitici olmadığımızı gösterirken, (hayvanlarda nefis yok) nefs sahibi olan insanoğlunun terbiyesinin çok zor olduğunu da gösterir. Hele bugün, zehir saçan neşriyat içinde bulunan gençliği kurtarmak zor bir mesele oldu. Niçin?... Ah, bu niçinleri bir anlatabilsek, gerçekleri açık açık beyinlere ulaştırabilsek... Yâ Rabb, nasip et...

Şuna kesin olarak inandım ki, yılanla dost olmak, İslâm düşmanlarıyla dost olmaktan daha iyidir. Yılan, adamın evladını soktu öldürdü, böylece çocuk sadece dünyadan ahirete gitmiş oldu. Fakat onlar, evlatlarımızın beynini zehirlemek yoluyla, hem dünyasını, hem de ahiretini harap etmiş ve ediyorlar. Niceleri beyaz zehirden ölüyor. Nereden türedi bu "İnanmıyorum" diyen gençlik? Uyanalım, inanmayan gençlik kimin işine yarıyor, çok düşünüp, çok çalışalım. Kâfir, dinimize küfür ediyor, niçin duymuyoruz?. Ama Allah'ın izniyle, hesap sormanın zamanı elbette bir gün gelecektir. Onların İslâm'a karşı bir hileleri, tuzakları varsa, ayetinde buyurduğu gibi Rabbim'in de onlara karşı bir tuzağı vardır.

"Hani bir zaman, o küfredenler, ya seni tutup bağlamak, ya da seni öldürmek yahut seni yurdundan zorla çıkarmak için sana tuzak kuruyorlardı. Onlar, bu tuzağı kurarlarken, Allah da onlara bir tuzak kurmadaydı. Allah, tuzak kuranlara mukabele edenlerin en hayırlısıdır."[3] Allah, ayetlerden meâlen böyle seslenirken, kalkıp da "Allah da hata yapar" (Bir önemli devlet adamınındır bu söz) diyenler, yılandan milyon kere milyon daha yılan değil midir?

Düşman tuzağından habersiz olan bu küstah Allah'a dil uzatırken devletin tepesinde bir yerdeydi. Aynı adam, "Ben hoca çocuğuyum" diye fetvacıbaşı kesilmişti, ben de bu şiiri yazdım.

Ne söylüyor şu adam, şaşkın şaşkın
Kırdığı büyük potlar, binleri aşkın
Üstelik çok da cahil, cahilin de aptalı
Şunu susturmak için, bilmem ki ne yapmalı
Kahrımdan ölüyorum, adam, tutup dinimi
Suçluyor, yargılıyor, bilmiyor ki, kimi
Kimi çekiyor hesaba, kimdir küçümsediği
Allah ve Resulüdür açıkça söylediği
Bu adama yok mudur, hiç haddini bildiren
Sabır kardeşim sabır, birazcık daha diren
Köpeklere her zaman, bu meydan verilmez ya*
Her saniye şeklini değiştiriyor dünya. [4]

---

(3) Enfal: 30

(*) Yıl 2006. Keşke "köpekler" yerine başka kelime kullansaydım, diyorum. Fakat 1980'li yıllarda bize çok hakaret edilmiş olduğundan, o acı ve kahır dolu günleri, kendimi harcamak pahasına da olsa kaldırmadım. Çünkü, bu sözler bilincimin oturmadığı gençlik yıllarımda az kaldı büyük hata yaptıracaktı.

(4) Gençlik, böyledir işte. Gençliğin heyecanıyla bazen 'ağır' kelimeler sarfeder insan. Ben de öyle yapmışım. Hoşgörmenizi rica ediyorum.

BASİT SORU YOKTUR AMA....

Kim nasıl soru sorarsa sorsun, hiçbir soruyu basit görmem. Çünkü sorunun önemi sorana göredir!

Sorular sorulur ve cevaplar tatmin edici bir şekilde verilirse, kalpler mutmain olur. Fakat, inanmak istemeyen, yine inanmaz. Bile bile inkâr ederek, Ebu Cehil tipi bir kâfir olur. Bu küffarlığın ismi, inadî küfürdür. İyi huylu, temiz kalpli bir şühpe sahibi, tatminkâr cevap alınca derhal teslim olur. "Önceden çok itiraz etmiştim, şimdi tükürdüğümü yalamam" diyerek kompleks yapmaz. Hz. Ömer gibi, gerçeği bulana kadar yaptığı itirazlara, gerçeği bulduktan sonra hayretle tövbe eder ve der ki: "Ne kadar cahilmişim, Allah'ım sana ne kadar isyan etmişim ve sen ne kadar sabırlıymışsın ki, beni isyanım anında helâk etmedin."

Sorular bitmez, ancak inanmak isteyenin soruları muhduttur, sınırlıdır. Çünkü, soran kişi iyi niyetli ise bilir ki:

Nedenler, niçinler, nedendir bitmez
Bir şeyi inkâr için, "yok" diyebilmek yetmez.

Eskiden Müslümanlar'ı yoketmek için, öldürmek kâfi idi. Fakat, durum şimdi tamamen değişti, İslâm düşmanları şöyle diyorlar: "Müslüman'ı öldürmeye lüzum yok, inancını öldürürsek fikri bizim olur, fikri bizim olunca da hem bir Müslüman eksilir, hem de biz, bir tane adam kazanmış oluruz." Fikri (inancı) öldürme metotları, tuzakları gayet basit: Biri; SORULAR... İslâm'ı bilmeyen gençlerin beynine balyoz gibi inen sorular. Cevabı veremeyen gencin param parça olan zihni ve sonra kocaman bir isyan: "BEN

ARTIK İNANMIYORUM." Sen, daha önceden de inanmıyordun, inandığını zannediyordun. İnanmak için, inandığın şeyi tanıman ve çok iyi bilmen lazımdı. Halbuki sen, futbolu, rezalet filmlerini çok iyi biliyordun. Moda, kumar, içki, kadın, kız, yakışıklı erkek sanatçıları modelleme, falan artistin hayatı, filan şarkıcının hayatı derken, sevmen gerekeni sevemedin, tanıyamadın. Onun için de aklın düşmanlarımızın lehine kiralandı. Sen, onlarla meşgulken, sana bir de soru tuzağı kurdular.

"Niçin yaşıyoruz? Dünyaya bir kere geldik, niçin eğlenmeyelim? Niçin zenginler mutlu? Niçin?.. Niçin? vs." Sen, senden çalındın. Araştırmadın, çünkü çok meşguldün. Akşama çok güzel bir film vardı, yarın imtihanın vardı ona çalışacaktın, ertesi gün yaş günün vardı, daha öbür günü tiyatroya gidecektin, derken, geldi cumartesi, pazar. Bu günlerde de maç ve gezilerin vardı ve böylece hafta bitti. Sen ise sana sorulan soruların cevabını düşünemedin bile... Belki de işine öyle geliyordu. Korkuyordun, "Ararsam, soruların cevabını bulurum, bulursam, inanırım, böylece de artık eğlenemem" sanıyordun. "Boşver aldırma, huzurum kaçmasın" diyerek kendi kendinden korkup, benliğinden uzaklaşıyordun. Sana, helâl eğlencenin yeteceği de söylenmedi.

Derken... Yanıldın. İnanmayınca hepten mahvoldun. Yıkıldın, kişiliğini kaybettin, ruhun sıkılıyordu. Ruha da inanmıyordun ki, derdinin devâsı için uğraşasın. Sen bir robot olmuştun. Din düşmanları sana ne diyorsa, okuduğun ateist materyalist kitaplar sana ne diyorsa, sen onlara inandın. Mutlu oldun mu? Hayır... Asla olmadın... Ve sen, kendi iradenle değil, başkalarının iradesiyle yaşıyordun. Halbuki, adım adım bir menzile doğru gidiyordun, o kadar meşguldün ki... Bu gidişin fark edilemeyecek duruma gelmişti. Seni yaratan Rabb'ine düşman olmuştun. Adım adım ona doğru gittiğini unuttun ve kokuşmuş bir et yığını haline geldin. İlk yıkılışın sana sorulan sorularla başladı. Soruya cevap veremeyince, sen de başladın başkalarına aynı soruları zincir yaparak sormaya.

ŞEHİRLER BOZULUNCA KÖYLER SAĞLAM KALIR MI?

Sen... Köy ağası Hasan Efendi! Ve rençber Ali, Ayşe... Sen de çok meşguldün. Sanki senin de zamanın bitmişti. Bu akşam kahvehanede köylülerle toplantın vardı. Köyün merasından, otlaklarından, hududundan konuşacaktın... Veya zamanını kahvede öldürüp zaman katili olacaktın.

Muhtarsan ve de Allah'ın emirlerine göre yaşamıyorsan, zihninde köyün manevî yönü hiç yer etmiyordu. Bir gün kaymakam çağırmıştı, oraya gittin. Daha ertesi günü, kaymakam köye gelecekti, kaymakamı iyi ağırlaman gerekliydi, davar kesmen, tavuk kesmen lazımdı. Böylece hatalı bile olsan kimseler seni kaymakama şikayet edemeyeceklerdi... Nasıl şikayet etsin ki? Sence sen kaymakama sus payı vermiştin. Sana nasıl ceza verebilirdi? Veya sen değil de başkası bunları yapıyor. Peki sen ne yapıyorsun? Veya yapman gereken neyi yapmıyorsun? Böylece, senin de haftaların geçmişti. Ya kul hakkı yiyen sen, falan kişi, Allah'ı (c.c) tanımaya, İslâm'ı öğrenmeye sen de vakit bulamadın. Ama maalesef senin de cesedin musallaya gelecek, bu adamı nasıl bilirsiniz dediği zaman imam Efendi, hep bir ağızdan:

— İyi biliriz, iyi biliriz, denilecek. Sahtekarlar, yalancılar, iyi olmayan bir insana, nasıl, "İyi biliriz, iyi biliriz" diyorsunuz. İslâmiyet'in iyi demediği bir insana, "İyi" demekle ahirette Allah'a (c.c) hesap vereceğinizin şuurunda mısınız? Halbuki, senin gibi dininden bîhaber, malmülk uğruna Allah'a (cc.) bir saatini dahi vermemiş bir zalime,

"Kötü biliriz, kötü biliriz" deselerdi senin gibileri örnek almış olurlar: "Ben de halkın hakkını yersem, İslâm'ı öğrenip yaşamazsam, daha toprağa girmeden rezil olacağım" derlerdi... Ama maalesef, şuursuz, Müslümanlar, bugün cami kapısında İslâm'a inanmayan hattâ düşman olanları bile "İyi biliriz, iyi biliriz" diyerek cenaze namazlarını kılıyorlar. Gafil! Müslüman, İslâm'ı kabul etmeyen kimsenin cenaze namazını kılar mı?

Sen, Leyla Hanım! Sen de düşünmedin emredenin Allah olduğunu, 'beğenilmem lazım' dedin de, kapanmayı yakıştıramadın kendine...

Seni de kandırmışlardı, "Kim gitmiş de kim gelmiş ahirete?!" diye. Televizyonda veya diskolardaki eğlenceler içinde boğulurken, sen de İslâmca yaşamaya vakit bulamadın. Yarın arkadaşlara gidecektin, ertesi gün pasta günü vardı, daha ertesi gün çamaşır yıkayacaktın, başka gün düğün vardı derken, sen de İslâm'ı hiç öğrenmeden getirdin haftayı, sen de terkettin Rabb'ini, secde etmek güç geldi sana. Başka şeylerle uğraşırken acımadın vaktine, ama namaza vereceğin on dakikana acıdın...

Artistlerin, Leydi Diana'nın giydiği iç çamaşırlarından haberin oldu da, yumurtanın içinden çıkan sanattan haberin olmadı. Böylece, gençliğini nefsine feda etmiş, yaşlılığında Allah'a (c.c) dönme hayelleri kurmuştun. Böylece sen de farkedemeden, felaketin kucağına düştün.

Sen Fatma Hanım! Aç kalmaktan korktun, "İllâ çalışacağım, hayatımı garanti altına alacağım" dedin. Hayatını garantiye almayı düşünürken, ahireti hiç düşünmedin... Ve açtın başını... Terkettin namazı...

Sen bakkal efendi: Cuma günü bakkalını bir saatçik olsun kapatamadın. Cuma günü, ezan okunduktan sonra namazdan çıkıncaya kadar kazanılan bütün paranın haram olduğunu dahi bilmiyorsun veya bildiğin halde işine gelmiyor.

Velhasıl, durum ne oldu?..Türkiye'nin hatta dünyanın durumu aşiretler döneminden bile geriye çekildi. Demokrasi adına durmadan Müslümanlar öldürülüyor. Şimdi de dert yanıyorsun. "Ah şu anarşistler, gözü kör olsun bu anarşistlerin, gelmesine sebep olan insanların" diyorsun. Halbuki, yapmış olduğun bedduaya sen de dahil oluyorsun fakat farkında bile değilsin. Şair Mehmet Akif Ersoy, ne diyordu:

Sahipsiz vatanın batması haktır,
Sen sahip çıkarsan, bu vatan batmayacaktır.

Hani, sen sahip çıktın mı? Evet çıktın... Ama neye sahip çıktın. Bankadaki faiz parana ve midenin menfaatine. Öyle değil mi? Yalnız bunu söylerken, herkes senin gibi yaptı, demek istemiyorum., Öyle gençler, öyle Hasanlar, öyle Fatmalar, öyle Leylalar var ki, sadece dinini düşünmüş, Kur'an, "Allah sizin mallarınızı ve canlarınızı cennet mukabilinde satın almıştır"[4a] hükmüne uyarak mallarını ve canlarını Allah için adamışlardır. İslâm'ı öğrenip, başkalarına öğretmişlerdir. Allah, onların hepsinden razı olsun.

4a) Tevbe, 111

İşte sen senden, dininden nasıl koptun, seni dininden nasıl kopardılar?... Sorularla. O soruları şimdi oku. Bu kitapta olan sorular, seni soru tuzaklarına karşı uyandırır sanıyorum. Eğer sen uyanmış isen, uykuda olan kardeşini de uyandır. Atalarımızın şu güzel sözünü unutma: "Su uyur, düşman uyumaz."

BİLMİYOR, BİLMEDİĞİNİ DE BİLMİYORSA...

O kadar çok sorular var ki... Ben, ilk olarak liseli bir genç kızın sorularını ele almak istiyorum. Vaaz vermek üzere bir mevlide davet edildim. Eve gittiğimde, içerde gayet hareketli bir görünüm vardı. Boyalı yüzler, âdet yerini bulsun diye kapanan yarım başörtüleri..

Beni başka bir odaya götürmelerini, orada vaaz için biraz hazırlanmam gerektiğini söyledim. Salonun en sonunda bir odaya geçtim. Odada üç genç kız, ellerinde sigara ayak ayak üstüne atmış oturuyorlardı. Beni gördükleri halde hiç istiflerini bozmadılar. Halbuki, İslâm ahlâkı, kapıdan giren büyük, küçük her insana, yer göstermeyi emreder. Bu kızlar, İslâm görgüsü (medeniyeti) diye bir şey bilmiyorlardı, onlara çok görmemek lazımdı. Yalnız suratları da asılınca sordum:

— Afedersiniz, sizi rahatsız ettim galiba...

Aslında gayem konuşmak için konu açmaktı.

Esmer uzun boylusu:

— Buyrun, ne demek?

Acemice bir giriş yaptım.

— Bilmem... Bana ilk bakışta bu duyguyu verdiniz de...

— Size öyle gelmiştir. Biz insancıl davranır, bütün insanları da severiz.

Bu kelimeler bana hemen muhatabımın hangi zihniyetten olduğunu anlatmaya kafi gelmişti. Yine aynı genç kıza dönerek:

— Hayret, nasıl bütün insanları sevebiliyorsunuz: Halbuki, insan fıtratında, bir diken ayağına batınca bütün dikenlerden çekinme duygusu vardır. Her insandan değil ama. Eğer ben, bir inanç uğruna bir kişiden zarar gördümse ve o zararı o kişinin inancı tasdikliyorsa, o kişiden de, o inançtan da nefret ederim. Siz böyle değilsiniz her halde?

— Hayır... Ben insanları olduğu gibi kabul ederim.

— Bu bir kelime oyunu değil midir? Elbette her insan olduğu gibi kabul edilir, siz beş kiloyu altı kilo diye kabullenemezsiniz... Mecburen beş kilo olarak kabulleneceksiniz. Ama beş kilo olan her şey aynı değildir.

Ne olduğu belirsiz bu tartışmalardan sonra kanepeye oturdum. Genç kızların ikisi, benden tarafa hiç bakmıyorlardı. Esmer olanıyla arada bir göz göze gelirsek baştan savarcasına gülümsüyordu. İçeriden de mevlidhanın sesi geliyordu:

Konuyu açmak için esmer olan genç kıza yine luzumsuz bir soru sordum:

— Mevlid sever misiniz?

Gayet sessiz olarak:

— Bilmem, dedi, galiba sevmiyorum.

— Doğru söylüyorsunuz, eğer sevmiş olsaydınız orada dinliyor olmanız gerekirdi. Eğer bana darılmaz iseniz, size sormak istiyorum; bugün buraya niçin geldiniz?

— Davet ettiler biz de geldik, ne demişler, topluma uymak lazım, biz de topluma uyduk.

— Yoo... Bu sözler yanlış, hem de çok yanlış, topluma uyulmaz, inanca uyulur. Bir Müslüman için ölçü: Topluma uymak değil, İslâm ne diyorsa ona uymaktır. Sizin söylediğiniz bu sözlerle İslâm'ı bilmeyenler aldatılıyor. İşte bakınız, akadaşlarınız ikinci sigaralarını yaktılar, hâlâ bir kelime dahi konuşmadılar. Acaba ben buraya geldim diye mi kızdılar? Sağımda oturanlardan dik bakışlı olanı:

— Niçin kızalım?

— Bilmem ki, bir hoş geldiniz bile demediniz.

Hiç gereği yokken eleştirileri gönderme yaptım.

— Biz, ev sahibi değiliz ki...

— Ne önemi var? Benden önce gelmişsiniz ya... Sonra çok acâib bir şekilde bakıyorsunuz. Halbuki, ben bir karıncayı bile incitmek istemem... Bir gören olsa, babanızı öldürdüm zannedecek.

— Farketmez...

— Nedir o fark etmeyen?..

— Babamı öldürseniz de sizden aynı şekilde nefret ederdim.

Esmer olanı atılarak:

— Aysel saçmalama!

— Saçmalamıyorum, doğruyu söylüyorum. Ben, bütün İslâmcı yobazlardan nefret ederim.

İçi barut fıçısı gibiydi genç kızın... Kızın açık konuşması çok hoşuma gitti:

— Seni tebrik ederim. Açık sözlü kimsenin inancını sevmesem bile, açık sözlülüğünden dolayı takdir ederim. Oldu olacak şunun sonunu getir bakalım. Neden İslâm'dan nefret ediyorsun? Ne kötülük yaptı bize İslâm?...

— Ne yapacak... Görmüyor musunuz, bizi ne kadar geri bıraktı? Avrupa aya giderken, biz hâlâ yaya gidiyoruz.

— İslâmiyet'in ne suçu var bunda?

— Onun için geri kaldık.

— Biz İslâm'ın emrine göre mi yaşıyoruz? Yani biz İslâmiyet'in, Allah'ın emirlerini dinleyen bir ülke olduk da, İslâm; "Durun ilerlemeyin" mi dedi? Biz de onu dinledik de onun için mi geri kaldık?

— ....?

— Biz, İslâm'ın, namaz, oruç, hac gibi emirlerini yaptık. Fakat İslâmı tanımadık, ilimle ilgili emirlerini bilmiyoruz. Adaletle ilgili emrini yapmadık. Zaten düşmanlarımız, bu yalanı söylerken bilmişler bazı gençlerin hemen inanacağını. İslâmiyeti araştırmadan, niçin onun hakkında kötü hükümler veriyorsunuz?

— Nereden biliyorsunuz araştırmadığımı?

— Konuşmanızdan belli oluyor. İslâm'ı terkedeli beri Batı'nın kölesi olduk. Siz de, terketmediğimiz için geri kaldık diyorsunuz. Osmanlının yıkıldığı günden beri, devlet sizin inancınıza göre idare ediliyor, niçin ülkeyi ilerletmediniz? Halkın bir kısmını saymazsak, şu ülkeye bir bakın, bu ülkede İslâm'ın neyi kaldı? Sadece nüfus kağıtlarında İslâm yazıyor. Siz, onu da silip yerine başka din yazsanız ne fark eder ki... Zaten devlet olarak da öyle, İslâm ülkesi ülkemiz, ama bazıları tarafından bazılarınca da reddediliyor. Eee? Siz ne demek istiyorsunuz? 1928 yılında İsmet İnönü ve yüzyirmi arkadaşının imzası ile meclise yapılan 'tadil teklifi' kabul edilmiş ve anayasanın bazı maddeleri değiştirilmiştir. Böylece 1924 anayasasının ikinci maddesinden "Devletin resmi dini İslâm'dır" kaydı silinmiş ve 24. maddesinden meclisin vazifeleri arasında sayılan "Ahkâmı şeriyyenin tenfizi" ibaresi kaldırılmıştır.[5] Türkiye'nin, sadece şehir girişlerinde bol bol minareler var. Maalesef onların da içlerinde birkaç saf cemaat... Bana şunu söyleyebi-

---

(5) Din Eğitimi Ve İmam-Hatip Okulları Davası-Ali Rıza Kırboğa, Shf. 274.

lir misiniz, İslâm adına şu ana kadar yaptığınız ne var? Ya da şöyle diyelim, İslâm adına ne yaptınız? Devlet ne yaptı da geri kaldık?

— Hiçbir şey yapmadım...

— Türkiye'nin uyguladığı bir İslâmî emir söyleyebilir misiniz?

— Bilmem ki... Ha... Cuma namazı var.

— Kimler kılabiliyor cuma namazını? İş başında olan işçi kılabiliyor mu? Memur kılabiliyor mu? Ayrıca; Cuma namazı kılmak mı bizi geri bıraktı.

— ....?

— Hani biraz önce, İslâm yüzünden geri kaldık diyordunuz. İslâm'ın hangi emrinden dolayı geri kaldığımızı söylemeyecek misiniz?

— Bilmem, bildiğim bir şey varsa, o da İslâm dini insanı yobazlaştırıyor.

Dolaylı soru sormayı bilmezdim o zamanlar. Usule aykırı tarzda sordum:

— Kardeşim sen İslâm'ı biliyor musun?

— Elbette biliyorum.

— Nerde öğrendin?

— Okulda, öğretmenimiz öğretti...

— Öğretmeniniz biliyor muydu?

— Herhalde biliyordu, bilmese neyi öğretecek?

— Kardeşim, Türkiye'de dini, İslâm'ı bilmeyen insanların anlattığı gibi zannediyorlar. Bir masal, bir cinayet anlatıp, İslâm budur deniliyor. Karşıdaki şahıs İslâm'ı bilmediğinden hemen inanıyor. Okulda öğretmenler, sadece namazda kılınacak dualardan birkaçını belletirler, bir de sadece 32 farzı madde madde öğretip teferruatına asla giremezler. Çünkü, 32 farzın biri de, kitaplara inanmaktır. Ya da, felsefi ifadelerle, gök tanrı, yer tanrı hikayeleriyle İslâm geçiştiriliyor. Binlerce öğretmen bu durumdan şikayetçi olduğu halde. Allah'ın indirdiği mesajlar vardır. Bunlardan yüz tanesi küçük suhûflar (yani sayfalar) halinde, dört tanesi büyük kitaplar halindedir. Bunlardan biri de Kur'an-ı Kerim'dir. Öğretmen, Kur'an-ı Kerim'in içindekilerini anlatsa devlete, yani laikliğe karşı gelmiş olacaktır. Çünkü Kur'an'da din işleri ile devlet işleri birbirinden katiyyen ayrılmaz. Ayrılırsa, sonuç bu olur. Kadın satılır, içki, kumar, uyuşturucu vb. yüzünden yüzbinlerce insan ölüyor. Sahi sizin öğretmeniniz namaz kılıyor muydu?

— Kılmıyordu, fakat çok temiz kalpliydi. Allah'ı da çok severdi.

— Temiz kalpli olsa, Allah'a (c.c.) rest çeker miydi? İslâmiyet'i bilse namazını geçirir miydi? İslâm oyuncak değildir. Öğretmeninin sana İslâm'ı tam olarak anlattığını zannetme.. Tam anlatanlar da var tabi, ama onların sayısı az. İslâmiyet'ten bildiğini zannettiğin, imanın altı şartı ile İslâm'ın beş şartı. Ama inan bana onları da bilmiyorsundur.

Bu küstahça tavrıma karşılık cevap:

— Size öyle geliyor, bilmez olur muyum hiç.

— O halde söyle bakalım imanın altı şartından birincisi olan Allah'a (c.c.) inanmak nasıl olur? Ve sen nasıl inanıyorsun?

— Ben inanmıyorum ki?

— Ha... Demek inanmıyorsun. Hani okulda dini öğrenmiştin? Allah'ı öğrenmeyenin dini öğrenmesi mümkün mü?

Tartışmamız hızlanmaya başlamıştı ki, vaaz vermem için beni salona çağırdılar. Kızlara dönerek:

— Neyse, çok güzel münazara ediyorduk, şimdi vaaz

vereceğim. Konu da, "İslâm nedir?" olacak. İsterseniz siz de dinleyin, dedim.

Müsaade isteyerek çıktım.

Bildiğim kadarı ile İslâmiyet'in bir dünya nizamı olduğunu... Ölüler için değil, bilakis diriler için indiğini... Ölü olup da yaşayan ruhların ancak İslâm ile dirileceğini... İslâmiyet'i tatbik etmediğimiz müddetçe Türkiye'nin bize göre hatta dünyanın huzura kavuşamayacağını anlattım. Sonra, Asr sûresinin önemini anlatarak, bazen cihadın namaz gibi farz olduğunu ve İslâm'ın Türkiye'de çok yanlış tanıtıldığını anlattım. Dua ile vaazımı bitirdiğimde, kızların ikisini de salonun sonunda dinliyor buldum. Hareketlerinden, bir hayli etkilenmiş olduklarını farkettim.

Ahh gençlik ah! Zalimleri bilselerdi. "Bizi, dinimizden ayırıp nasıl perişan ettiniz?" diye birilerine soru sorarlardı. Daha az önce bana dönüp bakmayanların, kırkbeş dakika sonra bana karşı tavırları nasıl değişmişti. Bu kızlar şu anda lisede okuyorlardı.

İlkokul birinci sınıftan itibaren yapılagelen İslâm düşmanlığı aşısı hakkında bir hesap yapalım:

Beş yıl ilkokul, üç yıl ortaokul, (bu kızlar lise ikide), iki yıl da lise, toplam on sene yapıyor. Bir yıl 365 gün olduğuna göre, 365'i 10 ile çarptığımız zaman, 3650 gün yapıyor. Şimdi bu kızlar, her gün İslâm'ın emrine zıt bir kelime öğrense, on senede 3650 kelime (hüküm) yapar. İslâm'da var olan emirleri yok, yok olanları da var olarak öğrenmişlerse, şimdi ben on senedir İslâm'ın emirlerine aykırı hüküm öğrenmiş, yani on senedir İslâm'ı yanlış öğrenmiş bu kızlara kırkbeş dakikada veya iki saatte ne öğretebilirdim? İslâm'ı kafalarına nasıl yerleştirecektim? Nasıl yerleştirebilirdim? Buna imkan var mıydı? Üstelik, beyinlere yapılan bunca aşılardan sonra....

Çocukluğumda, komşu çocuklarla bir bankanın çocuk tiyatrosuna gitmiştik. Tiyatroda zalimlerin oyunları sergileniyordu. İğrenç yüzlü bir sakallı, elinde tesbih insanlara yapmadığı kötülük kalmıyordu. O günden sonra nerede bir sakallı görsem, nerede bir tesbih görsem nefret duyardım. Bu durum yıllarca böyle devam etti.. Fakat ne zaman ki dinimi öğrendim, bu oyunların İslâm düşmanı kafirlerin oyunları olduğunu anladım, kendimi düzelttim. Bu genç kızlar da, kimbilir onlardan kaç kafir aşısı almışlardı. "Kapalılarda neler var, neler!" diyen kafirlerin sözlerine onlar da kanmışlardı. Son olarak, oradan ayrılacağım zaman onlara dedim ki:

— Aslında tam istenilen bir şekilde konuşamadık, daha doğru dürüst hiçbir konuya giremedik. Vaktiniz olmuş olsaydı, biraz konuşurduk...

İşte o zaman, her bilinçli vaiz ve vaizelerin gittikleri yere kitap götürüp, kim ne diyecek diye endişe duymadan satmaları gerektiğini anladım. O genç kızlara yanımda kitap olsa birer adet satabilirdim. O zamanlar ben kitap yazmamıştım, ama yazılmış çok güzel kitaplar vardı. Daha sonra imkan buldukça, her gittiğim yere kitap götürüp imzaladım. Yanlış anlayanlar olacaktı bunu biliyordum, ama aldırmadım.

İki genç kız:

— Sizinle tartışmayı biz de isteriz, dediler.

Ben de:

— Bu söze çok sevindim. Tartışmayı sen kaybettin, ben kazandım durumuna getirirsek, hiçbir netice elde edilmez... Önemli olan doğruyu bulmaktır. İki zıt fikrin ikisi de doğru olamaz, doğru birdir. O bir olan doğruyu da aramak her insanın görevidir. Tartışmada ben mağlup olabilirim fakat İslâm asla mağlup olmaz. Eğer siz beni susturursanız bu benim acizliğimden, İslâm'ı az bildiğimdendir. Çünkü, İslâm, Allah'ın (c.c.), emirleridir. Fakat sizin savunduğunuz sözler (fikirler) insanların sözleridir. İnsanları Allah yarattığına göre, elbette Allah (c.c)ın kanunları insanların sözlerinden çok daha üstün ve doğrudurdan öte, kıyas kabul etmez.

Sonra biraz daha konuşmak için ayrı bir odaya geçtik.. Cemaatten on onbeş meraklı kadın da bizimle beraber geldi... Tekrar koltuklara oturduk. Sarı saçlı olan üçüncü kızdan hiçbir hareket görünmüyordu, sadece sigarasını içerken belli etmeden dinliyordu... Hemen konuya geçmek istedim:

— Şimdi nereden başlayalım? İsterseniz aynı sorunun üzerinde duralım. İslâm'ın yüzünden geri kaldık demiştiniz, isterseniz bir zamanlar bu sorunuza cevap mukabilinde bir şiir yazmıştım onu size okuyayım. Okumamı ister misiniz?

— Elbette güzel olur...

VASİYET

Allah'ın salâmı üzerine olsun yavrum
Biliyorsun dünyada karışık durum
Sana bir vasiyet edeyim dinle
Ne ekersen dünyada gelir seninle
İtler, kopuklar senin arkanda yavrum
Akılları senin aklında yavrum
Seni kandırıp ayırmak için Rabb'inden
Çalışırlar durmadan, bir saat dinlenmeden
Sinema, spor vesairelerle seni,
Meşgul ediyorlar, dinle bak beni.
Okudunsa bilirsin, ecdad nasıl çalışmış,
Biraz daha dirense dünya İslâm olacakmış.
Sonra gördük ya amelleri gevşeyince,
Kölesi oluverdik batılının iyice.
Bak maziye evladım, aklını güzel kullan
Sorar onu sana seni güzel yaratan.
Domuzlar sürüsüne aldanma yavrum,
Şimdi düşünemiyorsun seni anlıyorum.
Fakat düşünmemek mazeret değil,
Rabb'in soracak sana, akıl vermiştim bil.
Hayat uyku değildir, eğlence ise asla,
Gör ne olur evladım, imanlar hasta,
Bismillah ile başla, ilk önce ilim,
Sonra ibadetle de Allah Kerîm.
Sen meşgul olursan fotoroman vesair,
Akoğlan, Karaoğlan sonra kebair.
Diyor ki hadisinde Habibullah:

"Kim kime benzerse ondan olur" billah.[6]
Benzeme kefereye şekil ve ruh yapın ile,
Al ondaki ilmi çalışıp aklın ile.
Fen teknik bizim diyorlar inanma,
Gerçeğin bir ucunu bak anlatayım sana.
Cebir bizim [7] *ilk atılan top bizim* [8],
Ay'ı ilk keşfeden asırlar öncesinden [9],
İlk defa uçan insan [10] *gemiyi yapan bizim* [11].
Bitki de konuşurmuş Batı buna gülerken,
Şimdi kabul ettiler, "Biz bulduk bunu" derken.
Tüm canlılar, sudan, topraktan dönme [12]
Bu gerçeği ilk defa bildiren Rabb'imizdi.
Dahası, adı geçen astronomik olayda,
"Uzay bitişikti" bildiren ayet bizim [13].
Güneşin döndüğünü hayal etmezken Batı
Yâsin sûresinde bildiren ayet bizim [14].
Hele polen tozunu yeni bulurken ilim
Ondört asır önceden bildiren ayet bizim.[15]
Ah... daha nice nice niceler,
Senin dev gördüğün cüceler.
Ah anlatabilsem dönen dolapları,

---

(6) Sünen-i Tirmizî.
(7) Cebir'i, Câbir isminde bir Müslüman bulmuştur.
(8) Havan topunu Fatih bulmuştur.
(9) Müslümanlar'ın İlim ve Medeniyete Hizmetleri Osman Keskioğlu.
(10) Ahmet Çelebi.
(11) Nuh (a.s.)'ın gemisi.
(12) Ayeti Kerime, Hadisi Şerif.
(13) Enbiya: 30.
(14) Yâsin: 39-40.
(15) Râd: 3, Zâriyat: 49.

Her zaman nefretle anacaksın onları.
Onlara sakın kanma yüce Rabb'ine dön,
Çıkardılar seni raydan şimdi rayına dön.
Adımını doğru at, lağıma düştü biri,
Zararın neresinden dönersen olur iyi.
Kalbini gösterip de sakın bu yeter sanma,
Münafık oyunudur, yavrum aldanma.
Bu vasiyetimi ağlayarak yazdım ben,
Belki sen okurken çürür giydiğim kefen.
Ölüm bizim içindir, başkasına düşünme,
Sen de gireceksin birgün kabir içine.
Öyle bir şeydir anla, Rabbimiz'in sır ilmi...
Bir kiraz çekirdeği gömülünce çürüyüp,
Sonra ağaç oluyor yeryüzünde büyüyüp.
Bunları düşünürsen kendine geleceksin,
Yine de inanmazsan gidince göreceksin. (16)

Sessizce dinlediler. Baktım ki, üçü de bir hayli düşünceye dalmışlar.

— Nereden başlayayım?

— Bilmem...

— Siz bilirsiniz.

— Ben bilirsem, aynı konuyu biraz daha açmak istiyorum. Batı ilerlemiş, biz geri kalmışız, bunun sebebi de güya İslâm dini imiş. Emperyalizm'in bir taktiği vardır. Böl, parçala, yut. İşte bizi de bölüp, parçalayıp, yutmak istiyorlar. Çünkü, büyük lokmayı yutmak zordur. Fakat küçük lokmayı yutmak kolaydır. Kardeşlerim, ne olur düşmanlarımıza inanmayalım, Rabbimiz'in gücüne gider. Peygamberimizin de öyle...

---

(16) Mahkum Duygular, Emine Ö. Şenlikoğlu.

Bugün Batı, hamamı tanımış ise bunu İslâm'a borçludur. Daha ikiyüz sene önce, Batı, yıkanmayı günah sayıyordu. Hatta Azize Elizabeth, bu zevkten (yıkanmaktan) öyle kaçınıyordu ki, kokmaya başlamıştı, etrafındakiler bu kokudan rahatsız oluyorlardı. Dayanamaz hale gelince onu yıkanmaya zorlamışlardı...

Fakat bu teşebbüslerinde pek muvaffak olamazlar. Çünkü, kadın su ile temas eder etmez fırlayıp kaçar ve işlediği günahdan dolayı tövbe ve istiğfara başlar.(17) Onlar, nasıl olur da benim kardeşime sahip çıkabilirler? Bu durum, düşünülecek kadar acı. Yüreğim parçalanıyor.

İçlerinden biri:

— Sizin kardeşiniz kim?

— Siz... Sizler... Daha dün ortaokulda okurken, "Müslüman mısınız?" diye sorulunca "Elhamdülillah Müslümanım" diyordunuz. Ama maalesef bugün, Allah'ı (c.c) inkar edecek duruma geldiniz. Fare kedinin dişleri arasına girince bir daha tuzağa düşmemeye ahtedermiş. O bir hayvandır, onda akıl olmadığı için o ancak dişlerin arasında uyanır. Ama biz öyle olmamalıyız. Biz, akılsız farenin tuzağa düştüğü gibi, tuzağa düşmemeliyiz. Bizi yoktan var edeni sevmeli, O'na secde etmeliyiz. Ve Allah' a kul olmalıyız.

Aklı her şeyde delil gösterip, "Aklın kabul etmediğine inanmayın" dediler. Akıl çok önemlidir, ama sözkonusu iman olunca akıl nedir ki? Nasıl olur da kendini anlayacak kapasitesi olmayan aklı, Allah'ı anlamakta, ahireti anlamakta kılavuz gösterebilirler? Binlerce gencimizi, aklı silah olarak kullanmak kaydıyla dininden koparıp, anasın-

---

(17) Garp Kaynaklarına ve Kur'anı Kerim'e Göre Hristiyanlık, Ziya Kazıcı.

dan ayrılan yavru gibi dinde yetim bırakıp gençliği çıldıracak duruma getirdiler...

Melek gibi olan gençleri, şeytani ideolojileri uğruna yılan yaptılar. Halbuki, akıl doğruya ulaşmak için bir vasıtadır. Ulaşmak istediğimiz yöne götürüyor. Yönünü, sonunu bilmeye kâdir değildir. Neymiş, sanat akıl ile olurmuş. Sanat, aklın sermayesi değil, sanatçının sermayesidir. Arı, bal yapar, bu bir sanattır. Balı insanlar için yapar. İnsanlar içindir, arının gecegündüz çalışması. Fakat, aynı insanı, zehirli iğnesi ile sokmak sureti ile komaya sokar, bazen de öldürür. Arıda akıl olsaydı, hem gecegündüz insanlar için çalışıp hem de aynı insanları sokar mıydı?

Tavuk, yumurta yapar. Yumurtayı yapmak, bir fabrika, bir sanat isteyen olaydır. Yumurta da insan içindir. Fakat, insan yumurtayı almaya gidince, tavuk tepesine biniverir. Misalleri çoğaltmak mümkündür. Neticede, sanat vardır. Fakat bu sanat sırf akıl ile meydana gelemez. Allah aklı bir yere kadar kılavuz yapmıştır. Allah'ın kainata koyduğu düzen, zincirleme olarak akar gider.. Şimdi... İster misiniz tavuk bize meydan okusun. "Haydi bakalım benim gibi civciv yapın, ben civciv yapıyorum, siz hâlâ aya çıkmaktan bahsediyorsunuz" desin. Ne diyebiliriz? Önemli olan sanat değildir. Allah (c.c), aya çıkmayı kullarına lutfetmiş, gökyüzünde uçan kuşlar için, aya kadar uçacak imkan yaratırdı. Fakat öyle dilememiş, oraya akıl vasıtası ile çıkmayı dilemiş. Bu demektir ki; aya kadar ulaşan akıl, imana da önem verir, bir yerden sonra ileri geçemeyeceğini bilirse, ahirete kadar da ulaşır.

Allah'ın kullarına bildirmediği sırları da vardır. Akıl hayatın belki bir zerresine hükmedebilir. Ama kürresine asla.

AKIL

Konu gaybı bilmekse
Bildirelim herkese.
Akıl nedir ki? Çatlamış sandal.
Ne verebilir sana, haydi iste al.
Dersin ki, "Elim dolu", bakarsın ki boş,
Doğru olanı, aklı yerinde kullan
Akıl bazen melektir, bazen de yılan
Bazen aya çıkandır, bazen de yalan.
Bulursa sırattan geçiş fennini,
Gerçek eser budur, akıldan kalan.

Genç kızlara aklın ve ilmin önemli olduğunu, aklı rahmani yolda kullanabilecekken, birçok insanın aklı sadece haram işlere ya da sadece fenni buluşlara yararmış gibi bir tutum sergilendiğini anlattım.

Her şeyde aklı ölçü etmemeliyiz. Allah ve Rasulünün her emrine boyun eğmeli, "Şuna aklım ermiyor" dememeliyiz, elbette ermez. İşte bugünkü İslâm'ı gerici bilen gençler, kör kuyuya kova saldıklar için İslâm'ı bilmiyorlar. İşin en acı yönü de, bildiklerini zannediyorlar. Birkaç namaz suresi öğretiliyor ama namazın önemi hiç konu edilmiyor. İslâm'ın sadece namaz, oruç, hac gibi yönlerini anlatıyorlar. Fakat İslâm'ın yönetim ile ilgili ibadet yönlerini anlatmıyorlar. (İbadet: Allah'ın bütün emirlerine fiilen itaat etmeye denir.) İslâm'ı bütün olarak anlatmıyorlar. Eğer İslâm bir bütün hayat sistemi olarak anlatılsa, şeytan kanunlarının çarpıklığı meydana çıkacak. Buna fırsat vermemek için uyutmalı din dersleri okutuluyor.

Gençler de, İslâm'ı biliyorum zannı ile araştırmıyorlar.

Böylece, İslâm'a, Allah'ın emirlerine düşman oluyorlar. İslâm bir bütündür, parça parça olamaz. Eğer parça parça olursa, şuna benzer:

Küpü küp üstüne koysalar,
Gökyüzüne rabt etseler,
Altından birini çekseler,
Seyreyle gümbürtüyü.

Genç kızlar, sanki daha önce böyle bir şey duymamışlar gibi pür dikkat dinliyorlardı. Fakat ben fazla bıktırmamak için:

— Kardeşlerim... Konular çok geniş, denizi bardağa sığdırmak mümkün mü? İşte böyle bir şeydir, İslâm dinini birkaç satıra sığdırmak. Dilerseniz başka bir gün konuşalım. Şimdi, aklınıza en çok takılan soruları sorun bana.

Esmer olan genç kız, yaşaran gözleriyle:

— Bana Allah'ı anlat. O'nu bana tanıt. Artık O'ndan ayrılmak istemiyorum. Beynimi sülük gibi emen sorularımın ilki, Allah'la ilgili. Çocukken Allah'ı düşünürdüm. Fakat aklımı başka konulara takarak unuturdum. Artık büyüdüm. Biraz önce dediğiniz gibi, sorular altında ezildim. "Niçin var olan görünmesin? Var olsaydı görünürdü" dediler. Ben de inandım ve söylemeye başladım.

Ağlıyordu genç kız, vakit ilerlemişti. İkindi vakti, nerdeyse kerahet vaktine girmişti.

— Beni çok duygulandırdınız, sizin şahsınızda binlerce genci görüyorum. Allah'ı tanımak istiyorsunuz. Canım kurban olsun Rabbim'e fakat namazlarımız geçecek, ikindiyi kılalım, sonra devam ederiz. Bir saat konuşur, diğer sorularınızı başka bir güne bırakırız.

— Elbette olur.

— Sen ne dersin Aysel Kardeş?

— Benim de bir sorum var.

— Nedir o?

— Kur'an...

— Ne olmuş Kur'an'a?

— Yani... Ya Kur'an...

— Yani, Kur'an Allah tarafından gelmediyse diyecektin değil mi?

— Aaaa, nerden bildiniz?

—Her gittiğim yerde aynı soruları soruyorlar. Bizim zayıflığımız ve İslâm düşmanlarının oyunu, aynı soruları basma kalıp her yere yaymış. Değil Türkiye'ye, bütün halkı Müslüman olan ülkelere de yaymışlar. Sormakla çok iyi yaptınız, çok memnun oldum, fakat bugün çok geç kaldık. Zaten, beyninizin dörtbeş saatlik bir konuşmadan sonra yorulması lazım. Sizi, fazla sıkmak istemiyorum, ayrıca sizleri de çok sevdim. Başka bir gün, hatta yarın aynı konuya devam ederiz.

— Teşekkür ederim...

— Ben teşekkür ederim.Beni dinlemeyebilirdiniz de.

Namazı kılmak için kalktım. Sarı saçlı genç kızdan henüz bir şey anlamamıştım ama diğer iki genç kızın çok mahçup olduklarını hissettim. Ne kadar acı bir gerçek ki; Allah'ın yarattığı kula, "Gel Allah'ına secde et" diyemiyordum. Çünkü, daha vakit erkendi, belki birkaç gün sonra denilebilirdi ama bugün olmazdı. Peki ama niçin? Onlar, 17-18 yaşlarında değil miydi? Hani İslâm: "Akıl bâliğ olduktan sonra, her kadın ve erkek secde etmek mecburiyetindedir" diye buyurmamış mıydı?

Şikâyetim var Rabbim, derdim çok büyük
Sanki bütün kullar sırtımda yük

Ertesi gün, randevulaştığımız evde buluştuk. Yalnız Aysel gelmemişti. Kızlar, İslâm'la ilgili birçok sorular sodular, elimden geldiği kadar cevapladım. Bilhassa, İslâm'da devlet var mıdır? İslâm, dünya işlerine karışır mı? gibi soruların üzerinde çok durdular. Ben de İslâm'ın bir bütün olduğunu, hem dünya, hem ahiretten bahseden bir din, bir nizam olduğunu anlattım. Anlattıklarıma önce itirazlar yağdıran genç kızlar, şimdi İslâm'ın büyüklüğü karşısında hayran olmuşlardı. Sarı saçlı olanına sordum:

— Senin sesin çıkmıyor kardeş, sebebi nedir acaba?

— Ben dinlemeyi seviyorum, dedi.

Ve Nesrin arkadaşlarına dönerek ağlamaya başladı. "Bana bir senedir neler söylediniz. Ben inanıyordum. Ama sizler, Allah nerede göster? dediniz. Bana, devamlı, öldükten sonra dirilme yok, gidip gelen mi olmuş? dediniz. Benim inancımı tamamen yokettiniz. Halbuki, ben inanıyordum. İbadet etmesem bile üzüntü içindeydim. Ramazanlarda namaz kılıyor, başımı örtüyordum. Şimdi ise siz benden daha çabuk dönüş yaptınız. Niçin benim inancıma karıştınız? Ne istiyordunuz benden? Bıraksaydınız da inanmaya devam etseydim ya..."

Daha neler neler söyledi bunun gibi... Meğer genç kızın içi dolu imiş. Bu olaylara benzer yüzlercesi ile karşılaştım. Önce, bakıyorsunuz sanki sizi öldürecek (yiyecek)miş gibi bakıyorlar. Fakat sonra İslâm'ı duyunca İslâm'ın muhteşemliği karşısında hayretten hayrete düşüyorlar. Nasıl hayrete düşmesinler ki; İslâm, Allah'ın Dini, kanunları, elbette hayran kalırlar.

Aradan günler geçtikten sonra, Aysel'den bir mektup aldım.

Sevgili Hocam,

Sizden ayrıldıktan sonra hiç uyuyamadım. Meğer neler varmış benim bilmediğim. Tavsiye ettiğiniz, M. Kenan Çığman'ın "İnançlar" isimli kitabı ile Hekimoğlu İsmail'in "İlimler ve Yorumlar" adlı kitabını aldım, okumaya başladım. Daha başında olmama rağmen çok hoşuma gitti.

Sizi gördüğüm günden bugüne değin, az bir zaman geçmesine rağmen, tamamen başka bir insan oldum. Toplantılarınıza gelemedim. O kadar çok sorularım vardı ki, o kalabalık ortamda sormam imkansızdı. Size zahmet olmazsa, bana özel cevap verir misiniz? Son derece bunalım içindeyim. Bana İslâmiyet'i çok kötü tanıtmışlardı. İslâmiyet'in ilimden hiç bahsetmediğini, dünyada ne kadar keşif ve icat varsa, hepsinin Batı tarafından bulunduğunu söylemişlerdi. Meğer ne kadar yanılmışım, beni nasıl kandırmışlar. Sizinle konuştuktan sonra İslâm dini gözümde bambaşka bir görünüm aldı.

Annemle babam da dindardırlar, fakat onlarla sizin aranızda bir bağlantı kuramadım. Çünkü, sizin anlattıklarınızın bir tanesini dahi onlardan duymadım. Hacı olmalarına rağmen bana İslâm'ı anlatmadılar. Ne kadar acı bir durum değil mi hocam? Beni sadece tenkit etmekle yetindiler. Onun için de tertemiz bir inançla girdiğim liseden Allah'a isyanla çıktım. Sizin söylediğiniz gibi, soru sordular cevap veremedim, cevap veremeyince bunalmaya başladım. Cevaplarını öğrenmek için sorduğum kimseler, "Böyle soru mu olurmuş? Sus, konuşma, sen kâfir oldun" dediler. Neticede, Allah'ını, kitabını, peygamberini inkâr eden bir insan oldum. Bana ne olur yardım ediniz. Şu neden böyle olmuş? Bu nasıl olmuş? Nasıl olur da var olan görünmez? vb. sorularla beynim arı kovanı gibi uğulduyor. Okuduğum kitapları ah bir okusanız, aklınız durur. Peygamber efendimize, söylemedikleri söz, atmadıkları iftira kalmıyor. Müslümanlar'ı, peygamberimizden ayırmak için akla gelen her şeyi kitapla-

ra yazmışlar. Halkının çoğu Müslüman olan bu ülkede böyle kitapları nasıl basmışlar aklım almıyor? Hele, devlet bunlara nasıl göz yumuyor? Diyanet İşleri Başkanlığı gerçekten vazifesini yapıyor mu bilemiyorum.

Hocam!

Siz arkadaşlarımla tartışırken, önce; "Bu çarşaflı gerici, bizim sorularımıza nasıl cevap verebilecek, ne anlar bu ilimden, astronomiden, iktisattan" diye düşündüm. Fakat siz konuştukça, "Nasıl olur da bu çaşaflının bu kadar bilgisi olabilir" diye hayretten kendimi alamadım. Benim de kafamdaki sorulara cevap vermeniz, hayretimi bir kat daha artırmıştı... Ve ben şimdi dinimi araştırma, Allah'ı bulma ihtiyacı içindeyim. Peki, benim gibi bilmediği için dinini aramaktan vazgeçenler, dininden haberi olmayanlar ne yapacaklar, nasıl dinecek onların ızdırabı?

Bu mektubu yazmaya başlayalı üç tane sigara içtim. Halbuki, sigaranın pis kokusundan, insan vücuduna zararından dolayı, içenleri ayıplardım. Ben bu duruma nasıl geldim? Benim gibiler bu duruma nasıl geldi? Bizleri bu hale nasıl getirdiler? "İslâm'ı bilmediğiniz için bu duruma geldiniz" diyeceksiniz, peki biz dinimizi niçin bilmedik? Niçin bize dinimizi bildirmediler? Sizin dediğiniz gibi; "Nasıl olmuş da İslâmiyet'i bu kadar yanlış tanıtmışlar?" Bu konularda, ne olur beni aydınlatın. Ayrıca şu sorularıma cevap verirseniz çok memnun olurum:

1- Allah'ın varlığının delilleri nelerdir?

2- Allah, niçin görünmüyor veya neden göremiyoruz?

3- Kur'an'ın gerçekten Allah tarafından geldiğine ve modern ilmin de Kur'an'da yeri olduğuna örnek verir misiniz? Beni tatmin edecek şekilde cevap verirseniz, inanın çok memnun olacağım...

Sevgi ve saygılarımla

Aysel Akgün

AYSEL'İN MEKTUBUNA CEVAP

Bismillahirrahmanirrahim

Kardeşim Aysel,

Göndermiş olduğun mektubu aldım. Yazmış olduğun yazılar, kalbime bir ok gibi battı ve dinim için çalışma azmim bir kat daha arttı. Senin sormuş olduğun soruları sadece senden değil, Türkiye'nin neresine gittimse oralarda da hep aynı sorular hatta daha fazlasını duydum. İşte bu durum gösteriyor ki, Müslümanlar dinlerini tanımamışlar. Bir de, İnsanların beyinleri boş şeylerle meşgul olduğundan, Allah'ın sanatına bakıp Allah'ı bulamamışlar. Çünkü, ibret gözü ile bakmamışlar. Şimdi, sorduğun sorulara elimden geldiği kadarıyla, Allah'ın izni ile cevap vermeye çalışacağım.

Yalnız şunu unutma, benim vereceğim cevaplar seni tatmin etmezse eksiklik bendedir. Bulduğun eksikliği İslâm'a mâl etme canım.

ALLAH VAR MI?

Soru: *Allah'ın varlığını ispat eder misiniz?*

Cevap: Ya Rabbi, her zerrede Senin imzan var. Her varlık, "Beni Allah yarattı." diye sinyal veriyor. Seni ispat etmekten haya ederim fakat mecbur oldum, affet Rabbim...

Kardeşim Aysel! Allah'a iki tip insan inanır: Ya aptal, ya en akıllı!.. İkisinin ortası dediğimiz tiplerin çoğu, inkar etmeyi marifet zanneder. "Mikrobu keşfeden Pastör, keşfinin açtığı harikalar karşısında Allah'a inanır. Fakat o keşfi Pastör'den öğrenen yarım adam: "Mikrobun keşfedildiği asırda hiç gizliye inanılır mı?" diye Allah'ı inkara kalkar. Bakın nereden gelen nereye gidiyor"(18) Hemen şunu da söyleyeyim ki, dindarlık insanlığın fıtratında vardır. Asrımızda, pozitif ve sosyal ilimlerin çeşitli dallarında mütehassıs olan âlimler, din hissinin insanoğlunda fıtrî olduğuna kanidirler. Çocukta iki yaşından itibaren din hissi teşekkül etmeye başlar. Üç ile beş yaş arasındaki çocuk, hiçbir telkin sözkonusu olmaksızın, sebebiyet prensibini anlamakta, kendisiyle kendisinden başkalarını ayırdetmekte ve hatta, "Beni, kuşları, oyuncaklarımı kim yaptı?" gibi sorular sormaktadır.

İnsanda, kendisinden yüce bir varlığa karşı bir özlem bulunduğundan şüphe edemeyiz. Güzel ahlâk, vakar, şeref, cömertlik, fazilet inkardan değil, hep bu yüce varlığın mevcudiyetinden doğar. Fıtrî olarak insanın içinden gelen

----

(18) İman ve İslâm Atlası - N. Fazıl Kısakürek.

Allah'a yakarış hissi, O'ndan yardım dileme ihtiyacı ve O'na yaklaşma arzusu dindarlığın insanda yaratılıştan mevcut olduğunu gösterir. Şu da bir gerçek ki, ister inansın, ister inanmasın her fert, büyük bir acıyla, dayanılmaz bir felaketle karşılaştığı zaman, başka bir deyişle, insan, kibir, inat ve gafletten sıyrılıp selîm olan aslî yaratılışıyla başbaşa kalma fırsatını bulunca başka şeye değil, sadece tek olan Allah'a yalvarır. O'ndan kurtuluş, yardım ister. [19]

A) Bu âlem, maddeden yaratılmıştır. Yani evvelce yok iken sonradan meydana gelmiştir. Bunu bütün dünya âlimleri de kabul etmektedir. Evvelce yok iken sonradan yaratılan her şey akıl ölçülerine göre bir yaratıcının varlığına muhtaçtır...

Öyle ise, bu âlem de sonradan yaratıldığına göre, o da bir yaratana muhtaçtır. Bu yaratıcı da Allah Teala'dır. Ve evvelsizdir. Evvelsizliğin tanımı da evvelsizdir.

B) Herhangi bir şeyi, meselâ, bir masayı ele alalım; masa elbette kendi kendine masa haline gelmiş değil.

İlk önce küçük bir ağaçtı, sonra ağaç büyüdü. Büyürken ağacın, güneşe, suya, gıdaya ihtiyacı olduğunu unutmamak lazım. Daha sonra bir insan tarafından kesildi. Ağaç, araba ile hızarın yanına getirildi. Hızarda kesildi, biçildi, ölçüleri alındı. Çivileri çakılarak bir masa haline getirildi. Şimdi, en basit bir masa kendi kendine oluşamazken şu kâinat masası, hem de üzerinde binbir çeşit yiyecek ve canlılar ile donatılmış olduğu halde, kendi kendine oluşur mu? Buna hangi akıl "Olur" der. Harikalar diyarı gökyüzünü ele alalım. Ve Rabbimiz'in bir ayeti ile başlayalım:

"Gökleri, yedi kat üzerinde yaratan O'dur. Rahman'ın

---

(19) En'âm: 35-45.

bu yaratmasında bir düzensizlik bulamazsın. Gözünü çevir bir bak, bir aksaklık görebilir misin?" [20]

Önce güneş sisteminden başlayalım: Yaşamakta olduğumuz dünya ile birlekte güneşin çevresinde dönen dokuz gezegenin teşkil ettiği sisteme güneş sistemi diyoruz. Bu sistem kâinatın, yeni tabirle evrenin küçük bir parçasını teşkil ediyor. Güneşin gezegenleri bildiğiniz sıra ile şöyledir: Merkür, Venüs, Dünya, Mars (Merih), Jupiter, Satürn, Uranüs, Neptün, Plüton. Bunlardan sadece birkaçına örneklik teşkil etsin diye değinelim:

GÜNEŞ: Kendi adıyla anılan sistemin beyni ve çekirdeği hükmündedir. Küre şeklinde olup, çapı 1.4 milyon, dünyaya uzaklığı ise 150 milyon kilometredir. Işığı, bize 8.5 dakikada gelebilmektedir. Saatte 1000 km. hızla giden bir uçak bugün yola çıkmış olsa, güneşe ancak onyedi yıl sonra varabilir. Aslında bu kâinatın büyüklüğü yanında gözde bir adım bile değil belki.

Gök bilimcilerine göre, "Güneş de tıpkı dünya gibi kendi mihveri etrafında döner ve bir devrini 25.5 günde tamamlar. Çekim gücü ise, yer çekimine nazaran 27 kat daha fazladır. Bu orana göre, dünyada 70 kg. gelen bir adam, Güneş'te 1890 kg. gelecektir. İlmî tespitlere göre, güneş, alev halinde patlayan gaz kümelerinden meydana gelmiş olup yüzeyindeki sıcaklık 5670 santigrat derecedir.

İngiliz astronomu Eddington'un yaptığı hesaplara göre merkezdeki ortalama sıcaklık 35 milyon santigrat derecedir. Bu sıcaklıkta katı bir gök cismi bulunamayacağından Güneş'in kütlesi gaz halindedir. Güneş, dünya kurulalıdan beri aynı hızla radyasyon yaymakta ve bu yüzden günde 360 milyar ton kütle kaybına uğramaktadır. Güneş radyas-

---

(20) Mülk: 3

yonu, güneş için enerji kaybı olduğu aşikar olmasına ve enerjinin korunumu prensibinin de enerjinin yoktan var olamayacağını kabul etmesine göre, bu kadar uzun zamandan beri devam eden müthiş bir enerji sarfı için elbette bir kaynak aramak icabeder. Böyle bir kaynak neredеdir? Güneşin bugünkü radyasyonuna bakarak diyebiliriz ki, bu enerji Güneş dışında bir istasyondan temin edilse bu istasyonun saniyede milyar tonlarla ifade edilen bir miktarda kömür yakması icabederdi. Böyle bir istasyon mevcut değildir. Boş bir okyanustaki bir gemi gibi seyreden Güneş, sarfettiği enerji için kendi yağıyla kavrulmaya mecburdur. Güneşi, kömürünü kendi taşıyan bir cisim ve sarfettiği ışık ve ısı enerjisinin bu kömürden hasıl olduğunu farz etmiş olsak, bu kömürün birkaç bin senede kül ve cüruha inkılab etmesi icabederdi.(21)

Görüldüğü gibi, Güneş var olduğundan beri büyük bir enerji kaybına maruz kalmasına rağmen bu güne kadar sönmemiştir. Demek ki, bunu söndürmeyen bir kuvvet ve her an onu besleyen ilahi bir kaynak Güneş'in kendisiyle ayarlanmış. İlmin bile izahtan aciz kaldığı böylesine harikulade bir olayı kör bir tesadüfe yahut iradesiz bir tabiata bağlamak mümkün müdür? Yalnız ısı ve ışık kaynağı olarak değil, hayatımızın ve kainat nizamının mihveri durumunda bulunan ve ilmin zirveye çıktığı çağımızda bile mahiyeti tam olarak bilinemeyen, tepemizde, kocaman bir ampul hükmündeki güneşin mevcudiyeti, Allah'ın varlığına, sonsuz kudretine kat'i bir delil değil de nedir? Güneşin mutlak sahibi olan Allah (c.c), Kur'an-ı Kerim'inde ondan şöyle bahsediyor:

"Güneş de yörüngesinde yürüyüp gitmektedir. Bu an-

----

(21) Allah ve Modern İlim - A. Nevfel.

cak Kadîr ve Alîm olan Allah'ın kanunudur"[22]. Eğer Güneş şimdiki halinden biraz yeryüzüne yaklaşsa yeryüzü yanar, kavrulur, böylece yeryüzünde hayat olmazdı. Yine Güneş biraz yeryüzünden uzaklaşsa bütün sular buz tutar, soğuktan her taraf donar, böylece yine yeryüzünde hayat dururdu. Ve canlı diye bir şey kalmazdı. Şimdi, Aysel kardeşim iyi düşün; basit bir masa kendi kendine var olamaz da, bilgisayar gibi, mutlak matamatiksel düzen isteyen Güneş ve diğer sistemler kendi kendine nasıl var olabilir? Elbette var olamaz. Öyle ise, bu muazzam Güneş'i yaratan bir şuurlu varlık vardır. O da Allah'tır. Şimdi, bu muazzam Güneş kendi kendine var olmuştur veya tabiat yaratmıştır diyenlerde akıl nasıl yönlendiriliyor? Onun cevabını size bırakıyorum.

DÜNYA: İlk önce dünya hakkında Rabbimiz'in birkaç ayetini okuyalım. Cenabı Hakk şöyle buyuruyor: "Göklerin ve yerin ve onlarda bulunanların hükümranlığı Allah'ındır."[23] "Göklerin ve yerlerin yaratılmasında, gece ile gündüzün birbiri ardınca gelmesinde akıl sahiplerine şüphesiz deliller vardır."[24] "Allah, gökleri ve yeri altı dönemde -devrede- yarattı. Sonra arşa istiva etti, saltanatını kurdu. Sizin O'ndan başka hiçbir yardımcınız yoktur."[25]

Dünya'nın yaşı kesin olarak bilinmemektedir. Doğrusunu ancak Allah (c.c) bilir. Bir düşünür şöyle demiş: "Dünya, ilk ve son sayfaları yırtılmış bir kitap gibidir. Ne önünü, ne de sonunu okuyabiliyoruz." Bununla beraber

----

(22) Yâsin: 38.
(23) Maide: 120.
(24) Al-i İmran: 190.
(25) Secde: 4

dünyanın yaşı hakkında tahminler çok değişiktir. Dünyamız, Güneş etrafındaki bir milyar km. uzunluğundaki yörüngesinde saatte 108 bin km. hızla dönmektedir. Aynı zamanda kendi mihveri etrafında 24 saatte bir devir yaparak gece ve gündüzleri meydana getirmektedir. Mihveri etrafındaki sürati ise, 1666 km/saattir. Demek oluyor ki, insanlar bir günde Dünya mihveri erafında dönerken 40 bin km.lik yol katediyorlar. Bir yılda da saatte 108 bin kilometre hızla takriben bir milyar kilometrelik bir feza seyahati yapmış oluyorlar. Muhakkak ki, insanlar bu baş döndürücü seyahatin farkında bile değildirler. Çünkü her şeyde ilahi bir denge mevcuttur. Şu dönmekte olan dünya aniden duruverse acaba neler olur?

Araba aniden durunca herkes nasıl öne fırlıyorsa, Dünya'nın durmasıyla birlikte her şey yerinden fırlayacak, belki dağlarla denizler yarış ederken hepsi bir kül yığını gibi savrulacak. Meselâ, yine Güneş'e yakın olan gezegenler, hızlı döndüklerine göre, böylece Güneş'in çekimiyle dengede kalıp, bulundukları yeri koruduklarına göre, Dünyamızın güneş etrafında dönüşü biraz yavaşlarsa, o nisbette Güneş'e yaklaşacak ve yanacaktık. Hızlansa uzaklaşacaktık ve donacaktık. Öyle bir noktada bulundurulmuşuz ki, Dünya'nın Güneş'e olan uzaklığı, mevcut canlıların yaşama sebeplerinden sadece biridir. Diğer gezegenlerde dünyadaki hayata benzer bir hayatın olmamasının sebebi budur. Aynı şartlar aynı sonucu doğuracağından, dünyadaki şartlar diğer gezegenlerde olmadığı için, Dünya'dakine benzer bir hayat da oralarda yoktur. Öyle ise, hayatın ne olduğunu, canları ve canlılardaki evrimi (tekamülü) incelemeden evvel, Dünya'nın Güneş'e olan uzaklığını kim tayin etmiş? Dünya'yı kim tartmış? Ona kim bu şekli vermiş?

Sonra Dünya'nın hem kendi ekseni etrafında, hem de Güneş'in etrafında dönüşü var ki, bunlara ilk hareketi veren kim? Bu hareketin devamını sağlayan kim?

Sıkıldın mı bilmiyorum, ama senin için araştırma yaparken ben de öğreniyorum. Benim çok hoşuma giden bilgiler sizin de hoşunuza gider, diye düşünüyorum. O yüzden devam ediyorum.

Bir alıntı ile yine, "..... Dünya, Allah (c.c) tarafından bizlere bir mekan olarak bahşedildiği için, fizyolojik, biyolojik, anatomik yapımıza göre bazı imkanlar ve uygun şartlar hazırlanmıştır. Gece, gündüz, mevsimlerin oluşumu, atmosferin terkibi, meteorolojik olaylar, bitkiler, hayvanlar, daha nice nimetler ve imkanlar, işte bu hikmete mebni halkedilmiş ve emrimize âmâde kılınmıştır. Dünya dönmeseydi ve mihverinden 23 derecelik bir sapma ile yörüngesinde seyretmese idi, ne gece, ne gündüz, ne de mevsimler meydana gelecekti. Neticede, durgun, sönük, nimetsiz ve lezzetsiz bir alem olacaktı. Teneffüs ettiğimiz havanın içindeki oksijen, hidrojen, azot, argon, su buharı ve karbondioksit dengesi bozulmuş olsaydı, canlıların yaşaması imkansız hale gelirdi."

Öyle ise, ki öyle, şimdi sana soruyorum Aysel kardeş: Nasıl bir masa kendi kendine var olmuyor, onun bir ustası olduğunu söylüyorsak, dünyamız kendi kendine var olabilir mi? Olamaz. O halde bunu da söylemeliyiz. Dünya kendi kendine var olmadı, onu yoktan var eden bir usta vardır. O da Allah (c.c)'dır. Değil mi Aysel kardeşim?

Baktığımız her şey, "Ben bir dizayncının elinden çıktım." diyor adeta.

GEÇELİM ATOMA: Çevremize baktığımız zaman,

canlı, cansız, sayısız varlıklarla karşılaşırız. İnsanlar, hayvanlar, bitkiler canlı; diğer yandan taş, demir, kömür, toprak gibi şeyler de cansızdır. Canlılarda, can veya ruh dediğimiz bir kuvvet vardır. Buna mukabil cansızlarda gizli bir enerji mevcuttur. Buradan 'canlılarda aynı mahiyette bir enerji yoktur' anlamı çıkarmamalıdır. Canlıları, hücre yapısından, beslenme ve solunum yapma gibi hususiyetleri sebebiyle tefrik ettiğimizden dolayı, onlar için, önceden bir enerjiden ziyade, hayatiyet söz konusudur. Ruhun bedenden çıkmasıyla insan ölür, cansız bir varlık halini alır ama gizli enerjisinden hiçbir şey kaybetmez. Çürüyen ceset toprak olur, ona karışır. Bu noktada toprakla ceset arasında fark yoktur.[26] İkisinde de karbon, hidrojen, oksijen, azot, kükürt, demir vs. gibi elementler vardır. Atomlar ise, canlı, cansız ne varsa bütün varlıkların bilinen en küçük parçasıdır. Ve hepsi büyük birer enerji deposudur. (Meselâ, bir kuruş büyüklüğündeki bir bakır parçasının atomlarındaki mevcut kudret elli bin tonluk bir gemiye birkaç defa devri alem seyahati yaptırabilir. Bir kahve kaşığı kömür tozunun atomlarında beş milyonluk bir şehrin en soğuk aylarda bir haftalık ısıtma ihtiyacını karşılayacak enerji vardır.[26] Bir gram Radyum atomunun enerjisi 3.000 ton kömürün enerjisine denktir.[27] Bu enerjinin dinamosu ise, çekirdek ve etrafında dönen elektronlardır. Elektronlar durmadan hareket ettiğine göre, şu elimizde tuttuğumuz kalem, gözümüze taktığımız gözlük, sırtımıza giydiğimiz ceket, taşlar da ha-

---

(26) İnsanın topraktan yaratıldığını gösteren ilmî bir işaret.
(26-a) Anarşi: Kainat Nizamı Anarşiyi Reddeder, Zeki Ünal.
(27) Allah ve Modern İlim, Abdürrezzak Nevfel

reketlidir. Çünkü, onların da en küçük parçası atomdur. Öyleyse, her şeyde bir hareketin olduğunu söyleyebiliriz.

Atom, Güneş sistemine çok benzer. Adeta onun küçük bir benzeridir. Atom çekirdiğini Güneş kabul edersek, etrafında dönen elektronlar da gezegen hükmündedir. Fakat, atom, Güneş sistemine göre kıyaslanamayacak derecede küçüktür. Meselâ, Güneş'in çapı, 1.4 milyon kilometre iken atom ancak milimetrenin on milyonda biri kadardır. En küçük gezegen Plüton'un çapı, 6.000 kilometre olduğu halde elektronun çapı, atom çapının ancak yüz binde biri kadardır. Gezegenlerin en süratlisi Merkür'dür. Hızı, saniyede 47 kilometredir. Halbuki, elektronların sürati, saniyede 300 bin kilometredir. Atomun çekirdeğinde, artı yüklü protonlarla, hiçbir elektrik yükü taşımayan nötronlar vardır. Elektronlar ise, eksi elektrik yüklüdür. Elektronlarla çekirdek arasındaki mesafe o kadar büyüktür ki, kendi cüsselerine göre ay ile dünya arasındaki mesafe kadardır. (28)

İnsandan Örnek

Aysel kardeş, avucunu aç, parmak uçlarına bak, parmak izlerin ne kadar birbirine karışık değil mi? Elbette 'evet' diyeceksin. Şimdi iyi düşün: Dünyada 7 milyar insan var, bu 7 milyar insanın parmak izleri birbirine benzememektedir. Bu 7 milyara kaç milyar daha eklersen ekle yine de birbirine uymayacaktır. Parmakların derileri yüzülse yine aynı eski parmak izleri oluşacak. Şimdi nasıl olur da 7 milyar insanın parmak izleri birbirinin aynı olmuyor? Eğer kör tesadüfün eline verseydik, mutlaka birbirine karıştıracaktı. Tabiat dersek, nasıl oluyor da akılsız, şuursuz tabiat

---

(28) Allah Vardır, Dr. Halim Bilsel

7 milyar insanın karmakarışık olan parmak izlerini birbirine karıştırmadan yapıyor, yani yaratıyor? Hayır, asla akılsız, şuursuz olan tabiat da bunu yapamaz, böyle harikulade bir şeyi ancak ve ancak bilinçli, şuurlu bir varlığın yapması gerekir ki, bu da Allah'tır. Biraz aklım var diyen insanın da, "Bunu ancak Allah yapar" demesi lazımdır, değil mi Aysel kardeş?

Gelelim dişlere... Allah'ın kainat üzerinde yürüttüğü tedrici tekamül kanunlarından biri de dişlerde gerçekleşir. Her şey yavaş yavaş büyür. Otlar, kuzular, bebekler yavaş yavaş büyür. Çocuk altı aylık olunca, dişleri çıkmaya başlar. Tam çorbaları içeceği zaman dişler çıkıyor, çıkıyor ama toprağa çakılmış kazıklar gibi değil. Hepsinin kökleri, yani sinirler ve kan damarları dişlerle birliktedir. Eğer dişleri ağaca benzetirsek, damaklarımızda kök salan bu ağacın çekirdiği veya filizi nereden gelmiştir, kim dikmiştir? Dişler, sadece kesicilik veya öğütücülük yapmaz. Aynı zamanda çiğnediğimiz şeyin sertliğini de anlar ve bizi ikaz eder.

"Bu ceviz pek sert, zorlarsan ceviz yerine ben kırılacağım," der.

Biz de cevizi dişlerimizle kırmaktan vazgeçeriz. Dişteki sinirlerden şikayetçi olanlar da vardır. Meselâ, çürümüş bir dişin ağrısını sinirler vasıtasıyla duyarız. Sinirler olmasa diye düşünebiliriz. Ama o zaman dişlerimiz kırılır, çürür haberimiz bile olmazdı. Demek ki, diş sinirleri bize yardımcı oluyor. Tehlikeli anlarda bizi ikaz ediyor. Lisanı hâl ile bize diyor ki:

— Hey... Dişine mikroplar girdi, derhal çaresine bak...

— Hey... Aysel, pirinci iyi ayıkla, yoksa beni kırabilirsin.

Dişlerin şekli yenilecek gıdalara göre ayarlanmıştır.

Meselâ bitki yiyen hayvanların ön dişleri kesici iken, yırtıcı hayvanların ön dişleri uzun ve çengel gibidir. Bu dişlerle çırpınan avını yakalar ve parçalar. Burada da üç ihtimalle karşı karşıyayız:

1 — Gıdalara göre dişler şekil almıştır.

2 — Hayvan, dişlere göre, gıdasını aramaktadır.

3 — Bir tarafta dişler, öte yanda gıdalar yaratılmıştır. Bunların birbirine denk düşmesi sağlanmıştır. Meselâ, kedi, fare yakalamak ister, ona bu istekle birlikte tırnak verilmiştir. Tırnak olmasaydı, bu sefer istediği halde yine fare yakalayamayacaktı. Öte yandan, biz baklavayı ne kadar sevsek de, kedi sevmemekte ve yememektedir. Baklavayı ona yedirmeyen isteksizlik, midesi gibi yaratılmış ve içine konmuştur. At, ot yiyen bir hayvandır. Dişleri ot yemeye uygundur. Fakat hangi otu yiyeceğini çok iyi bilmektedir. Buradaki bilmek bir öğretmeni ve okulu gerektirir. Acaba at, hangi okulda hangi öğretmenin nezaretinde otların çeşitlerini öğrenmiştir?[29]

İnsanlar, hem et, hem ot yer. Dişlerimiz bu iki çeşit gıdayı yiyecek şekilde tanzim edildiğinden, insanın ağız yapısı ile hayvanlarınki arasında fark vardır. Dişlerimiz, gelişigüzel dizilmemiştir. İşte sen, aynanın karşısına geçip ağzını aç, dişlerine dikkatle bak. Alt çenede, önden dört diş birbirine benzemektedir. Bunların sağında ve solunda birer diş var ki, şekil bakımından diğerlerinden farklıdır. Onun yanındaki iki diş yine birbirine benzemektedir. Dişlerin sonuna doğru üç diş de aynı şekildedir.

Şimdi yatay ve dikey iki çizgi çizeceğim. Yatay çizginin yukarısındakiler üst çeneye ait, altındakiler de, alt çe-

---

(29) İlimler ve Yorumlar, Hekimoğlu İsmail

neye ait dişleri gösterecek. Dikey çizgi ise, burnumuzun ucundan aşağı inmekte, dişlerimizi ikiye bölmektedir. Şimdi çizgileri çizip, dişlerin durumunu gösterelim:

3212 2123
3212 2123

Ölçüye ve simetriye bak. Nasıl olur da bu gördüğün ölçüyü şuursuz bir tabiat yapabilir? Buna imkan var mı? Elbette yok. Öyle ise, bu muazzam ölçüyü yapan bir şuurlu varlık vardır. O da elbet Allah (c.c)'dır. Evet Aysel kardeş, yine soruyorum sana, basit bir masa bile kendi kendine var olmayıp bir ustası olur da, şu anlatmış olduğum parmak izleri ve dişlerin bir ustası olmaz mı? Elbette onları da yapan bir usta, bir sanatkar vardır. O da Allah'tır.

Bir de İmamı Azam'dan örnek vereyim: Allah'a (c.c) inanmayan bir kafir, Müslümanlar'a, "Allah varsa ispat edin" diye sataşır. Müslümanlar da bu adama pek tatmin edici cevap veremezler. Adamı, İmamı Azam'a götürürler. İmamı Azam'a:

— Hocam bu adam Allah'a inanmıyor. Allah'ın varlığını ispat edin, Müslümanlar'ın kafasına sorular sokuyor derler. İmamı Azam (Numan bin Sabit), kafir olan adama dönerek:

— Niçin inanmıyorsun?

— Her şey kendi kendine var oluyor da ondan.

— Pekiyi o halde, sana bunun cevabını yarın vereceğim. Falan saatte falan meydanda buluşalım.

Bu buluşma meselesi her tarafa yayılır. Herkes heyecan içinde ertesi günü bekler. Ertesi gün olunca, halk meydana toplanır. Kafir taraftarları bir tarafa, Müslü man taraftarları bir tarafa ayrılırlar. İnkarcıların başı olan adam gelir. Fakat İmamı Azam'ın gelmemesi inkarcının ve taraftarlarının alay etmesine vesile olur ve inkarcı:

— Bak gördünüz mü? Korktu da ondan gelmiyor, der.

Müslümanlar da heyecanlı oldukları halde "İşi vardır da ondan, şimdi gelir" derler. Nihayet, hayli zaman geçtikten sonra İmamı Azam gelir. İnkarcı adam:

— Nerede kaldın ya İmamı Azam?

İmamı Azam mizahi tarzda cevap verir.

— Ben, Nil nehrinin karşısındaydım. Gelmek için sandal bulamadım. Orada bir ağaç vardı, ağaca emir verdim, "Ey ağaç kesil" dedim, kesildi, "tahta ol" dedim, tahta oldu. "Sandal ol" dedim, sandal oldu, "kürek ol" dedim, kürek oldu, "beni karşıya götür" dedim, götürdü." İşte bunun için geç kaldım.

Bunu duyan inkarcı kahkaha atarak güler. İmamı Azam da:

— Niçin gülüyorsun? der.

— Senin söylediklerine güldüm be şaşkın adam! Hiç ağaç, kendi kendine sandal olur da, seni nehirden getirebilir mi?

— Asıl şaşkın sensin... Şu gördüğün yıldızlar durmadan dönmektedir, hem de aynı ahenk içinde birbirinin hududuna tecavüz etmeden. Hem de bir bakışta gözünün görebildiği sahada milyonlarca yıldız olduğu halde. Bu yıldızlar birbirine çarpsa belki dünya harap olacak. Güneş, kendi ekseni etrafında kainat kurulalıdan beri dönmektedir. Ve bize kainat kurulalıdan beri ısı vermektedir. Velhasıl kainattaki bunca muazzamlığın kendi kendine olduğuna inanıyorsun da, niçin sandalın kendi kendine olduğuna inanmıyorsun? Bu sandalda mı daha büyük sanat var, yoksa şu gördüğün muazzam kainatta mı? Hem her sanatın bir sanatkarı vardır. Nasıl ki bu sandalın bir sanatkarı ve ustası varsa, şu muazzam kainatın da elbette bir sanatkarı, ustası vardır. O da Allah'dır.

Bu muazzam cevabın karşısında inkarcı düşünmeye başlar.

Evet kardeşim Aysel, birkaç örnek de Avrupalı ilim adamlarından vereyim:

Prof. Dr. Paul Cleirans Brosold (Biyofizikçi) diyor ki: "İlmi çalışmaya ilk başladığım sıralarda, hayatın menşeini, aklı ve daha bilinmeyen her şeyi ilmî metotlarla öğrenmenin mümkün olacağına inanıyordum. Ama atomdan gök cisimlerine, en küçük mikroptan insana kadar eşya hakkında bilgim arttıkça anladım ki, henüz ilmin açıklayamadığı pek çok şey vardır kainatta... Doğrusu selîm düşünce ve mantık kuralları bizi Allah'ın varlığına inanmaya zorlamaktadır."

Aslında bilim ıspat edince Allah'ı daha çabuk bulmaları gerekirken...

Yine biyoloji ve botanik bilgini Prof. Dr. Russel Charles şöyle diyor: "Normal bir zekaya sahip birisinin, kalkıp da otomatik bir saatin hareketinin, herhangi düşünen bir kafanın ve maharet sahibi bir elin müdahalesi olmadan kendiliğinden meydana geldiğini veya tesadüfen ortaya çıkmış oluğunu söylemesi mümkün değildir.

Madem ki, bir otomatik saat kendiliğinden meydana gelmiyor ve hareket edecek duruma geçemiyor, mikroskobik bir canlı olan hücre, kendi içinde nasıl böyle akılları durduracak üstün bir hareket kapasitesine sahip olabiliyor? Bütün bu canlılık mekanizmasının gerisinde düşünen bir zeka ve idare eden bir elin bulunduğunu kabul etmekten başka yapabileceğimiz bir şey kalmaz."

Jeokimyacı Prof. Dr. Wagne Old ise Allah'ın varlığı

hakkında şöyle der: "Allah, bir madde ve enerji değildir. Ayrıca, sınırlı bir varlık değildir ki, biz aklın sınırları içine sokalım ve tecrübe kanunlarına boyun eğdirelim. Aksine, Allah'ın varlığını kabul ediş iman esasına dayanır. İlim adamları bazı teorilerin doğruluğunu olduğu gibi kabullenirler. Halbuki, bunların hiçbirini duyular yoluyla kavramak ve idrak etmek mümkün değildir. Meselâ, protonu gördüğünü veya elektrona dokunduğunu iddia edebilecek hiçkimse bulunamaz. Fakat herkes protonun ve elektronun neticesini görür." Aynı ilim adamı devam ediyor: "Acaba bu radar dediğimiz alet tesadüfen mi bulunmuştur? Yoksa onun bulunması için büyük çalışmalar yapılmış, plan ve projeler hazırlanmış ve böylece bir netice mi elde edilmiştir? Pekiyi, yarasanın organında bulunan ve tamamen radar görevi yapan mekanizma nasıl tesadüfen meydana gelmiş olabilir. Hayvan, hiçbir uyarıya ihtiyaç kalmadan ve hiçbir tamiri gerektirmeyen, gayet mükemmel bir radar sistemine sahiptir. Ve kendi nesline bunları miras olarak aktarmaktadır. Bu kendiliğinden ve başıboş olarak mı, yoksa bir plan, proje yapan güç tarafından mı meydana getirilmiştir?"[30]

Kardeşim Aysel, sayısız delillerden sadece birkaç tanesinden bahsettim. Hepsinden bahsetmek imkansız. Düşünmek, tefekkür etmek lazım. Önce, Allah'ın (c.c.) eserlerini çok iyi bilmek lazım. Eseri görmeyen sanatkarı takdir edemez. Sultanahmet Camii'ni gören bir insan, ne kadar güzel takdir eder mimarını. Ama rastgele camiye girip çıkan, sanatı incelemeyen, mimarı takdir eder mi? Değil takdir etmek, düşünmez dahi. Şöyle gökyüzüne bakınca insanın Allah'ı (c.c) görüyor gibi olmaması mümkün mü? Ge-

---

(30) Anarşi: Kainat Nizamı Anarşiyi Reddeder, Zeki Ünal.

celeyin gökyüzüne tefekkürle bakınca insanın kalbine gökyüzünün feyzinden feyiz akar. Bir insan düşünmeli... Ay, dünya kurulalıdan beri aynı ölçüde dönüyor. Güneş de, hakeza öyle. Bu nasıl mümkün olur. Bir saatin yelkovanı, son derece itina ile hazırlandığı halde, ayarı belki birkaç yıl bozulmayabiliyor. Daha sonra ise mutlaka ileri veya geri gitmeye başlıyor. Ay ve Güneş de semavatın yelkovanlarıdır. Bunlar, nasıl oluyor da, dünya kurulalıdan beri hiç ileri ve geri gitmiyorlar? Kim ayarlıyor bu gökyüzü saatini? Kainatta her ne var ise yerli yerinde ve ayarlanarak yapılmıştır. Günebakan (gündoğdu) çekirdeğinin sıra sıra dizilmesinden tutun da, arının yapmış olduğu peteğin deliklerinin, hepsinin aynı şekilde bir milim dahi oynamaksızın altıgen şekilde yapılmasına, örümceğin ağını örmesine, karıncanın kış için yazdan yiyecek hazırlamasına, karpuzun içindeki çekirdeklerin dizilmesine, lahana yapraklarının muazzam bir şekilde top gibi olmasına, insanın en güzel bir şekilde yaratılmasına, dünyanın ekseninin 23 derece eğik yaratılıp dört mevsimin meydana gelmesine, nefes alıp vermemizden, görmemize, duymamıza, düşünmemize kadar herşey Allah'ı ispat ediyor. İnan artık ey kardeşim. Başka çıkış kapısı yok. Gidiş O'na.

Allah, var işte, var, var...
O'nu ispat etmeye ne gerek var?

Kalplerimizin mutmain olmasını istiyorsak şu üç şeyi çok iyi bilmemiz lazım:

1 — Akıl, her şeyi çözemez.
2 — Akılsız da hiçbir şey çözülmez.
3 — İlim, tefekkür ve amel olmazsa akıl iflas eder, ya-

ni belli bir noktadan öteye gidemez. Bilhassa ilimsiz olmaz.

ADAMIN BİRİ

Adamın birisi İstanbul'a gelecekmiş. Arkadaşları toplanmış hem yolcu ediyorlar, hem de öğüt veriyorlarmış.

İçlerinden biri:

— Aman ha... Gözünü seveyim, orası İstanbul, yankesiciler çoktur orada, seni dolandırırlar, der.

Adam da:

— Yok canım, sen de... Bende aldanacak göz var mı? der.

Bir başkası ise:

— Yahu kardeşim seni ayakta uyuturlar. Aman ha dikkat et. Senin gibi konuşanlar boylarının ölçüsünü aldılar, diye ihtar etmekten geri durmaz.

— Yok be kardeşim, siz merak etmeyin, der.

Ve at nalı gibi büyük olan maden paralarını bir kese içine koyarak ceketinin iç cebine yerleştirir. Bir kısmını da yan cebine harçlık yapmak için ayırır. Ve İstanbul'un yolunu tutar. Mahmutpaşa'da birkaç dükkana girer.

Dükkanlardan çıkınca sağ elini sol göğsünün üzerine vurur. Paralardan şangır şangır ses gelince adam kasıla kasıla: "Hımmm, beni kandıracaklarmış. Beni kandıracak adam daha dünyaya gelmemiştir" der.

Yine bir başka dükkana girer, aynı şekilde kontrol eder. Paralar yerinde duruyor. Akşama doğru, yan cebine harçlık için ayırdığı para tükenir. Yine eli ile vurur, şangır şangır ses gelir. Para almak için keseyi çıkarır, bir de bakar ki, paralar alınıp para kesesinin içine nal doldurmuşlar.

İşte bu adam misali, eğer biz de Allah'ı iyi tanımazsak, kalbimizden gelen sesin ne olduğunu anlayamazsak, şeytan imanımızı alır. Biz anlamayalım diye yerine kendi istediği inancı koyar. Birazcık merhametimiz varsa, hele bir de Allah diyorsak, şeytan sahayı buldu demektir. Başlar; "Benim kimsenin malında gözüm yok, Allah'a şükür imanlıyım da, namazlarımı kılmıyorum ama kalbim temiz. Hacca gitmiyorum ama gideceğim, şimdi çok işim var. İçki içiyorum ama bir derdim var" demeye.

İşte böyle imanımızın yerine sahtesi konulunca kendimizi müdafaa etmekte avukat kesiliriz. İnancımızın olmadığını anlayacak zemin bile bulamayız. Önce imanın sesini tanımalıyız ki, yerinden alındığı zaman fark edelim. Eğer o adam para sesini çok iyi bilseydi, nal sesini hemen anlayacak ve böylece kendini para sesi diye avutmayacaktı. Kardeşim, İslâm'ı iyi bilip, iyi anlamamız lazım. İslâm'ı iyi anlamazsak dünyada hiçbir şeyi anlayamayız.

Bir Allah dostu olan çok sevdiğim mürşidimden şu sözleri duymuştum:

* Sen nasıl inkar edilirsin? Ya Rab.. Ya Rab, sana teslimiz... Bizi şeytanlara uymaktan koru.

* Sen Allah'ın nimetlerini ye, sonra da Allah'a isyan et. Olur mu kardaşlarım?

* Bizim olan ne var?.. Bizim bir şeyimiz yok... Her şey Allah (c.c)'ın. Bunu ölünce anlayacağız. Ama ölünce herkes anlar. Müslüman, ölmeden anlar. Göreyim sizleri, Allah'ı bilelim ve O'na teslim olalım. O bize yapamayacağımız emri vermez...

* Göz Allah'ın (c.c), göstermesi de O'nun.

* Mektup yazarken bile Allah'ı anlatmalıyız.

* Allah'a, içimiz ve dışımızla teslim olmamız lazım.

Dışın Batı, için İslâm veya için Batı, dışın İslâm olmaz. İki zıtlık bir bedende geçinmez, ona göre dikkat.

* Müslüman dertlidir. Konforla uğraşmaz. Allah'ını sever ve onun yolundan gider. O'nu zikreder, her şeyi O olur.

* Bizim sevgili Allah'ımız var. Ama O'na güvenemiyoruz. İmanımızın zayıflığından güvenemiyoruz.

* Bu halimiz nedir ya Rabbi... Sen uyandır bizi.

* Namazını terkeden, Allah'ını terketti demektir.

* Kuş, bir mısır danesi için tuzağa düşüyor. Biz de ona benziyoruz. Bir nefs için tuzağa düşüp, Rabbimizden uzaklaşıyoruz.

* Hiçbir şeyin fakirliğinden korkulmaz. Allah'ı sevme fakirliğinden korkulur.

* Allah adeta bize sesleniyor: "Ben, her yerden görünürüm." Onu duymamız lazım.

ALLAH NİÇİN GÖRÜNMÜYOR?

Soru: *Allah niçin gözükmüyor, neden göremiyoruz?*

Cevap: Önce, 'neden göremiyoruz?' sorusunu cevaplayalım:

a) İlk cevap şu. Allah kendisini bize göstermek istemediği için onu göremiyoruz. Onu görecek göz vermedi bize. Görme, ihata (yani bir şeyi en ince teferruatına kadar bilme, kaplama) meselesidir. Meselâ: İnsanın vücudunda mikroplar vardır, hatta bir dişin dibinde belki birkaç milyon bakteri bulunur. Bu bakteriler ellerindeki imkan ve aletlerle insanın dişini yontmaya, yıpratmaya, aşındırmaya çalışıyorlar. Halbuki, insan, bakteriler bu işleri yaparken bunların ne gürültüsünü duyar, ne de bu bakterilerin varlığından haberdardır. Onlar da tamamıyla insanı göremez. Nasıl görsün ki, zaten kendisi çok çok küçük bir şey. Onlar, ancak o anda neyin karşısında bulunuyorlarsa onu görürler. Hele hele, insanı, katiyyen ihata edemezler. Esasen, insanı görüp tam ihata edebilmeleri için, onun dışında ve tamamen müstakil, yani ayrı olmaları ve aynı zamanda insanı görebilecekleri teleskop gibi bir göze sahip bulunmaları lazımdır. Demek ki, ihata edemeyişleri, görmelerine mani oluyor. Eğer ihata edebilselerdi, yani aynı anda insanın her tarafını kaplayabilselerdi, insanı görebileceklerdi. Bu misal mikro aleme ait.

Bir de makro alemden misal vereyim. Büyük bir teleskopun başına oturalım. Düşünelim ki, bu teleskop, ışık yılıyla üç milyar yıl ötesini göstersin. Yine de bütün kainat ve mekanlar hakkındaki bilgimiz "Deryada katre" misali olacak. Çünkü, ne kadar uzağı görebilirsek görelim, yine de daha ötesi var. Boşluk (gökyüzü), sonsuza doğru gidiyor. Sadece teleskopla gördüğümüz saha hakkında bulanık faraziyelere (yani şöyle olabilir, böyle olabilir nevinden bir kısım malumata sahip olacağız.) Demek ki, biz kainatın idaresini, umumi şeklini, muhtevasını ve mahiyetini göremeyecek ve idrak edemeyeceğiz. Çünkü, mikro alemde (çok küçük zerrecikler aleminde) olduğu gibi, makro alemde (kainat gibi büyük alemde) de tam bir açıklamaya sahip değiliz.

Şimdi iyi düşün kardeşim Aysel, daha biz mikro ve makro alemlerdeki varlıkları ihata edememişiz, onlardan habersiz, daha onları göremiyoruz da, nasıl onları yaratanı bu zayıf gözle görebileceğiz? O kendisini göstermemeyi dilemiş üstelik.

Biz, ancak mikro alemdeki bakteriler misali, neyin karşısında duruyorsak ancak onu görebiliyoruz. Yani gözümüz neyi ihata edebiliyorsa, neyi görebiliyorsa, onu görebiliyoruz. Şöyle bir misal daha vereyim: Allah'ın varlığı meselesinde atomlardaki elektronların durmadan hareket ettiğini yazmıştık. Ancak bazılarındaki hareketi görebiliyoruz, diye ilmin yüzde yüz doğruluğunu ispat etmiş olduğu elektronların hareketlerini inkar mı edeceğiz? Elbette hayır. Öyle ise, varlığından hiç şüphe edilmeyen Allah'ı (c.c.) görmüyoruz diye inkar mı edeceğiz? Öyleyse, görmemek bir şeyin olmadığını göstermez. Ve O diyor ki, ben Lâtîf'im.[30a] Varım. O varım, diyorsa geriye ne kalır.

Bir misal daha: Sütün içinde yağ ve peynirin bulunduğunu adımız gibi biliyoruz. Ama sütün içinde ne yağ ne de peynir gözükmektedir. Şimdi, biz kesin olarak bildiğimiz yağ ve peyniri görmüyoruz diye inkar mı edeceğiz? Elbette hayır. O halde adımız gibi bildiğimiz Rabbimiz'i, görmüyoruz diye inkar edemeyiz. (Belki adımızı unutabiliriz ama Rabbimiz'i asla).

Bir yerimiz ağrıdığı zaman ağrıyı hissediyor, duyuyoruz ama göremiyoruz. Göremiyoruz diye ağrıyı reddedemeyiz. Ağrıyı görmüyor, fakat hissediyorum, onun için de varlığına inanıyorum, dersin.

Allah'ı görmüyorsun ama O'nu hissediyorsun, her sanatında O'nu görür gibi hissediyorsun. Hele, bir de şöyle sakin kafa, selim bir akıl ile düşünürsen, büyük bir felaketle, dayanılmaz bir acıyla karşılaşırsan, inadı, kibri ve gafleti bırakıp asli yaratılışınla başbaşa kalırsan, başka bir şeye değil, inan sadece Allah'a yalvarır, O'ndan yardım dilersin...

(30a) Lâtif; görünmeyen incelikte demektir. Meselâ, su, hava ve cam lâtif olduğu için, pencereden dışarıyı, bardaktan karşıyı görebiliyoruz...

Açık olan bir cereyan kablosunda, cereyanın olduğunu kesinlikle biliyoruz. Fakat onu göremiyoruz. Cereyanı göremediğimiz halde, nasıl varlığını inkar edemiyorsak, Allah'ın da varolduğunu bildiğimiz halde, göremiyoruz diye inkar edemeyiz.

Bir odada otururken, kapı ve pencereyi açtığımız zaman cereyanın bize etki ettiği, bizi çarptığı bir gerçek. Cereyanı elle tutup, gözle göremediğimiz halde, nasıl inkâr etmemiz mümkün değilse, Allahu Teala'nın da sanatlarına bakıp, O'nun varlığını kabul ettiğimiz halde, O'nu göremiyoruz diye inkar etmemiz mümkün değildir.

"b) Nur, Allah'ın özelidir. Biz nuru dahi ihata edemiyoruz. Yani, her tarafını çepeçevre sarıp kaplayamıyoruz. (En ince teferruatına kadar bilemiyoruz.) Peygamber Efendimize (s.a.v), Miraç'tan döndüğünde sahabeyi kiram sordu: "Rabb'ini gördün mü?" Rasulullah, bir defasında şöyle buyurdular: "Nasıl görürüm O'nu." Başka bir yerde buyururlar ki: "Ben bir nur gördüm. Halbuki, nur mahluktur yani yaratılmıştır. Allah ise, nuru nurlandırandır. Yani nura şekil veren, biçim veren, tasvirini yapan Allah'tır. Nur, Allah değildir. O'nun yaratığıdır." Başka bir hadiste Peygamberimiz (s.a.v): "Allah'ın hicabı (perdesi) nurdur. Yani sizinle O'nun arasında bir nur vardır." Şimdi, bir nuru dahi ihata edemiyoruz da, yani tam olarak en ince teferruatına kadar bilemiyoruz.

Bir düşünür, "Tanrı yokas bile, insanların zihnine özel tanrı yaratılmalı." O düşünür, Allah'a ihtiyacı olduğunu böyle ifade etmiştir. Biz ise, Allah var olduğu için ona iman ediyoruz. İhtiyaç ayrı bir konu.

Gelelim, 'Allah (c.c) niçin görünmüyor?' sorusuna:

Bazı müfessirler, ayeti kerimedeki "İbadet etsinler"den maksat: "Beni tanısınlar, beni bilsinler" demektir diye tefsir etmişlerdir.[30b] Allah başka bir ayetinde: "Amelce hanginiz daha güzeldir diye sizi imtihan etmek için hem ölümü, hem hayatı yaratan O'dur. O azizdir, herşeye galibdir, gafur'dur (çok bağışlayandır)"[31] buyurmaktadır. Diğer bir ayetinde: "Müslümanlar, öyle kimselerdir ki, onlar Allah'ı görmedikleri halde inanırlar. (İnançlarını ispat eden) namazlarını dosdoğru kılarlar. Verdiğimiz rızıktan yerler, başkalarına da yedirirler."[32] Başka bir ayetinde de: "Sen ancak Kur'an'a tabi olan, onunla amel eden ve görmediği Rahman'a içten saygı besleyen kimseyi sakındırırsın. İşte onu hem bir mağfiretle (dünyadaki günahların bağışlanmasıyla), hem de iyi mükafatla (cennetle) müjdele" buyurmaktadır. Kardeşim Aysel, ben Kur'an'dan bu konu ile ilgili ayetlerden sadece birkaç tanesini yazdım.

Rabbimiz, birinci ayette, cinleri ve insanları kendisini tanısınlar, ibadet etsinler diye, ikinci ayette de, amelce hangimiz güzeliz, ölümü ve hayatı, yani şu yaşamımızı imtihan etmek için yarattığını buyurmaktadır. Demek ki, insanın yaratılış gayesi Allah'a (c.c.) ibadet etmekle, imtihan için gönderilmiş olmasıdır. Eğer, Allah (c.c.) gözükseydi, imtihanın hükmü kalmazdı.

Böylece de Allah'ın emirlerini yerine getirenlerle, getirmeyenler bilinemezdi. Yazmış olduğum üçüncü ayette de, Rabbimiz Müslümanlar'ın vasıflarını söylerken: "Görmedikleri halde Allah'a (c.c.) inanırlar", demektedir. Demek ki, mühim olan görmeden inanmaktır. Görünce herkes inanır... O zaman inanmanın bir değeri olmazdı.

(30-b) Bu konuda mutmain olmak için akâid okumak gerekir.
(31) Mülk: 2.
(32) Bakara: 3.

SEN YOKKEN

Soru: *Kur'an'ın Allah tarafından gönderildiğine dair delil nedir?*

Cevap: Seninle Dünya dışına, yani Dünya'nın yaratılmadan önceki haline dönelim. Sen yoktun... Dünya da yoktu. Sonra kudretini hakkıyla bilemediğimiz bir yaratıcı Dünya'yı yaratıyor. İçinde de milyarlarca insan yaratıyor. Yıllar sonra sen de geldin. Etrafına şöyle bir bakıyorsun, hayretten kendini alamıyorsun. Çünkü, insanın suya ihtiyacı var, su yaratılmış. Isıya ihtiyacı var, ateş yaratılmış. Havaya ihtiyacı var, hava yaratılmış. Vücudun vitaminlere ihtiyacı var, vitaminlere göre yiyecekler yaratılmış. Uykuya ihtiyacı var, uyku yaratılmış. Konuşmaya ihtiyacı var, dil yaratılmış. Yemeği çiğnemeye ihtiyacı var, dişler yaratılmış. Yemeği hazmedecek mide yaratılmış. Kokuya ihtiyacı var, burun yaratılmış. Bütün bunları görmemiz için pencereye ihtiyacımız var, iki tane göz yaratılmış. Velhasıl saymakla bitmez. Kısacası, insanın neye ihtiyacı varsa o yaratılmış...

Şimdi soruyorum: Bütün bunlar niçin yaratılmış?.. Sebepsiz göz bile kırpılmaz da, bu kainat yaratılır mı? El bette yaratılmaz. Peki niçin yaratılmış? Kainat, insan için yaratılmış. Peki insan niçin yaratılmış? Allah'a kul, kul olması için.

Peki, anladık ki, bizi bir yaratan var. Şimdi yine soruyorum: Yaratan bizden ne istiyor? Biz bu dünyadan nereye gideceğiz ve bu dünyada nasıl kanunlar koyarak yaşayacağız?. Hayvanlar gibi kanunsuz, nizamsız mı yaşayacağız, yoksa sadece aynı görevi yapan melekler gibi mi yaşayacağız? İnsan eti yenecek mi, yenmeyecek mi? Adam öldürülecek mi, öldürülmeyecek mi? Evlenme, boşanma nasıl olup, miras nasıl dağıtılacak? Hukuk, ekonomi sistemi nasıl olacak? Aile sistemi, devletle halk arasındaki ilişkiler nasıl düzenlenecek? Kısacası, insanları dünyada huzura kavuşturacak nizam nasıl olacak? Hemen aklımıza bir soru takılıyor: "Niçin bizi yaratan, bu dünyada hangi kanunlar ile yaşayacağımızı bildirmemiş?" Hemen cevap alıyoruz. "Bildirmiş ya." Ne ile bildirmiş? 100 küçük, 4 tane büyük kitapla. Dört büyük kitabın sonuncusu Kur'an-ı Kerim'dir. Yani şu andaki insanların kıyamet kopuncaya kadar uyacakları kanunlar, Kur'an-ı Kerim'in kanunlarıdır. Eğer bu aleme kitaplar inmeseydi, insanlar yiyip, içmede, evlenme boşanmada, aralarındaki davranışlarda, halk ile devlet arasındaki vs. ilişkilerdeki kuralları, bütün herşeyi bilemezlerdi.

Bir insanın gözlerini bağlasalar, Afrika ormanlarına bıraksalar. Sonra o adama gözükmeden oradan ayrılsalar. O insan gözünü açar açmaz; "Burası neresi?" diye hayrete düşmez mi? Elbette hayrete düşer. Aylarca, günlerce orada kalsa merakı daha da artar. Aynı şartlar altında, hanımını da getirseler, o da aynı merakla; "Bizi buraya kim getirdi?" diye sormaz mı? Elbette sorar. Bu sorular içerisinde iken, birisi bunlara onbin sayfalık bir mektup getirse, getiren kişi de: "Bu mektubu, sizi buraya getiren kimse gönderdi. Niçin gönderdiğini teferruatlı bir şekilde bu mektupta açıklıyor" dese... Acaba bu iki insan, o mektubu başından sonuna kadar okuyup bitirmeden rahatça uyuyabilirler mi? Zevkle diğer bütün işleri yapabilirler mi? Velevki onlara bütün rahatlıklar verilmiş olsun. Hayır, mutlaka okurlar, öğrenirler. Burası neresi, buraya kim getirdi? Buraya getiriliş gayeleri nedir? Kendilerinden ne istiyorlar? Hem de aşkla, şevkle okurlar, öğrenirler...

O halde sen ben; ey kardeşim, bir meçhuldan geldik. Bizi, bilmediğimiz bir yere getiren var. Getirenin de, bizi niçin o meçhulden bu dünyaya getirdiğini açıklaması lazımdı. Bunu da bize Kur'an-ı Kerim ve Peygamberimiz Hz. Muhammed'in sünneti ile açıklayıp bildirmiştir...

Eğer Allah (c.c.) Kur'an-ı Kerim'i göndermeyip; "Ey kullarım! Ben sizi yarattım ama size nasıl hareket edeceğinizi bildirmedim. Fakat size akıl verdim. O akıl sayesinde nasıl hareket edeceğinizi siz kendiniz bulun" demiş olsaydı, o zaman, şimdi olduğu gibi bazı insanlar, Kapitalizm'i, bazısı Sosyalizm'i, bazısı Komünizm'i, bazısı krallığı, bazısı şahlık sistemini bulacak ve her birisi insanların huzurunun kendi görüşlerinde olduğunu söyleyecek ve fikirlerini kabul ettirmek için insanlara baskı yapmaya başlayacaktı. Böylece de dünyada huzur kalmayacaktı. Gerçekte görüldüğü gibi.

Cevabın bu kısmı, hem Kur'an'ın Allah (c.c) tarafından geldiğine, hem Kur'an'ın mucize oluşuna, hem Kur'an'da modern ilimle ilgili ayetler, hem de Hz. Muhammed'in (s.a.v) peygamber olduğuna dair olacaktır.

KAİNATIN YARATILIŞI

1 — **SIVI HALİ:** Gökler ve yerler yaratılmadan önce, Allah'ın saltanat arşının su üzerinde olduğu; "O'nun arşı su üzerinde idi"[33] ayeti ile ifade edilmektedir.

2 — **GAZ HALİ:** Atomların ana maddesi ve tarlası di-

---

(33) Hûd: 7.

yebileceğimiz, bu sıvı madde de gaz haline getirildi. Bu durumu, "Sonra göğe yöneldi. O duman halinde idi"(34) ayeti ifade etmektedir.

3 — **SİSTEMLERİN YARATILIŞI:** Başlangıçta çok sıcak bir duman bulutu halinde olan bu gaz kütlesinin zamanla parçalara ayrılıp nebülözleri, Galaksileri, Güneş sistemlerini meydana getirecek şekilde geliştirildiğini; "İnkar edenler, görmediler mi ki, önceleri gökle yer bir idi. Biz onları ayırdık ve canlı her şeyi sudan yarattık... İnanmıyorlar mı?"(35) ayetinden anlıyoruz.

Kur'an Allah'tan gelmeseydi bunları Allah Rasulü nasıl bilebilirdi?

DÜNYA'NIN YUVARLAKLIĞI

1 — "Ey cin ve insan topluluğu! Göklerin ve yerin kuturlarından geçmeye gücünüz yetiyorsa haydi çıkın. Çıkamazsınız, ancak bir imkan ile çıkabilirsiniz."(36)

Ayetteki 'kuturlar' tabiri bilindiği gibi çaplar demektir. Çap, yuvarlak bir şekil olduğuna göre, hem göklerin, hem dünyanın yuvarlak olduğu anlaşılır.

Einstein'e göre, kainatta her şey, kainata tabi olarak küreseldir. Ondan yediyüz sene önce yaşamış olan Muhyiddin ibn Arabî ise, Fütuhat kitabının birinci cildinde aynen şöyle der: "Allah, kemal sahibidir. Kainatta kendi kemal sıfatını göstermiş, gökleri mükemmel yaratmıştır." Mükemmel şekil küredir. Onun için Allah kainatı küreler şeklinde yaratmıştır.

---

(34) Fussilet: 11.
(35) Enbiya: 30.
(36) Rahman: 33.

2 — "Bundan sonra arzı yapıp düzenledi, ondan suyunu ve otlağını çıkardı."[37] "Allah geceyi gündüze dolar, gündüzü de geceye dolar"[38].

Ayetlerindeki 'dahâ' fiili 'yapıp düzenlemek' anlamına geldiği gibi 'deve kuşunun yumurtlama yeri, udhiyye, uhuvve, yuvarlak taş ve ceviz atmak' anlamına gelen 'dahu' mastarıyla da alakalıdır. Arapça'da bir fiilin iki değişik anlama gelebilmesi özelliğinden faydalanılarak, Dünya'nın yuvarlak olduğu anlatılmaktadır. Ayrıca ikinci ayette "dolamak" diye tercüme edilen Arapça 'tekvir' kelimesi, yuvarlak şekilde sarmak manasına gelir. Bu ayette de, gece ve gündüzün oluşmasına, Dünya'nın yuvarlak olması ve dönmesinin sebep olduğu kastedilmektedir.

3 — "Gece de bir alamettir onlara. Ondan gündüzü soyar çıkarırız"[39] "Soyup çıkarmak" fiilinin Arapça'sı olan 'sehl' kelimesinin "yuvarlak bir şeyi soymak"tır. Türkçe'de de hayvanların derilerinin soyulduğu yere 'salhane' (Sehlhane) denir.

4 — Kur'an-ı Kerim, kıyametin ansızın, bir anda kopacağını, "Onlar hiç bilmedikleri bir zamanda aniden kıyametin gelmesini mi gözlüyorlar?"[40] ayetiyle ifade ederken, A'raf Suresinin 97. ve 98. ayetleri şöyle demektedir: "Kasabaların halkı, geceleri uyurken onlara gelecek baskınımızdan güvende midirler? Yahut kasabaların halkı, kuşluk vakti eğlenirken, baskınımızın kendilerine gelmesinden güvende midirler?"

Kıyamet aniden gelecek ve geldiği zaman Dünya'nın

---

(37) Nâziât: 30-31.
(38) Zümer: 5
(39) Yâsîn: 37.
(40) Zuhruf: 66.

bir tarafında gündüz, öbür tarafında gece olacaktır. Bu da küre şeklinden başka bir şey değildir. Kur'an'ın Allah'tan geldiğine dair harika bir delil daha.

KAİNAT GELİŞİYOR

"Biz, göğü kudretimizle bina ettik ve biz muhakkak durmadan genişlik vereceğiz. (Genişletmeyi terk etmemiş bulunucuyuz.)" [40a]

Astronomi, kainatın durmadan genişlemekte olduğunu söylemektedir. Aynı zamanda nebülözlerin, yıldız gruplarının, gezegenlerin ve gök cisimlerinin birbirlerinden müthiş bir süratle uzaklaştıklarını ifade etmektedir. Tıpkı lastikten yapılmış bir balonun üfleyerek şişirilmesi gibi kainat her yönden genişlemektedir. "Gökler ve yer bir iken, biz onları bibirinden ayırdık" [41] ayetinde de bu mana vardır.

Böylece feza, Kur'an-ı Kerim için bitmeyen, gittikçe genişleyen bir varlıktır. İşte Einstein'a baş döndürücü gelen ve büyük fizikçi Huble'ın nebülözlerin bizim galaksimizden uzaklaştıklarını keşfetmesi ve Belçikalı matematikçi Abbelematikre'in, bu keşiften kainatın genişlemesi teorisini çıkarmasıyla ortaya çıkan ilmi görüşü. Bu ayetler onları pekiştirmiştir.

Gayet âşikar olarak ortaya çıkan şudur ki, Kur'an, gerçek ilmi anlayışa yol gösterircesine köşe noktalarını tespit etmiştir. Bu noktaların, ümmî (okuma yazma bilmeyen) bir şahsın zihninden doğduğunu iddia etmek ve dolayısıyla Kur'an ile Hz. Muhammed (s.a.v) arasında ilişki kurmak mümkün müdür?... Bize göre ne kadar gülünç bir iddiadır!...

(40-a) Zariyat: 47
(41) Enbiyâ: 30.

DÜNYA VE GÖK CİSİMLERİ DÖNÜYOR

1 — "Sen dağları görürsün de yerinde duruyor sanırsın, oysa onlar bulutun geçtiği gibi geçip giderler."[42] Bu ayetin ifadesinden de anlaşıldığına göre Dünya dönmektedir. Çünkü, dağlar Dünya'nın parçaları olduğuna göre, Dünya'nın hareketi olmadan onlar için bir hareket düşünülemez.

Çok büyük ve yuvarlak bir cismin dönüşünü farketmek zordur. Ancak belli noktaların hareket etmesinden anlaşılır. Dağlar da, Dünya küresi üzerinde farkedilebilir en yüksek çıkıntılardır. Onların hareketi ile Dünya'nın döndüğü anlaşılır. Ayrıca buluta benzetildiğine göre, Dünya'nın gökte, boşlukta, muallakta durduğu da anlaşılır.

2 — Kur'an'da, Güneş'ten, Ay'dan bahsederken; "Bunların her biri, bir felekte (yörüngede) yüzerler" buyurulmaktadır.

3 — "Güneş ve Ay bir hüsban iledir" ayetindeki 'hüsban' hesap manasına, 'bir hesap iledir, hesaplıdır' şeklinde anlaşılabileceği gibi, kök dolayısıyla 'hasbürreha' : Değirmen taşının ekseni manasında Güneş ve Ay'ın hem eksenlerinin olduğu, hem yuvarlak olduğu ve hem de döndükleri anlaşılır.

4 — "O ki, sizin (istifadeniz) için arzı uysal bir hayvan kıldı. O halde onun omuzlarında yürüyün."[43] ayetinin Arapça'sında geçen 'zelal' kelimesi; uysal, itaatli hayvan, istediğin gibi kolaylıkla çekip götürebilecek şekilde idareye müsait şey, emre amade binek hayvanı manalarına gelir.

---

(42) Neml: 88
(43) Mülk: 15

Bu ifade, dünyanın itaatli ve seri bir şekilde hareketle sarkmaksızın dönüşüne, yol alışına işarettir.

5 — "Allah gündüzü gece ile örter ve süratle gece, gündüzü, gündüz de geceyi kovalar."[44] Bu ifade de Dünya'nın kendi ekseni etrafında dönmesiyle alakalıdır. Rus astronotu Gagarin, fezadan döndükten sonra, Dünya'nın üzerinde ışık ile karanlığın müthiş bir şekilde birbirini takip ettiğini söyledi.

DÜNYA KUTUPLARDAN BASIKLAŞTIRILMAKTA

"Görmüyorlar mı ki, biz, muhakkak kuvvetimizle arza gelip etrafından (uçlarından) noksanlaştırıyoruz."[45] Burada, 'etraf', uçlar demektir. Böylece 'uçların büzülmesi' ifadesiyle, 'dünya kutuplarından basıklaştırılmış' jeolojik ifadesi arasındaki yakınlık nazarı itibare alınarak tespit edilebilir ki, Dünya'nın şekli elipsoid'dir. Bu meselenin hareket bildiren fiil cümlesiyle ifade edilişi, basıklaştırmanın Dünya'nın hareketiyle devam ettiğini gösterir.

Kutuplardan biraz basık, ekvator tarafları geniş (şişkin) olan Dünya'mızın da, ekseni etrafında dönen bütün cisimlerde olduğu gibi, şişkinliği gittikçe artmaktadır.

AY'IN SOĞUMASI

1 — "Biz, gece ve gündüzü iki ayet yaptık. Sonra gece ayetini (ay'ı) silip, soğutup, gündüz ayetinin (güneş) göstericisi kıldık."

---

(44) A'raf: 54.
(45) Enbiya: 44 - Ra'd: 41.

2 — "Siz mi daha çetinsiniz, yoksa sema mı? Allah, onu bina etti. Boyuna yükseklik verip onu nizama koydu. Gecesini kararttı, kuşluğunu çıkarttı."[46] Bu işleri yapan Allah, insanları tekrar yaratmakta güçlük çeker mi?..

Bu ayetlerin işaretinden sonra, ilk zamanlar Ay'ın bir ateş parçası iken, sonradan soğutulmuş olduğu anlaşılmaktadır. Uzayla ilgili bu bilgilerin olmadığı dönemde, ona Allah bildirmeseydi, bunları bilme imkanı var mıydı?

KAİNATTAKİ ÇEKME, İTME VE DENGE KANUNLARI

1 — "Göğü, arz üzerine düşmesin diye tutuyor. (Ancak Allah'ın izni ile düşer)"[47]

Bu ayette, göğün Dünya'ya düşme meylinin bulunduğu anlatılmaktadır ki, bu çekim gücüne işarettir.

2 — "Allah, gökleri sizin görebileceğiniz bir direk olmadan yükseltti."[48] Göklerin direksiz yükselmesi, itme kuvvetine işarettir.

3 — "Allah, göğü yükseltti ve mizanı (ölçüyü, dengeyi) koydu."[49] Yükseltilen göklerde bir ölçünün bulunması, denge kanununu anlatmaktadır.

GÜNEŞ İLE AY ARASINDAKİ FARK

— "Allah, Güneş'i bir ziya, Ay'ı bir nur yaptı."[50] Zi-

---

(46) Nâziat: 27-28-29
(47) Hac: 65
(48) Lokman: 10
(49) Rahman: 7
(50) Yûnus: 5

yada hareket, ateş, ışık bulunur. Fakat nurda sadece ışık vardır.

2 — "Ay'ı içlerinde bir nur, Güneş'i de bir lamba kıldık."(51) Ve "Şaşaalı, parıl parıl bir kandil astık."(52) Bu ayetlerde Güneş, lamba ve kandil olarak ele alınırken, mahiyeti de izah edilmektedir.

ON İKİ GEZEGEN

Kur'an-ı Kerim indirildiği zaman, gezegenler hakkında Batlamyus anlayışı hakimdi. Ona göre, Dünya sabit kabul ediliyor, Ay ve Güneş de gezegen sayılıyor, onlardan başka da; Venüs, Merkür, Mars, Jüpiter ve Satürn olarak beş gezegen biliniyordu. Kopernik (14731543), Güneş'i merkez alarak Dünya'yı bir gezegen saydı. 1781 yılında yedinci gezegen Uranüs keşfedildi. 1846 yılında sekizinci olarak Neptün, 1930 yılında da Plüton keşfedildi. Şimdi Astroidden başka onbirinci gezegen hakkında tartışmalar sürmektedir. (Bilim ve Teknik, Şubat 78/S. 123)

İnsanları her yönden irşat eden Kur'an-ı Kerim'in ifadelerinde ise, oniki gezegenin işaretini buluyoruz. "Bir vakit Yûsuf babasına (Yakub'a): Babacağım, ben rüyada on bir yıldızla, Güneş ve Ay'ı gördüm. Gördüm ki, onlar bana secde ediyorlar" dedi.(53) Uzun bir maceradan sonra Yûsuf ve ailesi Mısır'a vardılar. Ve Yûsuf annesi ile babasını taht üzerine çıkarttı. Onların hepsi de (anne ve baba ve onbir kardeş) kendisi için secde ettiler (şükür secdesine kapandılar).

---

(51) Nuh: 16.
(52) Nebe: 13.
(53) Yûsuf: 4

Yusuf dedi ki: "Ey babacığım, işte önceden gördüğüm rüyanın tabiridir."[54] Rüyadaki Ay ve Güneş'in Yûsuf peygamberin (a.s) anne ve babası, on bir yıldızın da kardeşleri olduğunu anlıyoruz. Bunlar aynı asıldan bir topluluk, aynı kökden bir sistem manasını akla getirmektedir.

YUKARIYA ÇIKILDIKÇA OKSİJEN AZALIYOR

"Allah, sapıklığa düşüreceği bir kimsenin göğsünü, sanki zorla göğe çıkarılıyormuş gibi dar ve sıkıntılı kılar."[55] Bu ayetten anlıyoruz ki, göğe doğru çıkan bir kimsenin göğsü daralıyor. Toriçelli, bu gerçeği 1643'te Floransa'da atmosfer basıncının varlığını ispatlayarak gösterdi. Buna göre, yukarı doğru çıkıldıkça oksijen azalıyor, dolayısıyla nefes alma güçlüğü doğuyor, boğulmalar oluyor. Bunun için, uçaklarda, gereğinde kullanılmak üzere oksijen tertibatı bulunur.

Kur'an-ı Kerim, psikolojik bir olayı tarif ederken; "Zindanda boğazı sıkılmış kimse gibi daraltır" ifadesini kullanmıyor da, "Göğe çıkıyormuş gibi daraltır" diyor. Balon sayesinde, Kur'an-ı Kerim'den asırlar sonra, yükseklere çıkma imkanı bulununca havanın azalmasından dolayı ortaya çıkan bir fizyolojik hadise tespit edildi.

ATMOSFER TABAKASI

"Semayı mahfuz (korunmuş, muhafazalı) bir tavan

---

(54) Yûsuf: 100.
(55) En'am: 125.

yaptık."[56] Bu ayeti kerime, ifade ettiği birçok manalar yanında, bizi Güneş'in zararlı ışınlarından koruyan, meteor vesair şeylerin tehlikelerinden muhafaza eden atmosfer tabakasını da ifade etmektedir.

ARZIN DERİNLİKLERİNDEKİ RIZIK

"Allah, arzın içinde ne varsa hepsini sizin için yarattı."[57] Ayetin ifade tarzı "alelard" (arzın üzerinde) şeklinde değil, "fil ard" (arzda) şeklindedir. Dünya'nın nimetlerinin bizim için yaratıldığını ifade eder.

Arzın içindeki petrol, maden gibi maddelerin insanların istifadeleri için yaratıldığına ve arzın içinde henüz keşfedilmeyen fakat ileride keşfedilecek unsurların gelecekte geçim sıkıntısına düşecek insanları kurtaracak gıda vs. maddelerin bulunduğuna işaret vardır. Peygamberimiz (s.a.v), bir hadisinde: "Rızkı, arzın derinliklerinde arayınız" buyurmuştur. (Taberani)

AŞILAYICI RÜZGARLAR

"Aşılayıcı rüzgarlar gönderdik"[58] Bitkilere rüzgarın yapabileceği bir aşılama yakın zamana kadar bilinmiyordu. "Meyvaların hepsinden erkekli, dişili yaratan O'dur."[59] Hakikatı, yani bütün bitkilerin çiçeklerinde, erkek, dişi çifti bulunduğunu ve erkeğin dişiyi aşılamasıyla meyvaların meydana geldiği anlaşıldıktan sonradır ki, rüzgarların bir aşılayıcı hizmeti gördükleri öğrenildi.

---

(56) Enbiya: 32.
(57) Bakara: 29
(58) Hicr: 22.
(59) Ra'd: 3.

"Bilmez misin ki, Allah bulutları sürer, sonra aralarında bir imtizaç meydana getirir. Sonra da onu üst üste yığar, bir de görürsünüz ki, onların arasından yağmur çıkar. Gökten içinde dolu bulunan dağlar indiririz."[(60)] ayetinin ifadesinden de bulutlarda elektriklenmenin (pozitif iyonların yere doğru inmesi ve negatif iyonların da yeryüzünden yükselmeye başlamasıyla, yağmur bulutlarının çiftlenmesinden meydana gelen elektriklenmenin) rüzgarlar vasıtasıyla yapıldığını anlıyoruz. Bulutların elektrik yüklü olduğunu 1752 yılında ilk olarak Benjamin Franklin ispat etmiştir. Kur'an'dan asırlar sonra!...

HAREKET ENERJİSİ

"Nihayet bu rüzgarlar, yüklü yağmur bulutları az ve hafif bir şey gibi kaldırılıp yüklendiği zaman..."[(61)] Ağır bulutların kendilerinden daha hafif hava üzerinde duruşları birçok faraziyelerden sonra yeni açıklığa kavuştu. Deniliyordu ki, bulutlar küçük su taneciklerinden meydana gelmiştir. Bunlar sabun köpüğü gibi olup, içleri hava doludur. Bu hava, dışardaki havadan daha sıcak ve hafif olduğunda bulut havada asılı kalabiliyor. Araştırma imkanı bulununca bu taneciklerin boş değil, dolu olduğu anlaşıldı. Sonra bulutları havada tutan kuvvetin rüzgar olduğu anlaşıldı. Çünkü, yeldeğirmenlerini çeviren rüzgar, kum tanelerini yukarı doğru tahrik ettiği gibi bulutları havada tutuyor. İşte hareketin bu ehemmiyetinden istifade ile tahrik kuvveti elde edilerek uçaklar yapılmıştır. Kur'an'ın işaretinden bu kadar asır sonra...

---

(60) Nur: 43.
(61) A'raf: 57.

RADYASYON TESİRİ

Lût Peygamber (a.s) kavminin başına gelen bela anlatılırken sanki atom bombasının çeşitli tesirleri ile karşılaşıyoruz: "Ey Lut! Hemen gecenin bir kısmında ev halkınla çık, git. İçinizden hiçbiri geri dönüp bakmasın. Ancak hanımın müstesna. Çünkü, kavmine isabet edecek azap ona da gelecektir."(62)

Bu mesele başka bir ayette şöyle anlatılmaktadır: "Hemen gecenin bir kısmında aileni yürüt (yola çıkar), sen de arkalarından git ve hiç kimse arkasına bakmasın. Emrolunduğunuz yere geçin gidin."(63) "Ve nihayet onları işrak vaktinde korkunç gürültü yakalayıverdi. Hemen şehirlerin altını üstüne getirdik ve üzerine sert taş yağdırdık."(64) Taş yağmadan önce şehrin altını üstüne getiren o hadise neydi? Geriye dönüp bakana, niçin o dokunacaktı? Bunlar, ancak bugünün atom bilgisiyle izah edilebilecek derin hakikatlerdir. Onun için Kur'an-ı Kerim'in bir ayetinde: "İleride biz onlara hem yeryüzü etrafında, hem de bizzat kendi nefislerinde ayetlerimizi öyle göstereceğiz ki, nihayet peygamberin söylediği şeyin hak olduğu kendilerine apaçık olacaktır. Rabb'inin her şeye şahit olduğu yetmez mi?"(65) Kur'an'daki birçok hakikatların daha sonra ilmin ve fennin ilerlemesiyle anlaşılacağına işaret edilmiştir. Şimdi inceleyelim: "Muhakkak ki, nükleer denge belli bir süre sonra değişecek, Güneş'in çekirdeği helyumu kullanmaya başla-

---

(62) Hûd: 81.
(63) Hicr: 65.
(64) Hicr: 73-74
(65) Fussilet: 53

yacak, sıcaklık artacak, Merkür ve Venüs eriyip boşluğa akacaklar. Yeryüzündeki okyanuslar, buharlaşacak ve okyanuslarla birlikte kayalar da gidecektir. Birgün bu olaylar gerçekleşecektir. Birkaç saat içinde Dünya'mızın bugünkü hacmi kadar küçülecek ve en son helyum yakılınca da bir yanmış kömür artığı halini alacaktır. Bu son, hiç bir şekilde, en gelişmiş bilgilerle bile değiştirilemeyecektir." (Bilim ve Teknik dergisi, Ocak 77, sayı 110, sayfa 45)

"Şimdi de ayetlere bakalım: "Denizler kaynadığı zaman..."[(66)]

Suyun aslı, hidrojen ve oksijen bileşimidir. Yanıcı ve yakıcı biriki element, herhangi bir yoldan parçalansa zincirleme parçalanma olacaktır. "Gök yarılıp da, gül gibi kızardığı, yağ gibi eridiği zaman..."[(67)] "O gün, gök, erimiş maden gibi olur. Dağlar da atılmış pamuğa döner."[(68)] "Göğün, insanları bürüyeceği ve bir duman çıkaracağı günü gözetle, işte bu, can yakıcı bir azaptır."[(69)]

"Dehşetiyle kalplere çarparak, o kıyametin sana ne olduğunu bildirdi. O gün insanlar, çırpınıp yayılan kelebekler (pervaneler) gibi olacaklar. Dağlar da atılmış renkli yünler gibi."[(70)] "O gün, arz ve dağlar sarsılacak ve dağlar, erimiş kum yığınına dönecek.[(71)]

Şimdi burda soralım: Bilim mi daha önde gidiyor, Kur'an mı?

---

(66) Tekvir: 6.
(67) Rahman: 37.
(68) Meariç 8-9
(69) Duhan: 10-11.
(70) Kâria: 1-2-3-4-5.
(71) Müzemmil: 14.

GÜNEŞİN SONU

"Güneşin tekvir edildiği vakit..."(72) Tekvir, esasında tedvir ve toplamak manalarıyla alakalı, sarık sarar gibi yuvarlamak, dürülüp sarmakla bohçalamak manasınadır. Razi tefsirinde zikredildiği gibi, bazıları, Hz. Ömer'den rivayet edilmiş olarak, kör etmek, körletmek manasına olduğunu söylemişlerdir. Buna göre ayetin manası: "Güneş dürülüp sarıldığı veya devşirilip atıldığı veya körletildiği zaman..." olur.

Lennird Beckel'in dediği gibi, "Güneş, birgün yanmış kömür haline gelecektir."

İlla onlar söyleyince mi inanılır? Allah (c.c) söyleyince niçin inanılmıyor?

ATOMDAN DA KÜÇÜK

"Sen harhangi bir işte bulunsan, Kur'an'dan her ne okusan, sen ve ümmetin herhangi bir amel yapsanız, siz ona dalıp dururken, muhakkak ki, Biz ona şahit oluruz. Ne yerde, ne gökte zerre ağırlığınca hiçbir şey Rabb'inizden gizli kalmaz. Ondan daha küçük ve ondan daha büyük bir şey yoktur ki, Kitabı Mübin'de olmasın."(73) Bu ayetteki 'zerre ağırlığınca' ve ondan yani zerreden daha küçük ifadesinden: a) Atom ağırlığını b) Atomdan daha küçük şeylerin varlığını anlıyoruz.

---

(72) Tekvir: 1
(73) Yunus: 61

HER ŞEY ÇİFT YARATILMIŞTIR

"Arzın bitirdiklerinden, kendi nefislerinden ve daha bilmeyecekleri şeylerden bütün çiftleri yaratan Allah çok yücedir."[(74)] "Meyvelerin hepsinden erkekli dişili çiftler yaratan O'dur."[(75)] "Dönüp ibret alsınlar diye herşeyi çift yarattı."[(76)] Bitkilerin erkek ve dişili olduğu yeni öğrenildi. Asırlardan sonra elektrikte, atomlarda pozitif ve negatiften bahsedildi. Atomun çekirdiği pozitif, elektronları ise negatif yük taşır. Daha da enteresanı, atom çekirdeğinde de proton ve nötron dediğimiz çiftler vardır. Bu hakikat ancak 1938'de bir İngiliz fizikçisi tarafından keşfedilmiştir. Ve bu ayeti kerimeye, Batı düne kadar gülüyordu. Teknolojik yönden ilerleme olunca gerçeği gördüler.

İNSANIN YARATILIŞI

1 — "O'nun ayetlerinden biri de, sizi topraktan yaratmasıdır."[(77)] İlim ispat etmiştir ki, insanın vücudunun aslı oksijen, hidrojen, fosfor, kükürt, azot, kalsiyum, magnezyum, demir, manganez, bakır, iyot, flor, kobalt, çinko, silisyum ve alüminyum gibi toprak unsurlarından meydana gelmiştir. "Bir de şöyle dediler: — Biz kemik ve toz yığını olduğumuz vakit mi, gerçekten biz mi, yeni bir yaratılışla diriltileceğiz? Ey Resulüm, söyle: — İster taş olun, ister demir olun yahut gönlünüzde büyüyen herhangi bir yaratık olun."[(78)] İnsan vücudunda demir yok mu, kanımızın rengi

---

(74) Yasin: 36.
(75) Rad: 3.
(76) Zariyat: 46.
(77) Rum: 20
(78) İsra: 49-51

nereden? Taşlar, toprağın annesi değil mi, vücut topraktan değil mi?

2 — Meni, nutfe, alaka: "İnsanoğlu, kendisinin başıboş bırakılacağını mı zanneder? Dölyatağına dökülen meninin bir parçasından, bir nutfe değil miydi o insan?"(79) Ayetteki "min meniyyin" ifadesi "Meninin bir parçasında, azıcığında" manasına gelir ki, binlerce spermin bir tanesinden demektir. Demek ki, meninin hepsinden değil, bu da yeni bilinen meselelerden.

"O, insanı alaktan yarattı"(80) Alak, "yapışıp ilişmek" anlamındadır. İlişkin ve yapışkan şeye de denir. Rahimdeki duluğa da alaka denmiştir.

3 — Kararı mekîn ve ceninin safhaları: "And olsun ki, Biz insanı süzme çamurdan yarattık. Sonra onu nutfe halinde sağlam bir yere yerleştirdik. Sonra da nutfeyi kan pıhtısına çevirdik. Kan pıhtısını bir çiğnemlik et yaptık, bir çiğnemlik etten kemikler yarattık. Kemiklere de et giydirdik. Sonra başka bir yaratık yaptık.(81) Ayetteki "fi kararın mekîn" yani 'sağlam bir yerde' ifadesi, enteresan bir şekilde ana rahmini anlatmaktadır. Rahmin, ana karnının aşağısındaki emin yerini ve geniş kalın cidarlı o kabı, o geniş yuvarlak zarları, periton içinde bulunan ve onu mesaneye ve kalın bağırsağa bağlayan bu parçaları, ki bunların hepsi rahmin dengesini temin ediyor ve onu sağlamlaştırıyor, eğilmekten ve çocuğu düşmekten koruyor. Hamilelik ilerleyip rahim yükseldikçe bunlar da rahimle beraber uzanıyor ve doğumdan sonra tekrar kısılıp normal vaziyetini alıyor. Tedkik eden ve bu havuz kısmının ve leğen kemiklerinin yaratılış tarzını bilen kimse, "Sonra nutfeyi sağlam bir

----

(79) Kıyame: 36, 37
(80) Alak: 2
(81) Mü'minun: 12-14

yere koyduk" ayetinin doğruluğunu açıkça anlar. Ayetteki 'alak', yapışkan bir kan pıhtısı manasını ifade ederek, ana rahmine nasıl tutunduğunu göstermekle beraber, asalak, kurt, sülük manasını da ifade etmekte, sülüğe benzeyen ve burgu gibi kuyruğun itmesiyle hareket eden spermin şeklini de gözümüzün önüne getirmekterdir.

4 — Ana rahmindeki üç karanlık: "Sizi analarınızın karnında üç zulmet içinde hilkatten hilkate yaratıp duruyor."[82] Jinekoloji, senin, ana karnında, su, ışık ve hava geçirmeyen üç sağlam perde ile örtülü bulunduğunu söylüyor. Bunlar su geçirmeyen 'Corion' zarlarıdır. Rahim (çocuğun yerleştiği alanın adıdır) içten dışa doğru üç doku ile yapılmıştır: Parametrium, miometrium, endometrium dokuları...

Bu dokular, ışık, ısı ve su geçirmez zarlarla sarılmıştır. Arap dilinde bunlara 'zulmet' denir. Bunlar su geçirmeyen münber, ışık geçirmeyen amenion ve ısı geçirmeyen corion zarlarıdır.

(Ey inanmayan doktor! Bütün bunlara nasıl tesadüf dersin?)

İNSAN ALLAH'IN GÜCÜNÜ KENDİYLE KIYASLIYOR

"İnsan, mutlaka bizim onun kemiklerini toplayıp biraraya getiremeyeceğimizi mi zannediyor? Evet, biz parmak uçlarını bile bütün hususiyetleriyle derleyip yeniden yaratmaya kadiriz."[83] Ayeti kerime, dikkati parmak uçlarındaki çizgilere çekmektedir.

----

(82) Zümer: 6

(83) Kıyame: 3,4

Evet, parmak uçlarının özel ayrımları vardır ki, biri diğerininkine hiç benzemez. Parmak çizgilerinin bu özellikleri 18. yüzyıla kadar bilinmez gibiydi. 1884 yılında İngiltere'de, şahısları birbirinden ayırt edip tanıyabilmek için şaşmaz ayırıcı olan parmak izini, resmen kabul ettiler. Bu kıvrımlar hayat boyunca hiç değişmediği için, adli tıpta ipucu olarak kullanılmaktadır. Burada sonsuz bir ilim ve her şeye muktedir bir kudretin ispatı vardır. Görmeyen, kendini düşürmüş olur. Sanatçısını değil!

HER ŞEYİ KONUŞTURAN ALLAH!
HER ŞEYİ TESPİT EDEN ALLAH!

"Nihayet ateşe geldikleri zaman, onlar (dünyada) ne yapıyor idiyseler, kulakları, gözleri ve derileri hep aleyhlerine şahitlik edecektir. O kafirler, derilerine (azalarına): Niçin aleyhimizde şahitlik ettiniz, derler. Onlar zulme uğratılmazlar."

"Gökte ve yerde gizli hiçbir şey yoktur ki, kitabı mübin'de (açık veya beyan edici kitap) olmasın."[84] Her şeyi konuşturup söyleten, tespit eden Cenabı Hakk'ın, levhi mahfuz ve ilahi ilminin sayfalarından ona misal ve mana alemleri birer kitaptır. İstediği zaman şekillerle, konuşmalarla, herşeyi ortaya döker. Fen ve tekniğin gelişmesiyle, teypler, sesleri kaydeden birer kitap olduğu gibi, naklen veya paket yayın yapan televizyon ve sinemalar da hadiseleri zapteden birer kitap olarak Kitab-ı Mübin'in birer ispatlayıcısı olmuşlardır. Nasıl ki, sadece tabii şuura ait unu-

---

(84) Neml: 87

tulan hatıraların değişimi ve iç şuurdaki hiç unutmayan hafızanın ebediyete kadar dayanışını sağlayan ondaki korunuş ve saklılıktır.

Alemde, kimyasal görüntüler (tayf), ışık ve ısı olayları, dalga, uzunluk farkları yüzünden birbirine karışmadan kendi titreşimleriyle kainatta kaydolunurlar. Burada şunu söylemek istiyoruz ki; Allahu Teala'nın yapılanları ahirette bize göstereceğine inanmayanlar bilsinler ki, bir film, bir teyp yapılanı çeker de, Allah'ın kudret alemindeki teypleri, filmleri yapılan sevabı, günahı çekemez mi?

EŞYANIN AYNEN NAKLİ VEYA RESİMLERİNİN NAKLİ

"Hz. Süleyman dedi ki: Ey seçkin topluluk, onlar, (Sebe ülkesinden) bana Müslüman olarak gelmeden önce, onun (Belkıs'ın) tahtını hanginiz bana getirir? Kendisinde kitaptan ilim bulunan kimse dedi ki: Ben gözümü kırpmadan önce sana getiririm derken Süleyman tahtı yanında görünce dedi ki ...."[85] ayetleri işaret ediyor ki, uzak mesafelerden aynen veya sureten bir şeyi getirmek mümkündür. Süleyman (a.s), masum diliyle istediğine nasıl nail olmuşsa, insanlar da kabiliyetleriyle Cenabı Hak'dan isteyerek kanunlarına uygun hareket etseler, onlara da dünya bir şehir hükmüne geçebilir. Demek ki, Belkıs'ın tahtı Yemen'de iken, Şam'da aynıyla ve suretiyle hazır olmuştur. Elbette, taht etrafındaki adamların suretleri görüldüğü gibi, sesleri de işitilmiştir.

"Yanında kitaptan bir ilim bulunan kimse" ifadesinden

---

(85) Neml: 40

bunun tahsil edilecek, okuma yazma ile öğrenilecek bir ilim olduğunu anlıyoruz. Televizyon, görüntünün nakli meselesini ispat etmiştir, ancak eşyanın aynen nakli meçhuldür. Halbuki, "Onun tahtını tanınmaz hale getirin, bakalım tanınacak mı?"(86) ayetinden tahtın televizyonda olduğu gibi, resmin değil de, kendisinin bir anda nakledilmiş olduğunu anlıyoruz. Belkıs'ın tahtının madde ile gelmesine izin veren Allah, günümüzde maddenin resimle nakline izin vermiştir. Hiç kimse görüntünün ve sesin Allah'ın ilmi dışında olduğunu söyleyemez.

KOKULARIN NAKLİ

"Mısır'dan kafile ayrılınca, beriden babaları şöyle dedi: Doğrusu Yûsuf'un kokusunu alıyorum."(87) Bu ayette 'koku' ifadesi rüzgar manasına gelen 'riyh" kelimesiyle anlatılmıştır. Rüzgardan ise, daha çok ulaştırma manası akla gelir. Halbuki, koku, Hz. Yakub'un vicdanına, rüzgardan daha çabuk gelmiştir. Bu intikalin fiziki surette meydana gelişi, havanın kütle halindeki cereyanı ile değil de, elektrik dalgalarıyla olması muhtemeldir. O halde meseleyi kimya ve atom fiziği takip ederek, ses naklinden daha ince bir kanun ile koku, kuvvet ve hareketinin zaptedilmesinde ve naklinde dahi elektrik cereyanından istifade mümkündür neticesine varılabilir. Bu ise yaratılışta kokunun dahi havadan bir telsiz ile şimşek gibi nakledilmesi ve ulaştırılması hadisesinin ortaya çıkmasının ve gizli bir kanunun varlığını ihtar eder...

---

(86) Neml: 41
(87) Yusuf: 94

MOTORLU VASITALAR VE ATEŞLİ SİLAHLAR

"O harıl harıl koşular koşan, çakarak ateşler saçan ve sabahleyin baskın basan, derken savrulup da bir toz duman, bir derneği (topluluğu) o dem ortalayan kuvvetlere yemin ederim ki, pek nankördür Rabb'ine o insan."[88] Ayetin ifadesi, ateş saçan silahlara, motorlu akın vasıtalarına işaret etmektedir. "Allah (c.c), size üstünüzden veya ayaklarınızın altından bir azap göndermeye, yahut sizi birbirinize karıştırıp bazınıza diğerlerinin acısını tattırmaya da kadirdir".[89] Yukarıdan gelecek azap, yıldırım düşmesi, taş yağması, tufan çıkması; ayaklarının altından gelecek azap da, zelzele olması, yer kayması, su veya ateş çıkması gibi azaplar olmakla beraber, "birbirlerinize katıp bazınıza bazınızın hıncını tattırmaya da kadirdir" ifadesinde bunların bombardıman uçakları, füzeler, denizaltılar ve mayınlar gibi araçlarla gelebilecek azaplar olduğu kastedilmektedir.

BUHARLI GEMİ

"Bizim nezaretimiz ve gemimiz ve vahyimiz dairesinde gemi yap, hem o zulmedenler hakkında bana hitap etme, çünkü onlar garkedilecektir." "Nihayet emrimiz geldiği ve tennur feveran ettiği vakit dedik ki: Yükle içine her birinden ikişer çift."[90] "Tennur"dan kastedilen kapalı bir

---

(88) Âdiyat: 3-6
(89) En'am: 65
(90) Hud: 37-40

ocak veya fırındır ki, dilimize "tandır" olarak girmiştir. "Feveran", kuvvet ve şiddetle kaynamak, fışkırmaktır. Gemiden bahsolunurken, tam o ocak fevaran ettiği sırada yük emri verildiğini, işittiğimizde, o geminin harekete hazır vaziyette bir vapur olduğunu anlatmakta hiç de tereddüt etmeyiz. Bu durumda Nuh (a.s)'ın gemisi yelkenli değildir.

TREN VE DİĞER VASITALAR

1 — "Hem binesiniz diye, hem de zinet olarak atları, katırları, merkepleri yarattı ve daha bilmediğiniz neler yaratacak"(91)

2 — "Bir ayet de onlara, o dolu gemide zürriyetlerinin taşındığını ve kendilerine o türden binecekleri şeyleri yaratmamızdır."(92)

Birinci ayet, tren, otomobil, uçak gibi vasıtaları ifade ederken; ikinci ayet ise, hem onu takviye etmekte, hem de o günkü yelkenlilerden başka bir şeyi haber vermektedir.

YÜZEY GERİLİMİ

(Bazı denizlerin suları birbirine kavuşmaz.)

"Allah, iki denizi salıverdi: Şu biri tatlı, bu beriki tuzlu ve acıdır. Aralarında da kudretten bir engel ve birbirine kavuşmayı önleyici bir perde koydu."(93) "İki denizi salıvermiş, birbirine kavuşuyorlar. Fakat birbirine karışmaya mani, Allah (c.c.) tarafından bir engel vardır."(94)

---

(91) Nahl: 8
(92) Yasin: 42
(93) Furkan: 53
(94) Rahman: 19-20

Sıvı maddelerde, yüzey gerilimi kanunu vardır. Bir sıvının moleküllerinde bulunan çekim kuvveti, bir diğerinden tamamen ayrıdır. Böylece her iki sıvı durumunu muhafaza eder.

Pek az Müslümanın ilgisini çeken bu ayeti kerimeler dünyaca ünlü deniz araştırmacısının dikkatini çekmiştir. Kaptan Kusto, şöyle anlatmaktadır:

"Bazı araştırmaların farklı deniz kütlelerini birbirinden ayıran engellerin bulunduğuna dair ileri sürdükleri görüşleri inceliyorduk. Araştırmalar sonucu gördük ki, Akdeniz'in kendine has sıcaklığı, tuzluluğu ve yoğunluğu var. Aynı zamanda kendine has canlıları barındırıyor. Sonra Atlas Okyanusu'ndaki su kütlesini inceledik ve Akdeniz'den tamamen farklı olduğunu gördük. Bu iki su kütlesi Cebeli Tarık boğazında birleşiyor ve bu birleşme binlerce yıldan beri sürüyordu. Buna göre, bu iki denizin karışması ve sonuç olarak; tuzlulukta, yoğunlukta ve ihtiva ettiği madde oranında eşit veya eşite yakın bir durumun mevcut olmaları gerekirdi. Oysa böyle bir durumun mevcut olmadığını, yani su kütlelerinin birbirine karışmadığını, her iki denizin yakınlarında yapılan araştırmalarda bizi şaşırtan bir durumla karşılaştık. Çünkü, bu iki denizin karışmasına, birleşme noktasında bulunan harika bir su engeli mani oluyordu. Aynı türdeki su engeli, 1962 yılında Alman bilim adamları tarafından Aden Körfezi ile Kızıl Deniz'in Birleştiği Bâbı Mendep boğazında da bulunmuştu. Sonraki araştırmalarımızda, farklı yapıdaki bütün denizlerin birleşme noktalarında aynı su engelinin bulunduğunu müşahede ettik."

Denizlerde bulunan su engeli konusundaki açıklamasından sonra yakın arkadaşı ve daha önceleri Müslüman olan tıp bilgini Prof. Dr. Maurice Bucaille, Kaptan Kusto'ya, bu söylediklerinin yeni bir buluş olmadığını, çünkü bunun Kur'an'da belirtildiğini söyledi. Bu sözler Kaptan Kusto'yu büyük bir şaşkınlık içerisinde bırakmıştı..

Kur'an'dan gösterilen yukarıdaki ayetleri büyük bir şaşkınlık içinde dinledikten sonra şunları söylemiştir: "Modern ilmin ondört asır geriden takip ettiği Kur'an, ben şehadet ederim ki, Allah'ın kelamıdır."[94a] *(Not: Kaptan Kusto, Kur'an'a hayran kalsa da Müslüman olmamıştır. Kur'an En Büyük Mucize yazarı yanlış haber kurbanı olmuş, bizi de yanıltmıştır. Gözden geçiriş tarihinde bu hatamızı fark ettik. 2005)*

DÖRDÜNCÜ BOYUT

"Rabbimiz'in marifetine, eni, göklerle yer kadar olan cennete koşun ki, muttakiler için hazırlanmıştır."[95] Semavat ile arz bir şeyin sadece eni durumunda ise, onun boyu ve yüksekliği ne olacaktır?

ZAMAN İZAFÎDİR

"Bir de senden azap istiyorlar. Elbette Allah vaadinden caymaz. Bununla beraber Rabb'inin katında bir gün, sizin sayacaklarınızdan bin sene gibidir."[96]

"Yerleri ve gökleri altı dönemde yaratan O'dur."[97] "(Bu makamların) her birini melekler ve ruh, miktarı elli bin yıl olan mesafeyi bir günde çıkar."[98]

(94a) Kur'an En Büyük Mucize, Ahmet Deedat. Çev. Edip Yüksel
(95) Al–i İmran: 133
(96) Hacc: 47
(97) Hadid: 4
(98) Meariç: 4

Bu ayetlerden anlaşıldığına göre zaman izafîdir. Mekandan mekana, alemden aleme değişmektedir. Bilhassa, Dünya'nın yaratılışı 'devir' ile anlatılmaktadır. Dünya, altı devirde yaratılmıştır. Zaten zaman, hareketin bir devridir.

ELEKTRİK

1 — "Allah, göklerin ve yerin nurudur. O'nun nurunun meseli, içinde kandil bulunan hücreye benzer. O kandil bir cam içerisindedir. O cam da incimsi bir yıldızdır ki, ne şarka ne garba nisbeti bulunmayan bir mübarek (bereketli) zeytin ağacından tutuşturulur. Onun yağı, kendine ateş dokunmasa bile ziya verir. Nur üstüne nurdur."(99)

"İncimsi yıldız", gezegenlerle diğer yıldızlar arasındaki farka işarettir. Çünkü, gezegenlerin ışığı sabit olarak gelir. Halbuki, diğer yıldızlar, göz kırpar gibi ışık verirler. Ayetteki "incimsi yıldız" ifadesi, alternatif akımla saniyede defalarca yanıp sönen elektrik lambasının yanışını tasvir etmektedir.

"Doğuya veya batıya mensup olmayan bereketli bir zeytin ağacından tutuşturulur" ifadesi, zeytin yağından başka bir enerjiye işarettir. Eskiden, kandiller zeytinyağı ile tutuşturulduğundan, ışık verilmesinden bahsedilmesi, ateşsiz, kendi kendine ışık veren bir enerjiyi düşündürmektedir.

2 — "Size, dumansız bir alev ve bakır gönderir de (buna yakalanırsanız) kurtulamazsınız. Rabb'inizin hangi lütuflarını yalanlıyorsunuz?"(100)

---

(99) Nur: 35
(100) Rahman: 35-36

İzoletörlere sarılı ince bakır teller, evlerimizin her bucağına döşenmiş ve istediğimiz anda nur saçan, yakmak için kibrit gibi araca gerek bırakmayan elektrik, bir merkezden bir yere verilir. Şayet insan yanılarak bozuk tele el sürerse elektrik çarpar. Hatta onu kurtarmak için biri ona yapışsa, o da aynı tehlikeye girer. Ölüme sürüklenir.

Bu kadar kuvvetli olan elektrik, bizim en uslu hizmetkarımız olmuştur. Aydınlatmadan başka bütün ev işlerini de gören, nakil ve hareket vasıtalarının, akıl almaz vasıtaların her çeşidini sessiz ve dumansız, temiz bir halde işleten ve kuvvet kaynağı olan elektrik ne büyük bir nimettir.

Muhyiddin b. Arabi'nin "Işık ve bakır içinde başaşağı düşme ve ters yöne dönmenin bilgisi" (Fütuhatı Mekkiye, Cilt: 4, Bakiyesi: 515, Bab: 347) diye ifade edebildiği durum, başaşağı çevrilen bir bardak suyun dökülmesi gibi, elektrik üretecinin de, elektriğin negatif kutuptan pozitif kutba doğru akması (doğru akım) ve düzenli olarak değişme (alternafit akım) hallerini özetler.

3 — "Zerrelerin (atomların) tozarmasına, peşinden bir yük yüklenenlere, ardından kolayca cereyan edenlere, yemin olsun ki, va'dolunduğunuz şey doğrudur. Ve din (kıyamet) mutlaka vuku bulacaktır."[(101)]

Bu ayetlerin elektriğin mahiyet ve fonksiyonunu nasıl veciz bir şekilde ifade ettiğini görmek için, basit bir düşünce kafidir.

Allah (c.c.) âdetâ buyuruyor ki: "Zerrelerin tozarması, saniyede 300.000 km. hızla esen elektriğin rüzgarının elektronları çekirdekten ayırması, elektrik yükünün negatif yükle yüklenmesi neticesinde emrin taksim edilmesi, ya-

----

(101) Zariyat: 1-6

hut verilen emrin taksim edilmesi, barajlarda, santrallerde üretilen enerjinin çeşitli makina ve işlere taksimi, yahut verilen emrin azaları, makinalara ulaştırılması nasıl doğruysa, siz bu günün insanları nasıl bunları keşfedip öğrendiyseniz va'dolunanlar da (İslâmiyet'in muzaffer olacağı ve öldükten sonra dirileceğiniz de) öylece doğrudur. Ve mutlaka hesaba çekilip karşılığını göreceksiniz.[(102)]

AY'A GİDİLECEK

"Dolunay haline geldiği zaman o Ay'a andolsun ki, sizler, muhakkak tabakadan tabakaya binip geçeceksiniz. O halde onlara ne oluyor ki, hala iman etmezler."[(103)] "Tabakadan tabakaya binip geçeceksiniz" ifadesinde binecek bir araca işaret ediliyor. Ve değişik durumlardan geçileceği belirtiliyor. Nitekim, Ay'a gidiş için binilen uzay araçları, atmosfer tabakalarını bir bir geçtikten sonra, uzay boşluğuna ve oradan da Ay'ın çekim sahasına girmişlerdir. Böylece, birbirinden ayrı birçok tabaka ardı ardına geçilerek Ay'a gidilebilmiştir. Hele birinci ayette Ay'a yemin edilmesi de bu seyahatin Ay'a olacağına kuvvetli bir işarettir.

Ay ile ilgili şunu söyleyelim ki; gazete ve dergilerden öğrendiğimize göre, Apollo 11'in astronotlarından aya ilk ayak basan insan, Neil Armstrong, ayette geçen; "O halde onlara ne oluyor ki, hala iman etmezler" emrine, "Evet, ben de iman ettim" diyerek Müslüman oluyor. Kahire'de düzenlediği bir konferansta, ezanı dinlerken Müslüman olduğunu ilan eden bu feza çağının fatihi, İslâm'a giriş sebebini şöyle izah ediyor:

---

(102) Modern İlim ve Kur'an adlı el kitabından aktarılmıştır
(103) İnşikak: 18-20

"14 sene önce aya ayak bastığımda bu sesi işittim ve öğrendim. Bu İslâm'ın evrensel çağrısıdır." Neil Armstrong, Müslüman olmasa bile, ayetlerin muazzamlığı gizlenemez.

Şimdi... Aysel kardeş... Bugün ilim bunların aynısını ispat etmedi mi? Etti. Peki, o zaman sana soruyorum: 1400 sene önce ilmin ve fennin olmadığı veya çok az olduğu bir zamanda, ümmî olan ve okuma yazması olmayan bir insan, nasıl olur da bunları bilebiliyor?

İşte bu ayetler de gösteriyor ki:

a) Kur'an, bir Yaratıcı tarafından Hz. Muhammed'e (s.a.v) bildiriliyor. O da ALLAH (c.c)'dır.

b) Hz. Muhammed (s.a.v), Allah'ın elçisidir.

c) Kur'an, Allah (c.c.) tarafından gönderilen bir kitaptır.

d) 20. asrın yeni ispat ettiği bu gerçekleri, 1400 sene önce ümmî bir peygamberin söylemesinden dolayı, Kur'an-ı Kerim'in mucize oluşu.

e) Kur'an-ı Kerim'de, modern ilimle ilgili bilgilerin (ayetlerin) bulunduğu.

Kur'an-ı Kerim'in mucizeliğinden biraz daha bahsedelim.

Kur'an gelecekten haber veriyor. Üstte anlattığımız gibi, ilmin yeni ispat ettiği şeyleri Kur'an'ın 1400 sene önce bahsetmesi, gelecekten haber vermesine delildir. Ayrıca, bir iki örnek daha vereyim. Peygamberimiz zamanında, o günün iki büyük devleti olan, Bizans (Doğu Roma) ve İran, birbirine rakip idiler. Peygamberimiz (s.a.v) Mekke'de iken, bu iki devlet arasında vuku bulan savaşta, İran büyük bir galibiyet kazandı. Bizans'ın elinde bulunan Mısır, Suriye gibi birçok eyalet İran'ın eline geçti. Savaşın sonucu, Mekke müşriklerini sevindirmişti. Ehli kitap olan

Bizanslılar'ın, Ateşperest olan İranlılar'a mağlup olması Müslümanlar'ı üzmüştü. İşte bu esnada nazil olan Rum Suresi'nin ilk dört ayeti, kesin bir ifade ile şunu müjdeliyordu: Rumlar (Doğu Romalılar) İran'a mağlup oldu. (Arabistan'a) en yakın yerde... Halbuki onlar, bu mağlubiyetten sonra mutlaka galip geleceklerdir. Birkaç (9) yıl içerisinde... Önünde sonunda emir Allah'ındır. O gün mü'minler ferahlayacaklardır."[(104)] Allah'ın va'di haktır. Nitekim, daha dokuz yıl geçmeden hicretin 6. yılında Romalılar, İranlılar'ı Ninova'da ağır bir yenilgiye uğratmıştır.

Kur'an-ı Kerim, geçmiş milletlerden de haber vermektedir. Peygamberimiz (s.a.v)'in hiç okuması ve yazması olmadığı halde, kimseden bir şey öğrenmediği halde, geçmiş milletlerden haber vermesi ki âlim olan bunların doğruluğunu itiraf eder Kur'an'ın mucizelerinden biridir. Peygamberimiz'den (s.a.v) birçok sorular sorulmuş, bunları cevaplandırmıştır.

Tevrat ve İncil'de birçok hakikatları ifade etmiştir. Yahudiler, yalanlamaya haris oldukları halde bu haberlerin doğruluğunu inkar etmemişlerdir. Bu hususta inat edene Rabbimiz: "De ki, doğru iseniz Tevrat'ı getirip okuyun" ayeti ile cevap verip susturmuştur. Hiç kimse aksini iddia edememiştir.

Yine Allah (c.c.) buyuruyordu: "Ey kitap ehli! Size Resulümüz geldi, size gizlemekte olduğunuz şeyin çoğunu haber veriyor ve çoğundan da affediyor."[(105)] Okuma yazması olmadığı, bunları bir yerden öğrenmesi mümkün olmadığına göre, bunların kaynağı ancak vahiy olabilir. Kur'an-ı Kerim'in daha birçok mucizeleri vardır, saymakla bitmez.

---

(104) Rum: 2-4
(105) Maide 15

İşte bu mucizeler gösteriyor ki, Kur'an, Allah tarafından gönderilen bir kitaptır. "Hz. Muhammed (s.a.v), kendisi yazdı, diyemezsin. Çünkü; Peygamberimiz, ümmi yani okuma yazma bilmiyordu. Delilin nedir dersen, geçen sayfalarda yazdığımız modern ilimle ilgili bilgileri okuma yazması olsa dahi o zamanki ilme göre bilmesi mümkün değildir. İşte ilmin yeni bulmuş olduğunu, 1400 sene önce bildirmesi peygamberliğine işarettir. Okuma yazması yoktu. Ayrıca bütün sahabe yani Peygamberimizin sohbetinde bulunanlar, onunla görüşüp konuşanlar, Peygamberimizin (s.a.v) okuma yazma bilmediğini söylüyorlar.

Ayrıca, Allah (c.c) Kur'an-ı Kerim'de: "Sen bundan önce bir kitap okumuyor ve elinle yazı yazmıyordun ki iptalciler şüphe etsinler" buyurmaktadır. "Ehli Sünnetin Nazariyesi" adlı kitabında muhterem İsmail Çetin Hocaefendi'nin Peygamber Efendimiz (s.a.v)'in peygamberliğine ait yazdığı delillerden biraz alalım.

1 — O'nun muasırı, gerek sahabeler ve gerekse iman etmeyenler kavmi ve kafirler, siyer ve tarihlerde bir ruhban ile musahabeti, arkadaşlığı rivayet etmemişlerdir. Rasulullah, oniki yaşında iken amcası ile beraber idi. Bahira, soruları ondan sordu ve cevaplarından sonra amcasına hitap eyledi ki: "Bunu memlekete götür. Yahudiler, öldüremez ise de ezdirecekler" dedi. Binaenaleyh bir defa görüşmek ile bu kadar ilmi öğrenmek mümkün değildir.

2 — Sahabeler, bütün hadisi şerifleri zaptettikleri halde, hayatını da yazdılar. Siyer ve hadis kitaplarında, Rasulullah'ın, bir kişiden ilim öğrendiğini yazmamışlardır. Demek ki, Rasuli zişan hiçbir kimseden ilim öğrenmemişti.

3 — Yahudi ve Nasraniler'in kitaplarını okudu, güya onlardan ilim öğrendi. Sonra Kur'an'a çevirdi deniliyor. El

cevap: Kur'an onları reddeder: "Andolsun ki, biz, onların (haset eden kafir ve ruhbanlardan öğrenmeyi iddia edenler), bu Kur'an'ı mutlak bir beşer getiriyor diyeceklerini biliyoruz. Hak'dan sapmak sureti ile kendisine (Rasulullah'a öğrenmeyi) nisbet edecekleri o malum kimsenin lisanı yabancıdır, Arabî değildir. Bu (Kur'an) ise, bütün fesahatı ile ve belagatı ile apaçık Arapça'dır."(106)

4 — Ruhbanlardan, Rasulullah'ın Kur'an'ı öğrenmesi mümkün değildir. Çünkü, Kur'an bir teşriye ve kanunu ilahiyedir. Evvel ve ahirdeki beşer fikrine, hem nefis ve hevasına muhaliftir. Kur'an, çok zaman da geçmiş ve gelecek zamanın hadiselerine de muhaliftir. Çünkü, zamanın olayları, muvakkat bir ilme ve fikre ait olduğu takdirde Kur'an onun muvakkat olduğunu bildiğinden, öncesinden onu reddeder. Kur'an, ahkam ve çeşitli teşriyi, geçmiş ve gelecek fikirleri birleştiren bir ayna olduğundan, emir ve yasakları nefsin istediklerinin aksine bildirmesinden, asla beşer tarafından gelmesi mümkün değildir.

5 — Kur'an-ı Kerim, vakıa, havadisler mucibince 23 yıl ayet ayet nazil oldu. Ayetlerin hepsi bir veya iki seferde nazil olmuştur.

Rasulullah'a gelmeyen ayetleri, o hiçbir zaman okumamıştır. Sonra, gelen ayetlerin nazmı şeriflerini birinci seferde tekrar eylediği gibi, aradan çok zaman geçtiği halde aynı şekil ve tertiple tekrar ederdi. Halbuki, insan, bir meseleyi, bir mecliste üç sefer tekrar ettiği taktirde herbir seferinde ayrı bir şekilde tekrar etmeye mecburdur. Eşrafı Kainat, 23 yıl zarfında bir şedde veya bir noktayı değiştirmeden aynı şekilde tekrar ederdi. Artık, bu Kur'an'ın beşer tarafından olmadığına kat'i bir delildir.

6 — Bir talebenin bir üstaddan ilim öğrenmesi gizli ol-

---

(106) Nahl: 103

maz, muhakkak uzun bir müddetten sonra öğrenmek mümkün olur. Eğer bir kimseden ilim öğrenmiş olsaydı, tarih muhakkak yazardı. Ayrıca, Kur'an'da bildirilen fenni ayetleri o tarihte bilen hiç kimse yoktu ki. Kimden öğrenebilirdi. Meselâ; uzay genişliyor, Ay ve yıldızlar önceleri bir bütündü, birbirine bitişikti gibi ayetler.

7 — Araplar'dan en meşhur olanlar şair idiler. Kur'an şiir değildir. "Biz O'na (Peygamber'e) şiir öğretmedik, bu (şiir öğrenmek) ona yakışmazdı. (Not: Şiir ona yakışmazdan kasıt, Kur'an'a kıyasla şiir kastedilmektedir. Bildiğimiz şiir konusunda Allah Rasulü imanlı şairleri övmüştür. Onun getirdiği kitap, bir öğütten ve (hükümleri) açıklayan (hak) bir Kur'an'dan başkası değildir."(107)

8 — O'na ilmi Kur'aniyeyi öğreten bir rahip olsaydı, kendini ondan üstün gösterip, "Ol hazret benim talebemdi", diye iftihar ederdi. Haşa ve kella bütün hakiki ehli iman olanlar (ister Tevrat, ister İncil âlimleri) O'na boyun eğdiler ve teslim oldular.

9 — Hazreti Resuli Ekrem, okuyup yazmadığı halde, ezberden Kur'an'ı baştan başa, harf harf okuyup, nazmını hatta bir şedde, bir medde, bir cezme bile değişiksiz, kemali ile tilavet ederdi. "Cebrail aracalığıyla yahut ilham ile (Resulüm) seni okutacağız da asla (sen Kur'an'ı) unutmayacaksın."(108) Resulullah, hiçbir vahyi unutmazdı.

10 — Okumak ve yazmak, ilim ve hesabın aletidir. Aletsiz ilim olunca, işte bu oluş mucizenin ta kendisidir.

11 — Eğer okumak ve yazmak ile peygamberlik davasına çıkmış olsaydı, o zaman hasımlar davasına alet ve tak-

---

(107) Yasin: 69
(108) A'lâ: 6

viye bulurlardı. Ezel ve ebed aynası Kur'an'ı ezberden okuması, şüphe yok ki, vahyi ilahiyyenin ta kendisidir.

12 — Yazı yazmak kolay bir şeydir. Allah'ın sevgili kulu, ehven bir şeyi yazması en kuvvetli bir delildir ki; O'nun kemali ilmi had ve hesaba sığmaz. O vahiyli ilim sahibi, ne büyük bir insandır.

Kainatta ferdi kamildir. Onun üzerine salatu salâm olsun. İşte kemali ilim, kemali ahlak, kemali zeka, kemali kuvvet ile Cenabı Hak, o'nu gönderdiği halde, okuma yazma öğretmemişti. Bu iki zıt denizi birleştiren Allah, ümmilik sıfatını o'nun hakkında bir mucize kılmıştır.

13 — Hazreti Resulullah'ın asrı saadetinde Mekke'de mektep yoktu ve o hazret başka yabancı lisan ile konuşmamıştı. "Varaka bin Nevfel, Kitabı Mukaddes'i Arapçaya tercüme edip Resuli Zîşan ondan faydalanmıştır" demenin aslı yoktur. Çünkü, Varaka, Kitabı Mukaddes'i tercüme edecek kudrette değildi. Sonra vahyin başlangıcında feraseti ile onun ümmiliğinden peygamber olduğunu bildirmişti ve hicret zamanına ulaşamayacağına inanırken kederlenip mahzun olurdu.

14 — Ehli kitabın iddia ettikleri: "Okuma yazmayı bilip, gizlemiştir" demelerinin Kur'an'ı reddetmesi şöyle dursun onların kendi kitaplarına yani Tevrat ve İncil'e imanları yoktur. Eğer imanları olsaydı, Tevrat ve İncil'de Hazreti Resulün ümmilik mucizesinden bahs edişine teslim olacaklardı. "Kendilerine kitap verdiğimiz (ehli ilim) onu öz oğulları gibi tanırlardı. Hal öyle iken, içlerinden bir kısım (inat ve inkar edenler) kendileri, gene hak olanı gizlerler." (109)

---

(109) Bakara: 146

15 — En derin ve manalı ümmî kelimesi Hazreti Resule mahsus bir sıfattır ki: Hiçbir kimse ile müzakeresi olmadığı halde, geçmiş kıssalar, hadiseler söyler. Hem kendisinden sonraki zamanlardan bahseder."

Şimdi de, Kur'an'ın Allahu Teala tarafından geldiğini bildiren ayeti kerimeyi yazalım.

"O Kur'an öyle büyük bir Kur'an ki, onu sana indirdik, insanları karanlıklardan aydınlığa (huzura) çıkarsın diye"(110)

"Bu kitap öyle bir kitaptır ki, (Allah'tan geldiğine) hiç şüphe yoktur."(111) Ve daha önceki kitaplarda da geleceği bildirilmişti.

"Kur'an, Aziz, Rahim olan Allah'ın indirdiği bir kitaptır,"(112)

"Kendisinden hiç şüphe olmayan bu kitabın indirilişi, alemlerin Rabb'indendir."(113)

"Hamd Allah'a mahsustur ki, Kur'an'ı kulu Muhammed'e indirdi. Onun mana ve lafzında bir çarpıklık yapmadı."(114)

Ayeti kerime ve hadisi şeriflerde, ümmî, yani okuma yazmasının olmadığı bilinen Hz. Muhammed'in (s.a.v), 1400 sene hem geçmişten bahsetmesi, hem de gelecekten bahsettiklerinin aynen vuku bulması gösteriyor ki:

a) Hz. Muhammed (s.a.v), Allah'ın peygamberidir.

b) Kur'an, en büyük bir mucize...

c) Kur'an, ALLAH (c.c) tarafından gönderilen bir kitaptır.

---

(110) İbrahim: 1
(111) Bakara: 2
(112) Yasin: 5
(113) Secde: 2
(114) Kehf: 1

İşte kardeşim Aysel, bu kadar delilden sonra dileyen inansın, dileyen inanmasın. Fakat, Allah'tan uzaklaştırılan nesil, elbette sorular soracak, elbette bunalım girdabına girecektir. Ne acı bir tecellidir ki insan, yaratıcısından habersiz bırakılıyor.

Hatta, yaratıcısının adına "Tabiat" diyebiliyor. Alçaklar, alçaldıkça günahsız gençleri de aldatmıştır. Biz böyle bir kavim miydik, bundan sonrasını sen düşün Aysel kardeş. Sana faydam olduysa sevinirim. Allah'a emanet ol.

SORULARLA SAVAŞANLAR VE FARELER

Kitabımız, başından sonuna kadar sorularla ilgili olduğu için yine sorulara geçeceğiz. Bu sorular Türkiye'nin hatta dünyanın her yerinde halka ulaştırılan sorulardır. Çünkü, din düşmanlarının en büyük silahı, dinini bilmeyen gençliği, soru sormak, mantık oyunları ile onları bunalıma sokmak ve dinlerinden çıkarmaktır. Bir anlatabilsek... Bak neler olacak o zaman. Şu İslâm düşmanlarının oyunlarını bir anlatabilsek ah... Bir anlatabilsek gör... Neler olacak şu güzel Türkiyemiz'de. Ama umutsuz değiliz. Anlatacağız inşaallah.

"Gel kardeşim, Rabb'ine düşman olma. Rabb'ine, yaratanına dön", diyeceğiz. "Dönüşümüz onadır" ayetlerini okuyacağız. Devenin şu misaline düşmezsek, muvaffakiyetimiz gerçekleşecektir inşaallah. Deve kervanlığı, develerin yularından birbirlerinin arkasına bağlanmasıyla yapılır. Bir gün develerle kervan yapılırken konaklama zamanı gelir ve bir yerde kervan konaklar. Adamlar da devenin üzerinde uyurlar. Bir fare gelir devenin ipini keser, ipin ucunu alır yuvasına doğru götürür. Fare gider, arkasından develer de gider. Fare gide gide yuvasına girer. Devamlı da ipi çeker, develer gele gele deliğin ağzına kadar yanaşırlar. Deve girmeye çalışır ama giremez. Ne kadar komik bir manzara değil mi? Fare kocaman bir deveyi çekiyor. Niçin? Niçin olacak, deve; onun ipini kim çekerse onun tarafına gider... Ama insan öyle mi ya? İnsan, düşünen varlık... Müslüman ise, inancı açısından, asla çekilen yöne değil, Allah'ın emrettiği yöne gider. Şimdiye kadar deve olanlarda ne gördük. Farelerin, yılanların peşine düştüklerinden sonunda cehenneme düştüler, hem de ebedî orada kalmak üzere...

Bir türkü vardır. "Bir of çeksem, karşıki dağlar yıkılır" diyordu. Ben de öyle hissederim kendimi... Derdimiz büyük, hem de çooook büyük... Dağlar derdimizin büyüklüğü yanında kum gibi küçük kalır. Bizi perişan ediyorlar, perişan... Uyunalım artık ne olur... Oyuna gelmeyelim.

Beynimin ne olacak sorusuyla eridiğini zannettiğim zamanlar, bir şiir yazmıştım. Biraz uzunca oldu ama ne yapayım içimdeki volkan durmadı İslâm'ı terk eden vurdum duymazlara, "Kıl namazı, tut orucu yeter", "Beni sokmayan yılan bin yaşasın" diyenlere...

ACI AĞRILAR

Sesleri duyuyorsun, bu bir sinek değil haa...
Alçak at koşturuyor, geniş gelmiş de saha.
Biraz bozdu keyfini, lakin kusura bakma.
İstersen yine uyu, istersen kımıldama.
Sen diyorsun ki, "Keyfim her zaman rahat.
Saltanatım asla yıkılmayacak."
Gel gör ki, yanıldın ey şaşkın kişi,

Kafirler ciğerine geçirir oldu dişi.
Lüks evinde, "Keyfim şöylece rahat" dedin.
"Ne cihadıymış o? Hadi be bırak" dedin.
Gök başına düşse de, "Bu düşen davul mu ki?"
Diye sordun, değildi sorularının ilki.
Meyhaneden çıkan sana, "Sen serhoşsun" dese de,
Diyemez oldun ona, "Hadi canım sen de.
Ben dinimi bilirim, namusumu korurum.
Önderimin uğruna, gerekirse ölürüm."
Sormadım, soramadın da bu soruyu artık,
Köpeklerin keyfine, işte bak böyle baktık.
Kafirin gülüşüne "dostça"dır derken sen,
O sana kesiyordu her boydan siyah kefen...
Yolunu asfalt yaptı, altını göstermedi.
Görmüyor musun bak hiç merhamet etmedi...
Bize yakışır mıydı canavarın dişleri,
Kaçar mıydı gözlerden sinsice gidişleri.
Ucuza giden mala "kelepir" denilirken,
Onu söylese iyi, sana dediler kefen.
Oyunlarına geldin, Rabb'ini terkeden sen.
Bu gidişin sonunu ah bir idrak edebilsen.
Amerika'dan tut, taa öbür tarafa bak.
İslâm'ı çiğniyorlar, sen sırt üstü yat.
Tarihte görülmüş mü utanmazlığın böylesi.
Ninni gibi mi geldi, Emperyalist'in sesi?
Ağlamaklar yetmez, ölüm de çıkış değil.
İslâm'ı öğrenmemek hiç olacak iş değil.
Elini vicdadına koy , şöyle bir düşün.
Kurtuluş neresinde satılarak gidişin?
Bir emanet vardı sende, fakat o sende değil.
Seninse o yüceden bir ayet manası bil.
Her buklesini bilirken müziğin.

Dedin mi yavrum, bu işler bizim değil?
Sordun mu ona Rahman'ın manası nedir?
Gel okuyalım yavrum, Kur'an'ı bana getir
Söyleme sakın ağam, söyleme ne olur paşam.
Aklın başına gelir, beynine inince dam.
Şeref midir sanki o davayı söküp atmak,
Güneşi indirip de yerine gece takmak...
Anlıyorsun değil mi hatalar zincirleme,
Ya şimdiden tedbir al, ya da sonra inleme.
Bil ki, bu tavsiyeyi kalbimin yaşı yazdı.
Yok muydu renkte kara, hepsi sana beyazdı.
Şunu bil, unutma ki dava bizim, din bizim,
Şereflerle okunan dört üçlük tarih bizim.
Sen kendine gelirsen, hangi engel aşılmaz,
Sen kendine gelirsen kim sana saygı duymaz.
Bu günün dev aynası, gerçeğin bi zerresi.
Korkutmamalı seni Emperyalistlerin sesi.
Aklına karşıdan bak, gör içinde neler var.
Sonra kendine gelip, Rabb'ine şöyle yalvar:
Bizi bizden çaldılar affet bizi Rahman'ım.
Şimdi tevbe ediyorum, aksa da suçlu kanım.
Anladım çok suçluyum, kendime geldim Ya Rabb!
Mahşer günü gösterme, lütfunla bize azap.
Dinimin askeriyim, vatanımın bekçisi,
Gösterme artık bize, firavunlar elçisi.
Geç kaldım affet Rabbim, kendimi yeni buldum.
Ölsem de bu yoldayım, mazimden pişman oldum."[115]

Şimdi gelelim Türkiye'de, hatta bütün halkı Müslüman olan ülkelerde sorulan bazı önemli sorulara.

---

(115) Mahkum Duygular, Emine Şenlikoğlu

İKİ TÜR SORU VARDIR

Evet, iki tür soru vardır. Biri, insanın aklına kendiliğinden gelen, diğeri İslâm düşmanları tarafından bazılarının aklına zorla sokulan sorulardır. Gençlerden gelen sorularda ikisinden de vardır. Buyurun bu soruların neler olduğuna beraber bakalım ve cevaba gelelim.

Soru: *Kabir azabı deniliyor ama bir türlü aklım almıyor. Geçenlerde bir mezar gördüm, mezarı tamamen kaldırmışlar, ölünün kemiklerini toplayıp bir çuvala koymuşlar. Sonra, ne kadar tanınmış insanlar biliyorum ki, mumyalanmış duruyorlar. Hani kabir sorusu olacaktı da, ölüler azap çekecekti?*

Cevap: Materyalist sistem (yani manevîyata inanmayan, her şeyi madde ile ölçen sistem) bizi Materyalist bakışa mahkum ettiğinden, her şeyde aklın kabul edebileceği delili arıyoruz. Aklın idrak edemediği delili almıyoruz. Akıl, madde alemini bile çözemez, önce bu bakış açısını değiştirmeliyiz. Kabir suali ve azabı bedene değil ruhadır. Ölmüş insanın ruhu ta kıyamete kadar bir daha bedene dönmez. Öldükten sonra yakılan, yahut hayvanlar tarafından parçalanıp yenen, yanıp kül olan, zerre zerre parçalanıp hiç cesedi kalmayan insanlar da vardır. Kuruyan ağaç nasıl canlanmazsa, ölen insan da dünyada bir an için dahi canlanmaz. Nitekim, tekrar dünyaya döndürülmek isteyen ruhlara yüce Allah (c.c) bunun olmayacağını bildirmiştir:

"Onlardan birine, ölüm geldiği zaman, Rabbim der, beni (dünyaya) geri döndür ki, terkettiğim dünyada yararlı bir iş yapayım. Hayır bu onun söylediği (olmayacak) bir laftır. Önlerinde ta dirilecekleri kıyamet gününe kadar, (geriye dönmelerine engel olan) bir berzah (geçit) vardır."(116)

Cesede hayat verip onu bozulmaktan koruyan can, yani ruhtur. Can çıkınca, ceset çürümeye ve temel elementlerine dönüşmeye başlar. Nihayet, tamamen eriyip toprağa karışır. İnsana kişiliğini veren ruhtur. Ruh ise ölmez, ebedîdir. Dünyada yaptığı işlere göre, ya yücelere çıkar, iyi ruhlarla beraber zevkü sefa içinde bulunur ya da zindanlara atılıp, azaplara sokulur.

Hz. Ebu Hureyre (r.a), bu konuda Allah'ın Resulünden (s.a.v) duyduklarını şöyle anlatır: "Mü'minin ruhu, (cesedinden) çıktığı zaman oniki melek alıp (göğe) çıkarır." Mü'minin ruhunun güzel koktuğunu anlatan Ebu Hureyre (r.a) şöyle devam ediyor.

"Gök halkı:

— Yer tarafından güzel bir ruh geldi. Allah sana ve içinde ömür sürdüğün bedene rahmet etsin, derler. Bu ruh yüce Rabb'ine götürülür. Sonra yüce Allah:

— Bunu sürenin sonuna (yani Sidretü'l-Münteha'ya) götürün, der.

Kafirin kötü kokan lanetli ruhu da (bedeninden) çıkınca gök halkı:

— Yer tarafından pis bir ruh geldi, derler.

Bunu, sürenin sonuna (yani zindana götürün) derler."

---

(116) Mü'minun: 99-100

Hadisi nakleden Ebu Hureyre (r.a) diyor ki: "Allah Resulü, kafirin ruhunun kötü koktuğunu anlatırken gömleğini burnuna tuttu."[117]

Talha b. Ubeydullah şöyle demiş: "Ormanda malımı arıyordum. Geç oldu. Abdullah b. Amr b. Haram'in kabrine sığındım. Kabrinden öyle bir kıraat (okuma) sesi duydum ki ondan daha güzelini duymamıştım."

Allah'ın Rasulü (s.a.v) buyuruyor ki: "O, Abdullah'tır. Bilmiyor musun, Allah (c.c.) onların ruhlarını aldı, zeberced ve yakut kandillerine koydu, cennetin ortasına açtı. Gece olunca ruhları tekrar kandillerine geri döndürülür. Şafak atıncaya kadar böyle sürer. (Şafakla) tekrar ruhları bulundukları yere gönderilir."[118]

Şimdi burada her gece cesetlerine gönderilen ruh, elbette cesedin içine sokulmamaktadır. Bundan kastedilen, her gece ruhun kabri civarına gelmesidir. İşte kabir sorgusu sırasında ruhun cesede reddi de, cesedin yanında bulunması, kendisini cesedinde sanmasıdır.

Ruh, içinde uzun süre yaşadığı, kemal kazandığı bedenden ayrıldıktan sonra da hem ayrıldığı bedenini görür, hem de kendisini, bedenin şeklini, latif cisim olarak koruduğundan, aynen bedeni içinde hisseder. Nasıl ki insan rüyada, yaşadığı olayları, ruh olarak yaşadığı halde, bedende yaşıyor, görüyor zanneder. Rüyada dolaştığı yerleri, bedensiz olarak dolaştığının farkında değildir.

Rüyada ruh, bedenden tam ayrılmaz, fakat kapalı, penceresiz bir kafes gibi ruhun manevî güçlerine, basiret gözüne engel olan bedenin etkisinden nisbeten kurtulur. Ruhun görüş açısına gerilen perdeler vardır. Ruh, bedene gizli kalan dünyalara uzanır.

---

(117) Müslim: Cennet 17, H. 75.
(118) İnsan ve İnsanüstü, Süleyman Ateş

Ölüm halinde ise, tamamen bedenin etkisinden kurtulan ruh, gezer, dolaşır, içinde yaşadığı bedenin çevresinde dolanır. Hatta ilk önce bedenden kurtulduğu için kendisini hâlâ beden içinde sanır. İşte ölümden sonra vuku bulacak sorgu da ruhun bedene dönmesi,bedenin yanında bulunması ve aynen beden içinde imiş gibi sevinç ve azap duyması anlamına gelir. Allah'ın yaratma yasasına ve ayetlerin açık ifadesine aykırıdır. Çünkü, Cenabı Hak, ruhun bir daha dünyaya yani maddi bedene dönmeyeceğini bildirmiştir...

Yüce Allah: "Firavun ailesini azabın en çetinine sokun (deriz)"(119) buyurmaktadır. Bu sunulma, kabir azabıdır. Ayetten hitabın ruha olduğu açıkça anlaşılmaktadır.

Kabir azabının, bedene değil, ruha olduğunu aşağıdaki hadis açıkça göstermektedir.

"Mi'raca çıkarıldığım vakit, öyle bir kavmin yanından geçtim ki bunlar bakırdan tırnaklarıyla yüzlerini ve göğüslerini tırmalıyorlardı. Cebrail'e; "Bunlar kimdir?" dedim. "İnsanların, etlerini yiyen, gıybet edenler ve namuslarına tecavüz edenlerdir, dedi"(120) Burada, Peygamberimizin (s.a.v) azap içinde gördükleri, o şahısların bedenleri değil, ruhlarıdır. Bedenler mahşer gününe kadar çürüyüp gitmiştir.

Mü'min, kabrinde yemyeşil bir bahçe içinde bulunur. Kabri yetmiş zir'a genişletilir. (Kabrin şu kadar genişletilmesi, ölünün ruhunun geniş bir makam içinde bulunması demektir.) Ve içi, ayın on dördüncü gecesi gibi aydınlatılır. Peygamber (s.a.v), ashabına hitaben: Biliyor musunuz; "Kim benim zikrimden (Kur'an'dan) yüz çevirirse, onun hakkı dar bir geçimdir ve biz onu kıyamette kör olarak haşrederiz" ayeti kimin hakkında inzal buyurulmuştur? dedi-

---

(119) Mü'min 46
(120) Ebu Davut.

ler. Allah ve Rasulü bilir denildi. Buyurdu: O, kafirin kabrinde göreceği azaba dairdir. O kafire doksan dokuz "Tınnin" musallat olur. "Tınnin" nedir biliyor musunuz? Dediler: Hayır. Buyurdu ki: O, yedi başlı bir yılandır. Kafirleri, kabirlerinden kaldırıldıkları zamana kadar ısırırlar, sokarlar ve şişirirler.[121]

Hz. Peygamber (s.a.v), kabir azabından Allah'a (c.c) sığınmıştır. Zeyd b. Sabit diyor ki: "Peygamber (s.a.v) ile Neccaroğulları'nın çevirmesinde bulunuyorduk. Kendileri katırın üstünde idiler. Biz de kendisinin yanında idik. Birden katırı ürküp saptı, az kalsın kendilerini düşürecekti. Baktım ki, yanımızda altı yahut beş ya da dört kabir var. Buyurdular ki:

— Kim bu kabirlerin sahiplerini biliyor?

Bir adam:

— Ben, dedi.

— Bunlar ne zaman öldüler? dedi.

— Şirk devrinde öldüler ya Rasulallah, dedi.

— Bu ümmet de kabirlerinde imtihan edilir. Buradan anlaşılan, her yaratılan insan imtihan oluyor. Mekanı neresi olursa olsun önemli değil, önemli olan kul olmaktır. Eğer gömülmekten vazgeçecek olmasaydınız, benim işittiğim kabir azabını size de (Allah'tan niyaz eder) işittirirdim, dedi. Sonra yüzünü bize doğru çevirerek:

— Cehennem azabından Allah'a sığınırız, dedi.

— Cehennem azabından Allah'a sığınırız dediler.

— Kabir azabından Allah'a sığınırız, dedi.

— Kabir azabından Allah'a sığınırız, dediler.

— Açık ve gizli fitnelerden Allah'a sığınırız, dedi.

— Açık ve gizli fitnelerden Allah'a sığınırız, dediler.

---

(121) Tirmizi (Ebu Hureyre'den)

— Deccal fitnesinden Allah'a sığınırız, dedi.

— Deccal fitnesinden Allah'a sığınırız, dediler."(122)

Peygamberimiz'in (s.a.v), ashabına kabir azabından Allah'a sığınmayı öğrettiğini anlatan, bazı kimselerin, kabirlerinde azab edildiklerini bildiren hadisler vardır. Peki, ruh, kabrin içinde midir ki, kabirde azap edilsin?

Ruhun azaba uğratılması için kabrin içinde olması gerekmez mi? Hadislere göre, temiz ruhlar serbesttir. Diledikleri yere giderler. Fakat günahlı ruhlar tutuklanır, azaba sokulurlar. Bunun, uzun yıllar içinde yaşadığı beden kalıbı ile de manevî bağlantısı vardır. Onu düşünür, onun yanına gelir, onun halini görür. Hem böyle bedenini dışarıdan görür, hem de ruh kendisini bedenin içinde hisseder. Çünkü, kendisi bedenden ayrılmakla beraber yine de şeffaf antimadde bir bedene, kendisini diğer ruhlardan ayıran latif bir cisme, bir şekle sahiptir. Bu şekil, dünyadaki bedenin şeklidir ama ondan daha güzel veya daha çirkindir. Esas şekil o şekildir. Binaenaleyh bedenden ayrılan ruh, yine kendisini bedende hisseder. Aynı zamanda kabirde bulunan bedenin yanına gelir. Kabrinin çevresinde bulunur ama oraya da bağlı değildir. Başka yerlere de gider. Hatta bazı hayvanların dahi azapta olanları görüp hissettiklerine dair hadisler vardır. İşte Allah'ın Rasulü (s.a.v) bazı kabirde bulunanların azaba uğradıklarını söylemiştir. Fakat onların cesetlerine azap ediliyor dememiştir.(122a)

Ruh, bedenden ayrıldıktan sonra ta kıyamete kadar olan hali, kabir halidir. Bedenden ayrılan ruhun gördüğü azaba, kabir azabı denmiştir. Çünkü ruh hayatı, insanın

---

(122) Müslim, Cennet: 67.

(122a) İnsan ve İnsanüstü, Süleyman Ateş.

ölümüyle başlar. Fakat insan ölünce genellikle kabre konulduğu için, ruh hayatına kabir hayatı denmiştir. Aslın da kabir hayatı ruhun hayatıdır. Kabre konulsun konulmasın, bedenden ayrılan ruhun hayatı, azap veya nimeti, kabir hayatı yani ölümden sonraki hayattır.

Sonuç olarak: Kabir azabı vardır, bu azap bedene değil, ruhadır. Rabbim bütün kardeşlerimizi kabir azabından korusun.

İslâm Düşmanlarının "Temcit Pilavı" Soruları

***Soru:** İslâm, kadına niçin hak vermiyor? Erkeğin yanında niçin ikinci sınıf muamelesi görüyor? İkisinin eşit olması lazım değil miydi? Meselâ, niçin erkeğe iki miras, kadına bir miras veriliyor? Niçin şahitlikte iki kadın bir erkeğin yerini tutuyor? Niçin erkek dörde kadar evlenebiliyor?*

Cevap: Bütün bu soruları İslâmiyet hakkında bilgisi olmayanlar soruyor. İslâmiyet'i bir öğrenseler hayretlerinden akılları duracak ve sormayacaklar. Bir de bunlara, radyo, televizyon, gazete ve dergilerin İslâmiyet'i kötülemeleri eklenince tamamen İslâm'a düşman kesiliyorlar.

İslâmiyetin değil kadını korumaması (hak vermemesi) hayvanları dahi korumuş, onlara ağır yük vurmak ve aç bırakmak suretiyle eziyet eden kimselere dünya ve ahiret cezasını bildirmiştir. Yani İslâm hukukunda hayvanlara eza edenlere ceza vardır. Bu hususta bir hadisi şerifi nakledelim.

"Peygamberimiz (s.a.v), Ensar'dan bir adamın bahçesine girdi. Orada bir deve bulunuyordu. Deve peygamberimizi görünce inledi ve gözlerinden yaş geldi. Peygamberi miz (s.a.v), deveye yaklaşıp (şefkat ve merhametinden) hörgücünü ve kulak arkasını okşadı. Deve, sesini kesti. Sonra Resulü Ekrem (s.a.v):

— Bu deve kimindir, buyurdular?

Ensardan bir genç:

— Benim ya Rasulallah, dedi.

Resulü Ekrem:

— Allah'ın sana emanet ettiği bu deve hakkında Allah'tan korkmuyor musun?.. Bak deve senin onun aç bıraktığını ve çok yorduğunu bana şikayet ediyor.[123]

Hayvanın hakkını veren İslâmiyet'in kadına verdiği haklara geçmeden, dünyanın ve yüzelli, ikiyüz sene öncesine kadar Avrupa'nın kadına bakış açısına bir bakalım.

İslâmiyet'in geldiği çağda kadın, yeryüzündeki hemen bütün milletlerde aşağılık bir mahluk olarak kabul ediliyor, zelil, hakir ve esir bir durumda bulunuyordu. Eski Hint hukukuna göre kadın, evlenme, miras ve diğer muamelelerde hiçbir hakka sahip değildi.

Kadının murdar temayüllere, zayıf karektere ve kötü bir ahlaka sahip olduğu kabul ediliyordu. Budizm'in kurucusu Budha, önceleri kadınları dinine kabul etmiyordu. Nihayet birçok tereddütten sonra kadınları dinine kabul etmiş fakat bunun Budist toplumu için çok tehlikeli olduğunu söylemiştir.

Eski Yahudi hukukuna göre kızlar, babalarının evinde bile hizmetçi gibidirler. Baba onları satabilir. Boşanma hakkı keyfi bir surette kocaya aitti. Kızlar, ancak başka bir

---

(123) Riyaz-üs-Salihîn

varis bulunmadığı taktirde babalarının miraslarına nail olabilirlerdi.

"İran'da, Sasani devletinde, kız kardeşle evlenmek caizdi. Hatta bu teşvik edilirdi. Kan hısımlığının, kız kardeş ve annelerin saygıya değer hiçbir hususiyetleri yoktur."

İnsan böyle konuları okuyunca irkiliyor. Hem de çok farklı irkiliştir bu. Ve kendi kendine; "Bu insanlar eskiden ne kadar vahşi imiş" demekten kendini alamıyor. Halbuki, bu olaylar 1450 sene önce olmuştur. Ya şimdiki olanlara ne demeli? Geçen sene, İsviçre'de, "Kız kardeşlerle evlenilebilir" "Erkek, erkekle evlenebilir" diye de kanun çıkardılar. Hatta daha da kötüsü var. İnsan, yazmaktan haya ediyor. Ama, ibret olsun diye yazayım. Gazetelerin birinde okumuştum; ya Amerika'da ya da İngiltere'de, kadının biri köpekle evleniyor. Belediyede nikah kıyılırken dostları tebrik etmeye geliyorlar. İnsanın avazının çıktığı kadar bağırası geliyor: "NERDESİN BİN DÖRTYÜZ SENE ÖNCESİ CAHİLİYYET DEVRİ, GEL... GEL DE SENDEN BETER DEVİRLERİ GÖR.."

Dünya var olalı görülmeyen rezaletler Batı laikliğinden sonra ortaya çıktı. Ey gözler! Görün artık!

Yunan ve Roma'da kadın, hiçbir şahsiyete ve hakka sahip değildi. Eflatun'a göre, kadın, orta malı gibi elden ele gezmeli imiş. Çinliler'de kadın, insan sayılmaz, ona isim bile takılmazmış.

İngiltere'de, milattan sonra beşinci asırdan, onbirinci asra kadar, kocalar, karılarını satabilirlerdi. İlk günahın işlenmesine sebep olan ve böylece insa[illegible]lığın felaketini hazırlayanın bir kadın (Hav[illegible]lidemi[illegible] olduğuna inanan karamsar Hristiyan mill[illegible]na d[illegible]ima bir "Şeytan" nazarı ile bakmışlardı[illegible]kadı[illegible] murdar bir mahluk sayıldığından İn[illegible]di. [illegible]u vaziyet ancak

Kral VIII. Henry'nin (1509-1547) devrinde parlamentodan çıkan bir kararla sona erdi. Bu karara göre kadınlar, İncil okuyabileceklerdi.[124]

"Vaktiyle Avrupa'da ve bütün dünyada, kadınlar, hesaba katılmayan bir sürü idi. Âlimler ve filozoflar, kadın hakkında şöyle münakaşa ediyorlardı:

Kadının ruhu var mıdır? Yoksa o ruhsuz bir yaratık mıdır? Eğer ruhu varsa, acaba o insan ruhu mudur, yoksa hayvan ruhu mudur? Onun ruhunun insan ruhu farz edildiği taktirde, o zaman onun erkeğe nisbetle insanî ve içtimaî durumu kölenin durumu gibi midir, yoksa o köleden biraz daha yüksek bir yaratık mıdır?

Hatta Yunan'da ve Roma İmparatorluğu'nda kadının sosyal ve haysiyetli bir mevkiye sahip olduğu kısa devrelerde bile bu durum, ancak şahsi sıfatları sebebiyle mahdut kadınlara veya meclislerin süsü, aralarında övünme ve gösteriş vesilesi olarak onları teşhir etmeye meraklı zengin ve müsriflerin israf ve lüks vasıtalarından bir vasıta olmaları hasebiyle başkentin kadınlarına has bir durumdu.

Lakin buna rağmen kadın, erkeğin gönlüne sevdirdiği şehvetlerden sarfı nazar ile kendi kişiliği içinde, kendine has bir haysiyete sahip olmaya layık ve insani bir mahluk gibi hiçbir zaman hakiki ihtiram mevkiine yükselemedi. Böylece bu durum Avrupa'da kölelik ve derebeylik devirlerinde de devam etti.

O devirlerde kadın, cehalet içine gömülmüş olduğu halde, bazen şehvet ve lüks oyuncağı olarak kullanılır, bazen de yiyen, içen, gebe kalan, doğuran, hayvanlar gibi geceli gündüzlü çalışan, [illegible]ğramış bir yaratık olarak

---

(124) İslâm A[illegible]r Kandemir.

kendi haline terkedilirdi. Hatta bu durum Sanayi İhtilali gelip çatıncaya kadar devam etti.

Sanayinin gelişmesi ile Avrupalı kadının başına gelen felaket, geçmiş tarihinde başına gelenlerden daha da kötü idi.[(125)]

"Teknik ve sanayi hareketi, kadınları ve çocukları çalıştırdı. Aile bağlarını parçaladı ve ailenin kuruluş düzenini bozdu. Lakin çalışmasından, haysiyetinden, ruhi ve maddî ihtiyaçlarından en fazla bedel ödeyen sadece kadındı. Hatta kadın, evli, aynı zamanda anne olsa kendisini beslemesi için çalışmaya mecburdu.

Başka bir yönde de, fabrikalar kadını en kötü bir şekilde istismar etti. Böylece onu saatlerce çalıştırdılar ve aynı fabrikada aynı işi yapan erkeğe daha fazla ücret verdiler."[(126)]

Birinci Cihan Harbi koptu. Bu savaşta, Avrupa ve Amerika gençliğinden on milyon insan ölüp gitti. Kadın, çalışma kasvetiyle yüz yüze geldi. Milyonlarca kocasız kadın vardı. Bunların kocaları ölmüş, yahut harpte yaralandığından çalışamaz duruma gelmişti. Veyahut, korku, gürültü, zehirli ve boğucu gazlar sebebiyle sinirleri bozulmuş, deli olmuşlardı. Bir kısmı da dört senelik hapisten sonra moralini düzeltmek ve biraz yaşamak isteğiyle çalışmak, yorulmak ve tahammül isteyen, evlenme ve evlilik hayatı yaşamaktan kaçıyordu. Bir başka yönden, orada harbin tahrip ettiklerini tamir ve fabrikaların çalışmasını eski haline koymaya kafi gelecek miktarda çalışan erkek olmadığı için, kadının çalışması bir zaruret halini aldı. Çünkü, çalışmadığı taktirde bizzat kendisi ve bakmağa mecbur oldu-

---

(125) İslâm'ın Etrafındaki Şüpheler - Prof. Dr. Muhammed Kutub.
(126) Aynı eser.

ğu çocuklar ve ihtiyarlar açlık tehlikesine maruz kalacaklardı. Kadın, çalışınca da ahlakından vazgeçmek zorunda idi. Çünkü, o gün için kadının namuslu olması, ekmeğine mani bir kayıt durumunda idi. Zira, fabrikatör ve onun adamları sadece çalışan el istemiyorlardı. Onlar, bu durumu bulunmaz bir fırsat telakki ederek hareket ediyorlar, böylece peşinde koştukları kuşlar, aç olarak tane toplamak için kendiliğinden yere düşüyorlardı. Artık onların, bunları avlamasına ne mani olabilirdi? Acaba vicdan mı? Ne gezer, mademki zaruretleri için seve seve kendini peşkeş çekecek bir kadın vardır, o halde iş isteyenlerden ancak kendini teslim edenlere iş verme zihniyeti hakim olmalıydı ve öyle oldu. Kadın, isteyenlere kendini teslim ederek fabrika ve ticarethanelerde çalışmakla şu veya bu yolla arzularını tatmin etme mecburiyetinde bırakıldı. Lakin onun esas meselesi bu sefer daha çok alevlendi. Kadının çalışmaya olan ihtiyacını fabrikalar istismar etti ve hiçbir akıl ve vicdanın hoş görmeyeceği zalimce muameleler devam etti.

Kadına, aynı yerde ve aynı işte çalışan erkeğin ücretinden daha az ücret veriliyordu. Kadına ait ne kaldı ki, o kendini, kadınlık gururunu ve haysiyetini harcadı. Aralarında varlığını hissettiği, hayatına kattığı, böylece saadet ve gurur duyduğu aile ve çocuklarına olan tabiî ihtiyacından bile mahrum bırakıldı. Buna mukabil en basit ve bedahetle kabul ettiği tabii hakkı olan "Ücrette erkeğe eşitlik hakkı"nı alabildi mi? Avrupalı erkek kolay kolay hakimiyetinden vazgeçmedi. O halde bu çatışmada kullanmaya elverişli silahları kullanmak gerekiyordu. Kadın, grevleri, gösterileri, toplantı ve kongrelerdeki konuşmaları ve basını hedefine ulaşmak için birer vasıta olarak kullandı. Sonra kendisine yapılmakta olan zulmü menbaından kesmek için, mutlaka kanun yapma yetkisinde erkeğe iştirak etmesi lazım geldiğini anladı. İlk önce seçme hakkını talep etti. Sonra bunun arkasından gelen parlamentoda temsil hakkını talep etti. Çünkü o erkeğin yaptığı işin aynısını yapıyordu. Onun mantıkî bir sonucu olarak, mademki, her ikisi de aynı yolda hazırlanmışlar ve aynı öğrenimi yapmışlar o halde, erkek gibi devlet memuriyetlerine girmeye hak iddia etmeliydiler. Bu, Avrupa'da kadının haklarını elde etmek için yaptığı mücadelenin hikayesidir...

"Orada, kadın hakları konusundaki her adım, erkek istesin istemesin bir diğer karşıt adımı hazırladı. Böylece dizgini elinden kaçırmış ve çözülmelerle çökmüş olan bu toplumda bizzat kadın dahi artık kendi işine kendisi malik değildi.[127]

Bütün bunlara rağmen, demokrasinin beşiği olarak kabul ettikleri İngiltere'de, devlet memuriyetlerinde çalışan kadına, erkekten daha az ücret verilmekte ve hâlâ da buna devam edilmektedir.

Birkaç cümle ile de Komünist alemdeki kadına göz atalım. Bu ülkelerdeki kadının durumu, Avrupa'daki kadınların durumundan çok daha beterdir. O nazik eller, o zayıf vücut, ağır sanayide, gece gündüz vardiya usulü olarak çalıştırılıyor. Erkek bir fabrikada, kadın bir fabrikada; yani karıkoca ayrı ayrı fabrikalarda ya da çiftliklerde çalıştırılıyorlar. Çocuk, bakım yuvasına bırakılmış, üçünün bir araya gelmesi büyük mesele.

Çünkü erkek eve geliyor kadın yok, kadın eve geliyor erkek yok... Nerededirler, ne yaparlar, nasıl yaşarlar, bunu arayıp sormalarına da imkan yok, kendilerini de bilmezler.

---

(127) İslâm'ın Etrafındaki Şüpheler - Prof. Dr. Muhammed Kutup.

Kadın, mutfakta bir kap yemek pişirmenin saadetinden çok uzaktır. Çünkü, mutfak yok. Varsa da üçbeş aileye bir mutfak, dolayısıyla da tadı yok burada hayatın...

Orada kadın, koluna bir bilezik, boynuna bir kolye takmaktan mahrumdur. Çünkü, mülkiyet yok, para yok...

Yaşama bakımından bir erkek hayatı, fakat vücut ve ruh bakımından kadın olan bu insanlar, her şeyi unutabilmek ve ızdıraplarını dindirebilmek için derin ve korkunç bir sefalete atılıyorlar. Fakat iş yine bitmiyor. Esir hayatı, ölünceye kadar devam ediyor. Böylece, bir makinadan farksız olan kadın için, dünyanın hangi saadetinden dem vurulabilir? Hem bu kadın ne için çalışıyor, çalıştırılıyor. Para için mi? Ev yapmak için mi? Eşya için mi? Hayır hayır, hiçbirisi için değil. Çünkü, Komünist memleketlerde mülkiyet yok, bir mala sahip olmak yok, malı olmayan, malını dilediği gibi harcamayan ve inandığı yollara veremeyen bir insan için saadet hayaldir. Kim ne derse desin, inanmayınız.

İslâm'ın kadına verdiği hakları anlatırken, yine yer yer İslâm'ın dışındaki görüşlerin, kadına verdiği haklardan bahsetmek üzere İslâm'ın kadına verdiği haklara geçelim.

Evet, bütün dünya, hâlâ yukarıda bir nebzecik olsun bahsettiğimiz şekilde kadına hak verirken, bakın bindörtyüz küsur sene önce İslâmiyet kadına ne haklar vermiş, kadına bakış açısı nasılmış.

Kadını, asırlardır tokatlamaktan yorulmayan zalim elleri, İslâm havada yakaladı. Bütün mazlumlarla birlikte kadını da kurtardı. Onun asırlardır örselenen narin vücudunu, iffetin timsalidir diye nadide kumaşlara sardı. Gözü paradan puldan başka bir şey görmeyen, daima bunun için birbirini yiyen erkeklerin elindeki altınları, mücevherleri aldı, kadınlara taktı. Zalim ellerin tutup sürüklediği saçları tüllere bürüdü. Bundan sonra da erkeklere; "Kadınlarla güzel geçinin"(128) buyurdu.

Resulü Ekrem (s.a.v) de: "Sizin en iyiniz, hanımına karşı en iyi olanınızdır" buyurdu.(129)

Çektiği ızdırapların, döktüğü gözyaşlarının mükafatını; "Cennet, anaların ayağı altındadır"(130) hadisiyle alan kadın, saadeti İslâm dininde buldu. Ana olmanın büyüklüğünü o zaman anladı.

Bir defasında ashabtan biri ile Nebiyyi Muhterem (s.a.v) arasında şöyle bir konuşma geçti:

— Ya Resulallah, insanlar içinde kendine iyi davranmaya en layık olan kimdir?

— Anandır.

— Ondan sonra kimdir?

— Anandır.

— Ondan sonra kimdir?

— Yine anandır.

— Sonra kim gelir?

— Baban.(131)

İşte böylece kadın, layık olduğu değerlere İslâm ile kavuştu. Cemiyet hayatında kadının da bir yeri olduğunu takdir edemeyenlere İslâm, makul ifadelerle şu gerçeği kabul ettirdi:

Allah Teala, her şeyi çift yarattığını, zürriyetin devamı için her iki cinsin kendine ait vazifeleri bulunduğunu böylece, cemiyet hayatında, kadının vazgeçilmez bir unsur olduğunu beyan buyurdu.

---

(128) Nisa: 19.

(129) Tirmizi.

(130) Feyz'ul-Kadir: 111-316.

(131) Buhari, Edep, 2.

Kadını içinde bulunduğu yürekler acısı durumundan kurtardıktan sonra, İslâm'ın ona lûtfettiği maddî ve manevî imkanları sırayla gözden geçirelim:

1 — Kadının insan olduğunu bile düşünmek istemeyen bazı frenkler, onun hayvan mı, yoksa şeytan mı olduğunu münakaşa ederlerken, İslâm dini gerçeği bunlara şöyle anlattı:

"Ey insanlar! Doğrusu biz sizleri bir erkekle bir dişiden yarattık."[(132)] "Ey insanlar! Sizi bir tek nefisten yaratan, ondan eşini vareden ve ikisinden pek çok erkek ve kadın meydana getiren Rabb'inize hürmetsizlikten sakının."[(133)]

2 — Budizm dininin kurucusu Budha, kadını kendi dinine kabul edip etmemekte tereddüt ederken, Avrupa'da ve bazı memleketlerde kadının bir dini olabileceğini akıllarına sığdıramayan dindarlar, bu zavallıların mukaddes kitaplara dokunmasını ve okumasını resmen yasaklarken, İslâm dini emirlerini tebliğde kadın erkek ayrımı göstermedi. "Mümin erkekler, Müslüman kadınlar, Müslüman erkekler" gibi ifadelerle onları dinî bakımdan eşit tuttu.

İslâm dinine ilk giren Peygamberimizin hanımı Hatice validemizdi. İslâm'ın ulu kitabı Kur'an-ı Kerim, resmen bir kitapta toplanınca, müminlerin annesi Hz. Hafsa'ya teslim edildi. Hz. Ebubekir'in hilafetinden Hz. Osman'ın hilafetine kadar yıllarca onun yanında kaldı.

Kadınların ruhu olup olmadığı da, eskilerin bir problemiydi. Ruhu varsa, acaba kadındaki insan ruhu muydu, yoksa hayvan ruhu muydu? Kadının da bir dini olabileceğini kabul etmek buna bağlıydı.

----

(132) Hucurat: 13.
(133) Nisa: 1.

İslâm, ruhî ve dinî bakımdan kadınla erkek arasında bir fark bulunmadığını şu ilahî fermanlarla ilan etti:

"Erkek veya kadın, mümin olarak, kim yararlı işler işlerse, işte onlar cennete girerler. Kendilerine zerre kadar zulmedilmez."(134)

"Kadın, erkek kim inanmış olarak iyi iş yaparsa, ona hoş bir hayat yaşatacağız. Ecirlerini, yaptıklarından daha güzeli ile ödeyeceğiz."(135)

"Rab'leri dualarını kabul etti. Birbirinizden meydana gelen sizlerden, erkek olsun, kadın olsun iyi iş yapanın işini boşuna çıkartmam."(136)

3 — Cemiyet hayatında kadına bir yer vermeyen, onlarla aynı mabette toplanmayı, içtimai faaliyetleri onlarla beraber yürütmeyi kendilerine hakaret sayanların karşısına çıkan İslâm, kadınla erkeğin yapacağı faaliyetleri şöyle sıralıyordu:

"Mü'min erkekler ve mü'min kadınlar birbirlerinin velileridir. İyiyi emreder, kötülükten alıkoyarlar, namazlarını kılarlar, zekat verirler, Allah'a ve peygamberine itaat ederler. İşte, Allah, bunlara rahmet edecektir. Allah, şüphesiz güçlüdür, hakîmdir."(137)

Böylece Kur'an-ı Kerim, kadınla erkeğin birbirlerinin yardımcısı olduğunu, dini irşadı beraber yapacaklarını, Rablerine beraber ibadet edeceklerini bildiriyordu.

4 — Eski hukuk sistemlerinden bir çoğuna göre kadın, miras haklarından birçoklarına sahip değildi. Hammurabi

---

(134) Nisa: 124.
(135) Nahl: 97.
(136) Al-i İmran: 195.
(137) Tevbe: 71.

kanunlarında, Brahman kanunlarında, eski İsrail hukukunda ve İslâm'dan evvel Araplar'da durum böyle idi...[138] Kadın, ne babasından ne de kocasından miras alabiliyordu. İslâm, kadına yine kol kanat gerdi.

"Anababanın ve yakınların bıraktıklarından, erkeklere hisse vardır. Ana babanın ve yakınların bıraktıklarından kadınlara da hisse vardır. Bunlar, az veya çok, belirli bir hissedir."[139]

İslâm, kadına mülkiyet hakkının yanında ticaret ve tasarruf hakkını da verdi. "Erkeklere kazandıklarından bir pay, kadınlara da kazandıklarından bir pay vardır."[140] ayeti kerimesi bunu ortaya koydu. Bu suretle kadın, mal, mülk sahibi olma, kiralama, vakıf, hibe, alım satım haklarına sahip oldu...

İslâmiyet'i bilmeyenlerle, nüfus kağıdındaki Müslümanlar ve ikili, birli taksimin anlaşılmaması ile birlikte İslâmiyetin emirlerinin bir kısmını ya da tamamını inkar etmektedirler. İslâm düşmanlarının, ağızlarında geveledikleri bir konuya temas edelim.

Allah (c.c.), Kur'an-ı Kerim'de; "Erkeğin hissesi, iki kadının hissesi kadardır."[141] buyurmaktadır. Bu ikili, birli taksim İslâm'ın kadını emniyetsiz, yarım bir varlık olarak telakki ettiğini sananların vehimlerini kuvvetlendirmiştir. Bu mühim hususun sebebini belirtmeden önce, bugün İslâmî hükümlerin tatbiki sırasında karşısına çıkan müşküllere tüm olarak ışık tutan bir noktayı zikretmek gerekir.

İslâm âlimleri, "İslâm dininin çeşitli sahalarda vazetti-

---

(138) İslâm Ahlakı Ders Notları, Yaşar Kandemir.
(139) Nisa: 7.
(140) Nisa: 32.
(141) Nisa: 11.

ği hükümlerden birini veya birkaçını bağlı bulunduğu sistemlerden çekip alarak müstakilen ve münferiden mütalaa etmek bizi daima yanıltıyor" diyorlar. Nasıl kolumuzdaki hassas saatin arıza gösteren bir parçasını çıkarıp takamazsak, bütün dünya hukuk sistemleri karşısında tamamen nevi şahsına münhasır İslâm hukukunun, hatta İslâm'ın bütün hükümlerinin meselelerini ancak kendi sistemi içinde mütalaa edebiliriz. Sonra mukayese yapmak gerekirse, sistemin tümünü karşısındakilerle karşılaştırabiliriz. Bu, İslâm'dan başka her hukuk sistemi için de söylenebilecek adil bir sözdür. Binaenaleyh, İslâm'dan ayrı bir hukuk sistemi zihniyetiyle ve İslâm hukuku içindeki aile müessesesini etraflıca bilmeden "bir erkeğe, iki kadın payı" sistemi kavranamaz. Bunlardan başka, boşama, dört kadına kadar evlenme, tesettür ve zina suçuna tertip edilen ceza esasları, ibadet hükümleri, muamelatı ve ahlakı da dahil bir "manzume" olarak İslâm'ın tatbik edilmediği cemiyetlerde zuhur edecek içtimaî dertler, İslâm'dan çekip alınacak münferid meseleler, hal çareleriyle daima giderilmezse, bundan İslâm dini sorumlu olamaz. Suçlanamaz da."[142]

A) Kadının kendisinden başka bakmaya mecbur olduğu kimse yoktur. Eğer evli ise gerek kendisinin, gerek varsa çocuklarının her türlü ihtiyacını temin etmek kocasının vazifesidir. Üstelik kadın, evlenirken mehir alacak ve adete göre birçok hediyelere de sahip olacaktır. Kendi payının iki katını alan kardeşine gelince: O, ya evlidir ya da evlenecektir. Her iki halde de, kendisinden başka eşine bakmakla mükelleftir. Evleneceği sırada ayrıca mehir verecek, masraf da edecektir. Evli kadın, sahip olduğu malı nafakanın kocaya ait olması hasebiyle eksiltmeyecek, hatta İslâm

---

(142) İslâm'da Kadın - Bekir Topaloğlu.

hukukunun verdiği salahiyetle onu işleyerek artırabilecektir. Erkek kardeş ise, babadan aldığı mirası çoluk çocuğunun nafakasına harcamakla bitirecektir.

Kaldı ki, bekar kız, babasından aldığı mirasla geçinemeyecek durumda ise, erkek kardeş ona yardım etmeye mecburdur.

B) Kadın, eğer kocasından miras alıyorsa durum yine aynıdır. Dul kalacaksa tek başına bir insandır, kocasından ve ekseriyetle ebeveyninden alacağı mirasla geçinebilir. Eğer tekrar evlenecekse, bu sefer nafaka kocaya aittir.

Görülüyor ki, bu sistemde mükellefiyete büyük yer verilmiştir. O halde, mutlak eşitlik çığırtkanlarının iddia ettikleri haksızlık nerede? Şüphe yok ki, mesele ne temayüller, ne de iddia meselesidir. Sadece hesap meselesidir. Kadın, sadece kendine sarfetmek için, veraset yoluyla intikal eden servetin üçte birini alır. Erkek ise, ilk önce, kadına, sonra aile ve çocuklarına sarfetmek için miras servetinin üçte ikisini alır. Hesap ve rakamlar mantığı ile düşünüldüğü zaman iki taraftan hangisine daha fazla isabet eder? Bütün servetlerini kendi şahıslarına harcayan, ne evlenen ne de bir aile kuran bazı erkeklerin bulunması gibi kaide dışı haller varsa bunlar nadir örneklerdir. Bunlar dahi ellerindeki servetin çoğunu gayri meşru yoldan yine kadınlara sarfederler. Fıtrî olan hareket, erkeğin servetini, gayri meşru yollara değil, içinde kadın bulunan bir aileyi kurmaya harcamasıdır ki, o kadın da onun hanımıdır. O vakit, erkek kadına, kendi tarafından gönüllü bir hareket olarak değil, sorumluluğunu gerektiren bir vazife olarak harcar. Her ne kadar kadının özel serveti olsa dahi, erkeğin ondan bir şey alması kat'i suretle doğru değildir. Sanki kadın hiçbir şeye malik değilmiş gibi itibar olunur ve ona bakmak erkeğin vazifesidir. Erkek harcamaktan vazgeçtiği veya sahip bulunduğu mali durumuna nisbetle sarfiyatta cimrilik ettiği zaman, kadının erkeği şikayet etmesi hakkıdır. Bu durum karşısında şeriat (hukuk) kadının lehine olarak ya nafaka veya ayrılma ile hükmeder. Bu izahlardan sonra, servetin toplamından kadının elde ettiği hakiki miktarda artık bir şüphe kaldı mı?

Kadının mükellef olmadığı vazifelerle mükellef olan erkeğin mirastan, iki kadının hissesi kadar hisse alması, iktisadi ölçülere göre acaba hakiki bir imtiyaz sayılır mı?

Kaldı ki, bu nisbet, emek sarfetmeksizin miras olarak gelen maldadır. Bu ölçü ise beşeriyetin bugün ulaşmış olduğu en adil kanununa uygun taksim ölçüsüdür. O da, "Herkese ihtiyacı kadar" prensibidir. İhtiyaç ölçüsü ise, yapmakla mükellef olduğu vazife ve mesuliyetlerin gerektirdiği sarfiyat nispetidir. Kazanılan mala gelince, ne iş mukabilinde alınan ücrette, ne ticaret kazancında ve ne de arazi ve benzeri mülklerin akar ve gelirlerinde kadın ve erkek arasında ayırım yoktur. Çünkü, bu husus, emek ve karşılık hususunda eşitlik prensibi diye ifade edilen başka bir ölçüye tabidir. O halde İslâm'ın bu ölçüsünde ne zulüm vardır ne de bir şüphe vardır. Müslümanlar'dan avamın anladığı ve kötü niyetli İslâm düşmalarının dediği gibi bu meselenin aslı, hiçbir vakit, İslâm'da kadının kıymeti, erkeğin kıymetinin yarısıdır, şeklinde değildir.(143)

Dünyanın medeniyet (!) beşiği Amerika'da, kadına mülk ve tasarruf hakları 20. asırda verildi. Fransız kadını, bu mevzuda, kocasının izni olmadan harcama yapma hakkına hâlâ kavuşamamıştır.(144)

5 — Evlendirilirken fikri bile sorulmayan zavallı ka-

---

(143) İslâm'ın Etrafındaki Şüpheler-Prof. Dr. Muhammed Kutub.
(144) İslâm Ahlakı Ders Notları - Yaşar Kandemir

dın, erkeğin tıpkı bir kölesi gibiydi. Bir mal, bir meta gibi alınıp satılıyordu.

Kadının şahsiyetine hiç değer vermeyen bu tatbikatı İslâm iptal etti. Resulullah (s.a.v) şöyle buyuruyordu: "Dul kadın, kendisine velisinden daha fazla sahip ve maliktir. Binaenaleyh onun bu mevzudaki kanaatı açıkça alınmadan nikah yapılmaz. Evlenmemiş bir kızın da izni sorulmadan nikah kıyılmaz. Fikri sorulduğu zaman onun susması da izni sayılır."[(145)] Demek ki, kadın, istemediği bir adamla evlendirilmeyecektir.[(146)]

Birden fazla, iki, üç ve dört kadınla evlenmek mutlaka yapılması gerekli farz, vacip kabilinden bir emir değil, zinadan kaçınma zaruretine bağlı bir müsaadedir. Fakat bu müsaade de adil davranma şartına baağlanmıştır. Ayeti kerime bir tek hanımla evlenmenin adaleti gözetmeye daha yakın olduğunu beyan etmekle evlenmede asl olanın bir tek hanım ile yetinmek olduğunu bildirmektedir.

İslâm'ın doğuşundan önce, bugün Batıda olduğu gibi, erkeğin birlikte olduğu kadın sayısı belirsizdi.

İslâmda, birden fazla evlilik sanıldığı gibi kolay olmadığı gibi herkesin evlenebilmesi de caiz değildir. Aklına esen ikinci kadını alamaz.

Eşler arasında adalet, yedirme, içirme, giydirme, barındırma, mahrem konular muamelesi, sevgi vs. de gözetilecektir. Şu sevgiyi ele alalım. Acaba psikolojik olarak güzeli, çirkini, genci, ihtiyarı ile birlikte eşleri eşit olarak sevmek mümkün mü? Değilse, adalet yok demektir. Adalet olamayınca da, bir tane ile yetinmek gerekir. Bu taktirde

---

(145) Buhari, Nikah bahsi: 41.

(146) Bugün doğuda nikah için, batıda para için, onun gönlü olmadan başka erkeğe veriliyorsa, suçluyu bulmak gerek

birden fazla eş olamaz. Şer'î mecburiyet varsa ilk eş de izin vermiyorsa o konu ayrı bir hukuk konusudur. İslâm dışı toplumda ise zaten metres olduğu için, ilk eşin haberi olmasa da farketmiyor. Ha! Bu arada gizli nikah da zina hükmündedir.

Ayete kulak verelim; "Kadınlar arasında özel durumlarda, ne kadar çırpınırsanız çırpının, adil olmaya asla güç yetiremezseniz. Bari, birine büsbütün meyledip de ötekini (ne dul, ne kocalı bir durumda) askılı gibi bırakmayın. Eğer nefsinizi ıslah eder, haksızlıktan sıkınırsanız, şüphe yok ki, Allah, çok merhametli, çok esirgeyicidir."[147] Çevrenizdeki iki kadınlı erkeği dikkatle takip edin, çoğunluğu kadınlardan birini nikahında tuttuğu halde dul gibi yaşatmakta, sonra da caiz evlilik yaptığını sanmaktadır. Yazık!

Peygamberimiz buyuruyor ki: "Bir erkeğin nikahında iki kadın bulunur da aralarında adaleti gözetmezse kıyamet gününe bir tarafı düşük, felçli olarak gelir."[148] "Eşlerden biri gayri müslim olsa, ona da aynı adalet tatbik edilir.[149]

İslâm âlimleri, taaddüdi zevcatı (birden fazla evlilik) zaruri kılabilecek bazı sebepleri şöylece sıralamaktadırlar:

1 — İlk kadının, yaratılıştan cinsi iktidarsızlığa ve iştahsızlığa maruz bulunması.

2 — Hanımlık vazifesini görmesine mani müzmin bir hastalığa yakalanması.

3 — Kadının çocuk yapmaması. Çocuk erkekten olmuyorsa, kadın isterse boşanma hakkına sahiptir.

4 — Başta harp olmak üzere zuhur eden büyük felaketlerde meydana gelecek erkek kıtlığı. Bunun en güzel misa-

---

(147) Nisa: 129.
(148) İslâm'da Kadın - Bekir Topaloğlu
(149) Aynı eser.

li, İkinci Dünya Harbinden sonra Almanya'dır. Alman kadınlar, düştükleri acıklı hal ile hatta "Erkek ithalatı"nı arzu etmişlerdir.

" İslâm'daki birden fazla evliliğe hücumlarda bulunan Avrupa, bütün bu saydığımız zaruretleri tek bir şeyle halletmek istedi: "Zinaya göz yummak" Zina, fahişe, gayrimeşru çocuk, meşru nikaha, meşru zevceye, meşru evlada tercih edildi. Bununla beraber Avrupa'da, kadın, erkek sayısındaki bu dengesizliği, metreslerin erkek hayatında ve malın güncel hayatta meydana getirdikleri tahribatı, veledi zinanın çoğalması ile cemiyetlerde çocuk düşürmenin fazlalaştığını gören düşünürler, taaddüdi zevcat (birden fazla evlilik) hakkında tasvipkâr davranmaya başlamıştır."[150]

Şunu da söyleyelim ki, İslâm hukukunda evlenme akdi yapılırken kadın, kocasının, üzerine evlenmemesi şartını koşabilir. Usulüne göre yapılacak akidde, kocasının üzerine evlenmemesine veya evlendiği takdirde ikinci zevceyi birinci zevcenin kendisi boşama hakkına sahip olabilmesine dair tanzim edilecek mukavele muteberdir. "İfa etmenize en çok layık olan şart, kadınların namusunu helâl edinirken (kadınları nikâhlarken) koştuğunuz şarttır"[151] buyurulmuştur. Bu takdirde, taaddüdi zevcatta kadının kendisi de rey sahibi olur. Göreceği manevî zararlar, bertaraf edilmiş bulunur.

Birden fazla evlilik, dünyanın birçok yerinde resmen kaldırılmıştır. Fakat realitede, o yine de devam etmektedir. Bu yüzden, zaman zaman doğan çocukların nesebini idarî yoldan tashih için, kanunlar çıkarılmıştır. Türkiye'de 30.4.1945 ve 7.2.1950 tarihlerinde çıkarılan kanunlar gibi...

---

(150) Aynı eser.
(151) Buhari, C. 6, S. 138.

Hülasa, taaddüd-i zevcat, talak ve erken evlenmeler mecburiyet değildir. Şer'î ve kanunî bir müsaade şeklinde kaldıkça, fuhuşun genişlemesine mani olacak içtimaî kaidelerdir. Fuhuş ise, ne kadar cazip ve medenî şekilde olursa olsun içtimaî hastalıkların en büyüğüdür.[152]

Metrese evet, ikinci evliliğe hayır diyenler biliniz ki, kadını düşündüğü için itiraz etmiyorlar. İslâm'a inat için itiraz ediyorlar.

Haram Endişesi Olmayan Erkek Neden Evlensin ki?

"Evlenmede yaş tahdidi... İstanbul kulüplerinde düşünenlerin, hissiyat görantörlüğüyle kanun yapmak isteyenlerin dediği olursa, o zaman bu memleketin mezarı kazılmış olur. Erkek 20 yaşından, kız 18 yaşından önce evlenemeyecekmiş... Anadolu, bu erken evlenme sayesinde harplerin, ihtilallerin, Yemenlerin öldürdüğü gençliğin yerini kısmen doldurabildi. Yirmi üç yaşına kadar, iki üç çocuk sahibi olur. İhtiyar valide ve pederine gelini yardımcı bırakır. Gittiği yerde, zevce ve çocuklarının hayatıyla afif yaşar. Askerlikten onüç, ondört sene sonra dönüşünde, boyunca evladı, askerlikte, çürüyen el ve ayaklarının işini görecek oğullar etrafını alır. Anadolu'nun nüfusunu azaltmakta, ahlaksızlığın ve fuhuşun önünü almakta, gençlerin şehirliler gibi suistimalde bulunmalarına mani olmakta çok faydası dokunur.[153]

Cahiliye halkının pek keyfî bir şekilde kullandığı "boşanma" âdetini, kadına karşı yapılan bir zulüm, bir haksız-

----

(152) İslâm'da Kadın - Bekir Topaloğlu.
(153) İslâm'da Kadın - Bekir Topaloğlu.

lık olmaktan çıkarttı, kayıt ve şartlara bağladı. Kadınlarla güzel geçinmeyi tavsiye etti...

"Onlardan hoşlanmıyorsanız sabredin, hoşlanmadığınız bir şeyi Allah çok hayırlı kılmış olabilir."(154) diyerek erkekleri daha mutedil olmaya davet etti. Yine; "Size itaat ediyorlarsa aleyhlerine yol aramayın"(155) buyurarak erkekleri firenledi.

Hz. Peygamber (s.a.v) de, "Evleniniz fakat boşanmayınız. Çünkü Allah, (c.c) zevkine düşkün erkeklerle zevkine düşkün kadınları sevmez"(156) "Allah katında en sevimsiz mübah, boşanmaktır"(157) buyurmak suretiyle boşanmanın, gerektiğinde alınabilecek acı bir ilaç gibi kullanılmasını öğütlemiştir. Ayrıca erkeğe verilen boşanma selahiyetinin zevcenin aleyhine kullanılmasını önlemek için, İslâm hukukunda tedbirler alınmış, boşanmayı keyfilikten kurtarmak için ciddi şartlar konmuştur.

Bunlardan başka İslâm, ana olarak, evlat olarak, zevce olarak kadının haklarına riayet etmeyi devamlı surette tekrarlamış, onların hukukunu sağlam kaidelerle garanti altına almıştır.

ŞAHİDLİK KONUSU

Biraz da, şahitlikte iki kadının bir erkek yerine geçmesinden bahsedelim.

Bazı yerde erkeğin şahidliği hiç kabul değildir. Önce bunu hatırlayıp konuya girelim.

---

(154) Nisa: 19.
(155) Nisa: 35.
(156) Feyzul Kadir, III, 242.
(157) Aynı eser.

Kur'an-ı Kerim'de Allah (c.c) şöyle buyurmaktadır: "Kadınlardan biri unutursa, diğeri ona hatırlatır."(158) Demek ki, bazı şahitlikte, kadının erkekten farklı bir durumu olduğu anlaşılmaktadır. Kadınların kendilerine mahsus bir haleti ruhiyeye sahip oldukları bir hakikattir. Bu konuda ruh doktoru Ord. Prof. Mazhar Osman şöyle der:

"Kadınla erkeğin tabiat farkı daha küçük yaşta başlar ve gittikçe artar. Evvela, kadının esas mizacı heyecanlılıktır. Bütün kadın psikozlarında bunun izleri görülür. Heyecanın hakim olduğu psikozlar, meselâ, cinnet geçirme kadınlarda daha çoktur. Şüphesiz isteri, asıl faaliyet sahasını kadınlarda buluyor. Vahşi kavimlerden, en yüksek medenî milletlerin kadınlarına, pek asrî terbiye görmüş mini mini hanımlara, bir köy kızına varıncaya kadar kadınlığın müşterek hisleri, birbirinden farklı olmayan jestleri vardır.

Her kadın ayın yarısını hazırlanma, âdet, âdetten sonra gayri tabiîlikle, adeta yarısı hasta olarak geçirir. Kadın, çocuğunu dokuz ay karnında, iki sene göğsünda taşır. Hamil, viladet ve nifasiyete ait birçok ruhî tegayürler, tabiî ve mûtad sayılan asabiyetler gösterir.

Erkekle kadın birbirine nasıl müsavi olur? Ruh tıbbında tetkikle ilerledikçe, ruhiyet ve zihniyetler arasındaki farkı daha vazıh göreceğiz. Kadın, heyecanı ile yaşar, erkek, muhakeme ile..."(159)

Kadının şahit olduğu dönem eğer kadının regl dönemine rastladıysa kadının o sıkıntılı gününde unutma ihtimali doğal değil midir?

"Bu izahlardan sonra diyebiliriz ki, İslâm hukukunda bazı mevzularda, ancak iki kadının bir erkek şahit yerine geçebilmesi, kadınların erkeklerin yarısı gibi bir yaratık

---

(158) Bakara: 282

(159) İslâm'da Kadın - Bekir Topaloğlu

olarak kabul edilmesinden değil, kendi fizyolojik ve dolayısıyla psikolojik özelliklerinden ötürüdür."

Cinayet gibi konular, kolay unutulabilecek cinsten olmadığı için bu konularda, bir erkek bir kadın yetmektedir.

Kadınların erkeklerden farklı olduğu yerler, özellikler olduğu gibi, erkeklerin de kadınlardan farklı özellikleri vardır: Erkekler, fizik ve anatomik yönleri ile bütün canlılarda olduğu gibi kuvvetli yaratılmışlardır. Güçlüklere tahammül, irade, cesaret, azim ve bazı psikolojik özellikleri ile de kadınlardan farklıdırlar. İslâm hukuku, erkeği ailede sorumlu durumuna getirmiş, kadını onun en yakın yardımcısı, müşaviri kabul etmiştir. (Başka yerde anaya cennet verildiği unutulmamalı.)

Her üstünlük ve mevki beraberinde o nisbette mesuliyeti gerektirir. Kadının, neslin devamı hususunda yüklendiği fıtrî vazife ve bünyesindeki muayyen biyolojik değişiklikler göz önüne alınırsa, onun sorumluluğun ağır mesuliyetine talip olamayacağı açıkça anlaşılır.

Aile içindeki iş bölümünde, payına düşen zaten ona yetmez mi? Hakikatte, kadının şikayetçi olduğu mesele, erkeklere eşit olmaması değil, ezilmesi, sömürülmesi, horlanması, veya satılık mal gibi vücudunun, kadınlığının istismarıdır. Özgürlük aşkına onu temiz yaratılışının dışına iten, evinden sokağa sürükleyip meydana gelen kötü neticeleri yine kadına ödetenler artık, kirli ellerini ondan çekmelidirler.

Erkeklerin yaratılış farkı, ailenin geçimini yüklenmiş olmaları tahakküm değildir. Her topluluk üstün gördüğü şahıslardan "Başkan" seçer. Ama başkan istişaresiz iş yapmaz. Nihaî kararlarına kanuna uygun olduğu sürece, itaat gerekir. Fertler üzerinde, sevgi, saygı, adalet, anlayış havası içinde yüzen, huzur, güven vardır.

Erkeğin aile içinde durumu, İslâm'a göre budur. Münakaşası yapılacak olan husus, açık olan yaratılış üstünlüğünü reddederek "Erkeklerle eşitlik" mücadelesini sürdürmek değildir. Mühim olan, ilahî vazife taksiminden insan olarak eşitliğimiz, ana olarak üstünlüğümüz ve o nisbette evlatlarımızdan sorumlu olmamız, zevce olarak da erkeğimizin en büyük yardımcısı aile düzeninin koruyucusu bulunduğumuzun şuuruna ermektir. Hak yoldaki bütün emirlere uymakla erkeklerimizin şahsında Allah'a itaat ettiğimiz düşüncesi, aileye, savaş yerine barış, çocuklarımıza ve halkımıza huzur getirecektir.

Kadını zayıf, aşağı ve ezilecek mahluk sayan kaba kuvvet, İslâm'ın ruhlardaki inkılâbı ile yumuşamış, kadın, cemiyet ve ailedeki hürmet telkin eden yerini bundan sonra kazanmıştır.

Kaçıncı asır, hangi toplum olursa olsun, gönüllerinden İslâm'ı uzaklaştırırsanız, kadın haklarını elde etmek için büyük bir mücadeleye iter, yanlış yollara teşvik edersiniz...

Batılı kadının özgürlük, eşitlik yarışına çıkışı ve başıboş gidişi bir noktada mazur görülebilir. Zira, Hristiyanlar, (bir dönem) kadının ruhu var mı? diye düşünecek kadar onu küçük görmüş, uğursuz ve köle addetmiştir.

Biraz da bazı garp âlimlerinin İslâm'da kadın haklarına dair sözlerinden bahsedelim: (Çevirinin eski olduğunu gözardı etmeyelim.)

Satnley Lane Poole der ki: "Muhammed'in kadınlara ait hususlarda yaptığı mühim değişiklikleri, hiçbir büyük kanun vâzı yapmamıştır."

"Kadınlara ait hükümler, Kur'an'ın en ince noktalarına kadar dizayn edilmiş olan ahkâmdır. Muhammed'in başlıca ıslahatı, işte bu noktadadır. Bu ıslahat, Arap kadınlarının tâbî oldukları eski şeriatla mukayese edilince, bir Avrupalı'ya ne kadar ehemmiyetsiz gibi gelebilse de hakikatte çok muazzamdır. Taaddüdi zevcatın tahdidi, tek zevce usûlünün tavsiye edilmesi, ve iştirak usûlü yerine tahrim derecelerinin ikamesi, talakın tahdidlere tabi tutulması, boşanan kadınların bir müddet eski kocaları tarafından iaşe ve infakı hakkında çok şiddetli hükümler vaz'ı, çocukların iaşesi için kadınların erkeklere nazaran yarı nisbetle olmakla beraber kanunî varis olmalarını temin eden yeniliğin ihdası ve dul kadını kocasının malî mevrusu vaziyetinde bırakan örf ve âdetin ilgası çok esaslı tadilat ve ıslahattan mürekkep büyük bir cetvel teşkil etmektedir."(160)

Yine kadın hakları mevzuunda Will Durant şöyle yazar: "Muhammed, Arapların kız çocukları öldürmelerine nihayet verdi. Hukuk davaları ile malî mevzularda kadını erkekle eşit vaziyete getirdi. Kadın, her meşru mesleğe katılabilir. Kazancını kendine alıkoyabilir, mal ve mülke varis olabilir ve servetini istediği gibi tasarruf edebilirdi. Muhammed, kadınların miras şeklinde babadan oğula intikalini temin eden Arap örf ve âdetini de ilga etti (kaldırdı)...

Erkek varislere nazaran yarı nisbetinde kadınlara da miras hakkı verildi."(161) (Çünkü kadın ekonomik olarak hiçkimseye bakmak zorunda değil. Aldığı miras tamamen kendisine kalıyor. Erkek ise ailenin tümüne bakmak zorunda.

Kadın erkek hakkında İslâm enstitüsü Prof.larından Jacques C. Reisler de der ki:

"Hukuk davalarında kadın, erkeğe tamamıyle eşittir. O tarihten itibaren, kadın da artık veraset, vasiyet ve meşrû

---

(160) Ahmet Gürkan, İslâm Kültürünün Garbı Medenileştirmesi.
(161) Aynı eser.

bir mesleğe intisab hususunda hürriyet haklarına malik oldu."[(162)]

Kadın hukuku bakımından, İslâm hukukunun bugünkü Avrupa kanunlarından daha üstün olduğu kanaatinde olan Gaudefroy Demombynes şöyle der:

"Kadının son derece lehinde olan Kur'an ahkâmı,nazarî şekilde bile olsa, ona şimdiki Avrupa kanunlarının temin ettiği şeraitten daha müsait bir vaziyet bahşetmiştir. İslâm'da kadın, para işlerinde servet ayrılığı hukukuna maliktir. Aldığı ağırlığa, hibe ve miras şekillerinde intikal edebilecek mallarına ve kendi mesaisinin mahsullerine, ömrünün sonuna kadar sahiptir."[(163)]

Fransız filozofu Voltaire diyor ki: "Türk kardeşime diyeceğim ki, senin dinin bana çok saygıdeğer bir din görünüyor. Bir tek Tanrı'ya ibadet ediyorsun. Her yıl gelirinin kırkta birini zekat vermek, bayram gününde düşmanlarınla barışmak mecburiyetindesin. İftira eden bizim yobazlar senin dininin tamamıyle zevke hitap eden bir din olduğu için tutunduğunu belki bin defa söylediler. Hepsi de yalan söylemiş bu zavallıların, senin dinin çok asil"[(164)]

Aynı filozof İslâm'daki birden fazla kadınla olan evlenmelere karşı da şöyle diyor: "Keşiflerimizin asıl zoru Müslüman olan Türkler'e dair idi. İstanbul'un Fatihlerine başka türlü karşı konulamayınca, onlar aleyhine sürü sürü kitaplar yazıp durdular...

Sayıca yeniçerilerden üstün olan yazarlarımız, kadınları partilerine kazandırmaya çalıştılar. Güya Muhammed, kadınları akıllı yaratıklardan saymazmış. Kur'an'ın hüküm-

----

(162) Aynı eser
(163) Aynı eser
(164) Aynı eser

lerine göre hepsi köle imiş. Bu dünyada hiç bir varlıkları olmadığı gibi, cennette de yerleri yokmuş.

"Baştan başa bütün yalan olan bunlara kuvvetle inanılmıştır. Halbuki bu yanlış kanaatleri değiştirmenin tek çaresi, Kur'an'ın ikinci ve dördüncü surelerini okumaktır."[165]

Mevzumuza son verirken, Peygamber Efendimizin (s.a.v) veda haccında 120 bini aşkın Müslüman'a irad ettikleri hutbeden bahsimizle ilgili kısmını nakledelim. İslâm'ın insan hakları beyannamesi demek olan Veda Hutbesi'nde Resuli Ekrem (s.a.v), kadın hakkında şöyle buyuruyor:

"İnsanlar, kadınların haklarını gözetmenizi ve bu hususta Allah'tan korkmanızı tavsiye ederim. Siz, kadınları, Allah (c.c) emaneti olarak aldınız, onların namuslarını ve iffetlerini Allah adına söz vererek helâl edindiniz. Sizin kadınlar üzerinde hakkınız, onların da sizin üzerinizde hakları vardır."

LÂF OLSUN SORUSU

Soru: *Peygamber bu zamana kadar yaşasaydı, ona inanır ve tabi olurdum, niçin öldü?*

Cevap: Kelime-i Şehadet nasıl olur. Eşhedü enlâ ilâhe illallah ve eşhedü enne Muhammeden abdühu ve rasuluh demek: Ben şehadet ederim ki, Allah'tan başka ilâh yoktur. Ve ben yine şehadet eder inanırım ki, Muhammed insandır ve Allah'ın insanlar arasındaki elçisidir. İnsan olduğuna göre, mutlaka ölecekti ve öldü de.

---

(165) Aynı eser.

'Görseydim inanırdım' sözüne gelince: Sanki görenlerin hepsi Peygamberimize inandılar mı? Hem de mucizelerini gördükleri halde yine inanmadılar.

Sonra, Peygamberimiz (s.a.v), bugüne kadar yaşasaydı o zaman da; "O, peygamber hem de 1400 senedir yaşıyor, elbette Allah'ın emirlerini yerine getirir. Ben 60-70 yıl ancak yaşarım, Allah o uzun ömrü bana verse, ben de çok ibadet eder, Allah'ın bütün emirlerini yerine getirirdim. Şimdi ise bu kısa ömrümü veremem" diyecektin. Çünkü, inanmak istemiyorsun. Bugün birçok bahaneler bulduğun gibi, Allah (c.c.) 1400 sene ömür verseydi, o zaman da birçok bahaneler bulacaktın. Çünkü, Allah'a yönelmek zor geliyor. Halbuki bir bilebilsen, ne güzeldir İslâm'a yönelmek. Dünyada ve ahirette mutlu olmanın yolu İslâm'a sarılmaktadır ama idrak edip dönebilsen... Mesele, inanmak istemek meselesidir, devamı gelir.

HİÇ KİMSE ALLAH'TAN İYİ BİLEMEZ

Soru: *Peygamberlere ne lüzum vardı? Biz aklımızla doğruyu bulurduk.*

Cevap: Allah'ın (c.c) yapmış olduğu bütün işler düzenlidir. Onun yapmış olduğu işlerde asla düzensizlik yoktur. Eğer Allahu Tealâ, peygamberleri dolayısı ile İslâm'ı göndermeseydi, peygamberi insanlarla kendisi arasında elçi yapmasaydı, bizler, Allah'a nasıl ibadet edeceğimizi nereden bilebilirdik?! Allahu Tealâ: "Peygambere tâbi olan bana tâbi olur, yani onun emirlerini sözlerini yerine getiren, benim emir ve sözlerimi yerine getirmiş olur. Allah'ın Resulü, sizler için güzel örnektir; Peygamber size neyi emretmişse onu alın, neyi nehyetmiş ise onu almayın. Peygamberler benim, yeryüzünde halifelerimdir, vekillerimdir" buyurmaktadır.

Biz de bütün hareket ve davranışlarımızı Peygamberimize benzetmek sûreti ile, Allah'ın emirlerini yerine getirmiş oluyoruz. Misal verecek olursak: Allahu Tealâ, Kur'an-ı Kerim'inde, "Beş vakit namazı kılın" buyurmaktadır. Fakat nasıl kılınacağı, kaçar rekat olduğunu bildirmemektedir. İşte bunları Peygamberimiz bildirmektedir. Meselâ, yine Kur'an-ı Kerim'de, "Zekat veriniz" buyurmaktadır. Fakat kaçta kaç verilecek, sığırda, devede, davarlarda durum nasıl, altında, gümüşte kaç gram verilecek, bütün bunların teferruatını Peygamberimiz bildirmektedir. Şunu da söyleyelim: Peygamberimiz dinî konularda kendi nefsinden değil, ancak vahye veya ilhama dayalı olarak konuşur.

Sonuç olarak: Allahu Tealâ, peygamberleri, emirlerini kullarına bildirmesi için, kendisi ile kulları arasında elçi olarak göndermiştir. Eğer peygamberler olmasaydı, biz Allah'ın emirlerini nereden öğrenecektik?

Akıl, Allah'ın emirlerini kendi kendine bulabilseydi, ineğe, ata, taşa, ateşe ve benzeri şeylere tapanlar neden onlara tapsınlardı ki? Allah'ı ve emirlerini bulurlardı. Akıl olmadan hiçbir şey olmaz. Ama akıl her şey demek değildir. Aklın değerini çok iyi anlamalıyız, ama aklı yaratanın Allah olduğunu bilmeli, aklı (haşa) Allah gibi görmemeliyiz.

Sonra, bizi yaratan, kendi kurallarını böyle koymuştur. Yaratan O, göreve atayan O! Bize ne? Bizim O'na haşâ, hesap sormak gibi bir hakkımız var mı?

PEYGAMBERİMİZ NEDEN ÇOK EVLENDİ

Soru: *Peygamberimiz niçin ve neden çok evlendi? Çok evlenmesi nefsine olan düşkünlüğünü göstermez mi?*

Cevap: Peygamberimiz (s.a.v) niçin evlenmesin? O da insan değil miydi? Elbette, o da bir insan olduğuna göre evlenecekti.

Gelelim Peygamberimizin (s.a.v) çok evlenmesine. Peygamber (s.a.v) zamanında çok kadınla evlenmekte sınır yoktu. Herkes, maddî durumuna göre istediği kadar kadın alabiliyordu. İşte Peygamberimiz böyle bir zamanda ilk evliliğini 25 yaşında, kendisinden 15 yaş büyük olan 40 yaşındaki Hazreti Hatice validemizle yaptı. Ve 25 yıl Hatice validemizle beraber yaşadı. Onun döneminde genç olmasına rağmen ikinci kez evlenmedi. Hatice validemiz, 65 yaşında vefat etti. Hatice validemizin vefatından epey sonra, Allahu Teala'nın emri ile evlendi. Peygamberimiz (s.a.v), Hatice validemizin (r.a) vefatından sonra evlenirken şöyle demiştir: "Beni affet Hatice'm, Allah'ın emri olmasaydı evlenmezdim." Evet Peygamberimiz, Hatice validemizin vefatından sonra Allah'ın emri ile evlenmeye başlamıştır. Hatta Hatice validemiz ihtiyarlayınca Peygamber Efendimize; "Ya Resulullah, ben ihtiyarladım, sen daha gençsin, evlen" dediği zaman, Peygamberimiz (s.a.v);

"Ya Hatice bir daha böyle konuşursan sana gücenirim" demiştir.

Şimdi tarafsız olarak ve aklı selimle düşünecek olursak, Peygamberimiz (s.a.v), Mekke şehrinde hatta bütün dünyada en güzel, yani yakışıklı iken, bütün halk tarafından "el'emin" yani en güvenilir insan olarak telakki edilirken, niçin kendisinden onbeş yaş büyük, hatta iki defa evlilik geçirmiş bir kadın olan Hatice validemizle evlendi? Eğer "Hazreti Hatice zengindi de ondan evlendi" denilirse, biz de deriz ki: Hatice validemizle (r.a) evlendikten kısa bir zaman sonra bütün mallarını fakirlere dağıtmışlardı. Zenginliği için evlenen malların hepsini dağıtır mıydı? Nefsi için evlense, kendisinden onbeş yaş büyük olan Hatice validemizle evlenir miydi? Peygamberimiz (s.a.v), kırk yaşında nübüvvet devri başlayıp Allah'ın emirlerini anlatmaya başlayınca, müşrikler: "Gel bu peygamberlik davasından vazgeç, eğer başkan olmak istiyorsan seni başımıza başkan yapalım. Eğer güzel kızlarla evlenmek istiyorsan, sana istediğin kadar güzel kız verelim. Yeter ki bu peygamberlik davasından, atalarımızın dinine hakaret etmekten vazgeç." dedikleri zaman Peygamberimiz (s.a.v.): "Bir elime güneşi, bir elime ayı koysanız, vallahi ben davamdan vazgeçmem" buyurmuşlardır. Ve Peygamberimiz bu sözleri söylediği zaman da, Hatice validemiz Altmış yaşındaydı. "Ben ihtiyarladım sen daha gençsin, evlen" dediği halde niçin Peygamberimiz evlenmedi? Evet... "Peygamber, nefsine düşkün olduğu için çok evlendi" diyenler, size soruyorum: Müşrikler, "Şehrin en güzel kızlarından istediğin kadar verelim" dedikleri halde, Hatice validemiz, "Ben ihtiyarladım sen daha gençsin, evlen" dediği halde niçin evlenmedi?

Peygamberimiz (s.a.v), Hatice validemizin vefatından sonra çok kadınla evlenmiştir. Ama sebepleri vardır. Bir defa nefsi için evlense idi, gençlik devresinde evlenirdi. Elli küsur yaşından sonra çok kadınla evlenmezdi. Elli küsur yaşından sonra da evlenmesi, nefsi için evlenmediğini göstermez mi? "Peki niçin elli küsur yaşından sonra çok evlendi?" denilecek olursa:

* Önce şunu bilmeliyiz, bize her şeyin sebebi aktarılmamıştır.

* Peygamberimiz (s.a.v), Allah'ın (c.c.) emri ile dini yaymaya başladığı zaman, Müslüman olanlarla beraber müşriklerden çok eziyet görüyordu. İslâmiyet, yeni yayılmaya başladığından müşriklerden bazısının babası iman ediyor, evladı etmiyor, bazısının evladı ediyor, babası etmiyordu. Kardeşi iman ediyor, kendisi etmiyor. Kadın iman ediyor, kocası etmiyordu. Bazen karıkoca beraber iman edenler de oluyordu. Müslüman olanlar, müşriklerden çok eziyet gördüklerinden, bazı Müslüman evli erkekler öldüğü zaman Müslüman kadın yalnız başına himayesiz kalıyordu. Bulunduğumuz dünyada ahkam kesmek kolay da acaba orda olmak nasıl bir şeydi?

Kadın babasının veya akrabasının yanına gitse derhal öldürüleceklerdi. işte böyle kadınlar gelip Peygamberimizin nikahına girmek istediklerini söylüyorlar, o da rica eden kadınları himaye etmek gayesi ile kadının isteğine bağlı olarak bazen kendisi, bazen de ashabına nikahlardı. Yine aynen bunun gibi bazı müşriklerin hanımları veya kızları Müslüman oluyor. Müslüman oldu diye babası veya kocası onu dayanılmaz işkencelere sokuyorlardı. Fırsatını bulup bu işkenceden kaçan himayesiz kadınları, Peygamberimiz, kadınların isteğine bağlı olarak ya kendisine veya ashabından birine nikâhlıyordu. Hemen şunu da söyleyelim: Bu hadiseler olurken, Arabistan'da herkes maddî ve manevî durumuna göre birçok kadınla evleniyordu. Ve kaç kadın alırsa alsın sınır yoktu. Peygamberimiz çok evlilik yaptıktan sonra Allah tarafından sınırlandırıldı. İslâm dini, kadınla evlenmeyi birden dörde çıkarmış değil, çoktan dörde indirmiştir. Sadece dörtten fazla evlenmek yukarıda bir kısmını saydığımız sebeplerden dolayı Peygamberimize aittir. "Adaleti maddî ve manevî yönden tatbik etmemde bana yardım et" diye Allah'a (cc.) dua etmiştir.

* Hanımlarının her birinin çeşitli kabilelerden olması sebebiyle, evvelâ o kabileler arasında, sonra da muazzez şahsiyetiyle akrabalık tesis buyurduğu bütün cemaatler içinde, köklü bir sevgi ve alâkaya yol açıyordu. Her kabile onu kendinden biliyor, din hissinin yanında yaratılıştan, fıtrattan olan bir tutkunlukla ona karşı derin bir bağımlılık hissediyordu. Her kabileden aldığı kadın, onun hayatında ve vefatından sonra kendi cemaatı arasında çok ciddi dinî hizmete vesile olabiliyordu. Uzak, yakın bütün akrabalarına İslâmiyet'i anlatıyordu. Bu sayede onun kabilesi de, kadın ve erkeğiyle, Kur'an'ı, tefsiri, hadisi ondan öğreniyor ve dinin ruhuna vakıf olabiliyordu. Bu evlilikler vasıtasıyla, tek önderimiz, âdeta, bütün Araplar'la yakınlık kurmuş gibi her hanenin teklifsiz misafiri haline gelmişti. Herkes bu yakınlık vasıtasıyla Efendimize yaklaşabiliyor ve dinin emirlerini görme fırsatını buluyordu. Aynı zamanda, bu ayrı ayrı aşiretlerin her biri, kendini ona yakın sayıyor ve bununla iftihar ediyordu.

Mahzunoğulları, Ümmü Seleme (r.a) vasıtasıyla, Emeviler, Ümmü Habibe (r.a) vasıtasıyla, Hâşimîler, Zeynep binti Cahş (r.a) vasıtasıyla kendilerini ona yakın kabul edip, bahtiyar sayıyorlardı.

Şu kısacık anlatmamız, iyi niyetli olanları, Peygamber Efendimizin çok kadınla evlenmesinin nefsî yönünden olmadığını anlatması bakımından yeter de artar bile... Bazende başka ülkelerden hanım alıyor, o ülkenin halkı Müslüman oluyordu. Şu anda bile, bir Müslüman hanım, bilse ki,

Amerika başkanının kızını kocasına alırsa Amerika Müslüman olacak, bunu her imanlı kadın kabul eder ve eşini evlendirir. Bir kadını kurtarmak adına niçin evlendirsin? Kocasının parası varsa, kendi ikinci kadın olacağına, parasızlıktan evlenemeyen bir bekarı evlendirmesini öğütler.

Bir başka konu da "Peygamberimiz hiç evlenmeseydi, Hazreti İsa'yı taklit edip evlenmeyen papazlar gibi, bizde de evlenmek haram noktaya kadar gelirdi."

Hikmetlerin öte tarafı Allah'u a'lem.

KUR'AN'DA MODERN İLİM VAR MIDIR?

***Soru:** Kur'an-ı Kerim'de modern ilme yer var, yani modern ilimle ilgili meseleler var, diyorsunuz. O halde, atmosfer tabakasına işaret eden bir ayet var mıdır?*

Cevap: Elbette var. Fakat farzedelim ki, atmosfer tabakası ile ilgili ayet yok. Atmosfer tabakası ile ilgili ayeti kerime olmasaydı, sen Kur'an-ı Kerim'in mucize olduğunu kabul etmeyecek miydin? Bakarsın ki, Kur'an'da olmayan bir fizik kanunu vardır. Bu kanun, Allah'ın Kâinat kitabından olan ayetlerinden biri değil midir? Allah, ahiret ve dünya hukukunu Kur'an ayetlerine, fenni, tıp vb. buluşlar akıl ayetini yerleştirmiş. Ayrıca kainat Allah'ın. Allah'ın yaratıcılığı bu dünyanın dışında mı kalıyor? Kâinat, Allah'ın göze hitap ettiği kitabıdır. Kur'an ise, Allah (c.c) ile kul arasının nasıl olacağını bildiren kitabıdır. Şunu da unutma, Kur'an fizik veya kimya gibi ders kitabı değil. Yukarıda belittiğimiz gibi, Allah o işleri beynimizdeki kitaba vermiştir.

Kâinatta herşey onundur. Dilediğini Kur'an'ında bildirir, dilediğini göz önüne koyarak bildirir.

Kur'an'da, zürafanın boyunun uzunluğundan bahis yoktur, fakat zürafa göz önündedir ve zürafayı görebilecek göz ve akıl da verilmiştir. Buna kıyas ederek diğer konuları da idrak etmek mümkündür.

Soruya girmeden önce, "Modern ilim" konusundan biraz bahsedelim. Modern ilimden kasıt, şimdilik yeni buluşlardır. Yalnız benim kısa aklım diyor ki, bindörtyüz yıl önce İslâm'ın bildirip de bilim adamlarının yeni bulduğu konular var. Şimdi... Modern ilim diye hangisine diyeceğiz? Yeni bulunan buluşa mı modern ilim diyeceğiz, yoksa yeni bulunan buluşu bindörtyüz sene önce bildiren Kur'an ilmine mi modern ilim diyeceğiz?

Gelelim "Kur'an'da atmosfer tabakasına işaret var mı?" sorusuna. Var demiştik. İşte ayeti kerime: "Semayı koruyucu bir tavan yaptık."[166]

Şimdi düşünelim. Semayı, koruyucu bir tavan yaptık derken, bindörtyüz yıl öncesine gidelim. Gökyüzünden ne gibi bir zarar düşünebilir insan? Evimizin tavanı, dışarıdan evimizin içine girecek yabancı maddeleri engellemek içindir. Peki, dünya denilen evimize nereden yabancı bir madde gelebilir? Ve bunu bindörtyüz sene evvel kim biliyordu? Allah bildiği için, atmosfer denen tavan kanununu koydu ve bize bildirdi.

Nedir atmosfer? Atmosfer, çok sert bir hava tabakasıdır. O kadar sert ki, beton onun yanında pamuk hükmündedir. Sert olması lazımdı ve Allah da sert yarattı.

Atmosfer tabakasının çok önemli vazifeleri vardır. Bir

---

(166) Enbiya: 32.

fabrika sahibinin kapıya bekçi koyup, "İçeriye yabancı alma" emri verdiği gibi, Allah da dünyamızın çevresine atmosfer denilen bekçiyi koyarak Dünya'nın içine tecavüz eden yabancıları içeri almamasını emretmiştir. Zararlı olanı atıyor, lazım olanı alıyor. Meselâ meteor taşları. Çoğu zarar, azı dünyamız için yarar.

Dünya'mıza, yılda yaklaşık olarak 260 milyon meteor denilen gök cisimleri düşmekte, ancak, ilahî kanun, taşlar ne kadar büyüklükte olursa olun, taşları, binlerce parçaya bölerek uzayın boşluklarına doğru göndermektedir. Nasıl karpuzun içinin muhafazası için bir kabuk yarattı ise Dün-ya'mızın muhafazası için de atmosfer tabakasını yaratmıştır. Bu tabaka, Güneş enerjisini olduğu gibi Dünya'ya göndermiş olsa saniye tutmaz kül oluruz. Bunun için bize lâzım olduğu kadarını gönderiyor. Çünkü, bu kanunu koyan Allah, (c.c) böyle ayarlamış.

Ey kudretine kurban olduğum
Seni anlayamadık affeyle bizi

Zannederim bu kadar yeterlidir. Allah (c.c.), kanun koyucudur. İnsan, Allah'ın koymuş olduğu o kanunu bulandır. Ne acıdır ki, insanlar, kanunu koyanı takdir etmez, kanunu bulanı takdir eder.

'Milli Gazete'de şöyle bir olay okumuştum: Felsefeci bir öğretmen, övüne övüne yeni buluşları anlatıyordu. Edison'dan başlayarak, Galileo'yu ve yer çekimini bulan Newton'u anlatıyordu. Bu arada, sanatı bulandan çok, o sanatı yapan sanatkardan bahsedilmesini isteyen bir talebe sorar:

— Hocam, Newton yer çekimini bulmadan önce biz nasıl düşmeden yaşıyorduk?

Öğretmen şaşırır:

— Newton yer çekimini bulmadan önce de yer çekimi vardı oğlum.

— Peki, o zaman kim koymuş o yer çekimini? O yer çekimi çok muazzam bir şey ki, bulmak bile kişiye ün kazandırmış. Peki, o yer çekimini koyana hiçbir şey kazandırmamış mı?

— Çocuklar, vakit bitiyor, konuyu değiştiriyoruz.

Elbette... Konuyu değiştirecek, işine gelmemişti soru..

Ah gerçekler... Saklanmayın, çıkın artık, çömlek patlayalı yıllar oldu...

İşte böyle bir dünyada yaşıyoruz ki: Kanunları bulan övülüyor o kanunu kurana ise sövülüyor. Fakat, artık sövemeyecekler, gerçekleri saklayamayacaklar. Çünkü, İslâm'a sahip çıkan bir gençlik var. Öğreniyor, öğretiyor, yaşıyor... En azından, yaşamasa da, yaşayamadığını biliyor ve üzülüyor. Velev ki bu gençleri; gerici, irticacı ilân etseler bile. Artık gençlerimiz, çapulcuların, sömürücülerin sözüne göre kendisini değerlendirmiyor, kendisi, kendi değerini biçiyor. Kendi değerinin farkında.

DÜNYA ÖNCEDEN SU MUYDU?

Soru: *Bizim öğretmenimiz, "Dünya önceleri su idi" diyor. Bilim de bunu kabul etmiş durumda. İslâm'ın bu konuda bilgisi var mı?*

Cevap: İslâm'ın bu konuda bilgisi var mı demek, Allah'ın (c.c.) bu konuda bilgisi var mı demektir ki, bu da çok anormal bir şey olur. Allah (c.c)'ın yarattığından haberi olmaz mı? Değil yarattığından, yaratmadığından bile haberdardır. Şunu da unutmayalım, haram özelliği taşımayan, insanların her faydalı buluşu İslâmîdir.

— Ama nasıl haberi olur, aklım almıyor?

— Senin de, benim de aklımız kim oluyor ki?..

Akıl, her şeyi çözme bakımından bir bebek gibidir. Bebek, nereden bilsin bilmece çözmeyi. Yeni buluş veya icadı önce İslâm'a sorarız. İslâm'a zıt değilse kabul ederiz. İslâm'a zıt ise reddederiz. Meselâ, bundan asırlar önce Batı âlemi, Güneş'in Ay'ın Dünyanın hiç yerinden oynamadığını kabul etmişlerdi. O zaman İslâm âlimleri, bu teoriye inanmadılar. Çünkü, Kur'an-ı Kerim'de Güneş'in, Ay'ın, yıldızların döndüğünü Allah'u Tealâ bildirmişti. Biz fenni, tekniği yani, yeni buluş ve icatları İslâm çerçevesi içinde değerlendirir sonra kabul ederiz.

Sormuş olduğunuz "Dünya ilk önce su idi" konusunu ilk defa bildiren zaten Allahu Tealâ'dır.

— Aaaa... Allah bu işlere karışır mı?

— Niçin karışmasın? Mal onun, mülk onun. Yaratan O. Bak işte ayeti kerime:

"O inkâr edenler görmediler mi ki, önceleri gök ile yer bitişiktiler de, Biz onları ayırdık ve canlı olan her şeyi sudan yarattık."(167)

Bilime göre, yerler ve gökler önceleri su üzerinde idi. Bu buluşu doğrulayan ayeti kerime: "Onun arşı su üzerinde idi."(168)

Atomların anası sayılan sıvı madde gaz haline getirildi: "Sonra göğe yöneldi. O duman halinde idi." (169)

Şimdi bu ayetlere, İslâm'ı bilmeden taş atmaya kalkan zalimler ne diyecekler? Onlara soruyorum: Ey zalimler! Ey kasıtlı inkâr ediciler ve münafıklar! Söyleyin bakalım. Müslümanlar mı ilerici, yoksa sizler mi? Kur'an'ın ne bü-

---

(167) Enbiya: 30
(168) Hud: 7
(169) Fussilet: 11.

yük bir kitap olduğunu bildiğiniz halde, ona nasıl hakaret ediyorsunuz? Nasıl edebiliyorsunuz?

Başlangıçta çok sıcak bir duman bulutu halinde olan bu gaz kütlesinin zamanla parçalara ayrılıp, nebülözleri, galaksileri, Güneş sistemlerini meydana getirecek şekilde geliştirildiğini biz de kabul ediyoruz. "Önceleri yer ile gök bitişik idi, Biz onu ayırdık ve her canlıyı sudan yarattık" ayeti bize bunu anlatıyor.

Böyle olmasına rağmen, nasıl dersin "Kur'an dünya işlerine karışmaz?" Yazık... Aklını nasıl da karıştırmışlar. Kendine gelmezsen çok yazık...

Bir akıl ki gerçeği görmez, anlamaz.
O akıl başta olsa da olmasa da fark kalmaz...

ALLAH GÜNAH İŞLEMEYENE GÜNAH İŞLETMEZ

Soru: *Madem ki, hayır (iyilik) ve şer (kötülük) Allah'tan, insanların ne suçu var? Hayır ve şerri Allah yazdığına göre, insanlara niçin günah yazıyor?*

Cevap: Bu soruyu soranlar, İslâm'da hata aramak kastı ile soruyorlar. Bir defa, şunu iyi bilmek lâzımdır ki, hayır ve şer Allah'tandır demek, hayır ve şerri yaratan Allah'tır demektir. Denizi de Allah yarattı, yüzme bilen yüzüyor, bilmeyen boğuluyor.

Şimdi soruyoruz:

— Sen mi daha adaletlisin, yoksa Allah mı?

— Ne demek canım, elbette Allah (c.c)

— Sen, bir kimsenin işlemediği suçu, o kimseye yükler misin?

— Asla...

— Peki Allah yükler mi?

— Tabiî, yüklemez...

— Sen, bir kimseye, "Şu camı kır" diye söyleyip, sonra o kişiye camı kırınca, niçin kırdın diye sorar mısın?

— Hayır...

— Peki, Allah (c.c) kendi yaptırdığı işten hesap sorar mı?

— Sormaz.

— Peki sormaz da, Allahu Tealâ'nın bir kuluna: "Sen zina yap, hırsızlık yap, içki iç, adam öldür, fakirin hakkını ye" gibi kötü işler hakkında emir vereceğine nasıl inanıyorsun?

Allah (c.c.), sevmediği bir şeyi, kuluna yap, diye yazar mı?.. Elbette yazmaz. Fakat, Allah (c.c)'ın takdir ettiği işler çoktur, ancak bu işlerde günah yoktur. Ölüm, yangın, ailevî sıkıntılar, sel baskınları, vesaire gibi. Dünya, imtihan dünyası olduğu için, Allahu Tealâ bazen kulunun başına musibetler verir ki, bakalım benim kulum sabredecek mi diye sınar. Veya onun derecesini artırır. Bu da değilse o sıkıntılar yüzünden nice günahlarını affeder. Eğer kulu sabrederse derecesini artırır. Ölüm, yangın, hastalık vesaire gibi musibetler de vermez ise, Allah kulunu ne ile imtihan edecek? Hemen şunu unutmamak lâzımdır ki, Allah (cc.) bu gibi musibetler verdiğinde kulunun nasıl davranması gerektiğini de bildirmiştir.

"Benim ne suçum var? Bütün bu olanları Allah (c.c) ezelden yazmış" diyenler, Allah'ı ve onun adaletini bilmediklerinden böyle konuşuyorlar. Fakat... Bugün sevdiği bir artistin giydiği ayakkabısının rengine kadar haberi olanların, Allah'dan (c.c) ve onun şeriatından (kanunlarından) haberi olmaması ne kadar acı bir şeydir.

Gelelim Kur'an ve Hadis-i Şeriflerin bu konuda söylediklerine. Müslümanlar'ın kanunlarının koyucusu olan Allahu Tealâ; Müslümanlar'ın kanunlarını muhtevî olan Kur'an-ı Kerim'de şöyle buyuruyor: "Biz, ona iki de yol gösterdik." (170) Bak, iki yol gösterdim diyor Rabbül âlemin. Eğer kullarının bütün yaptıkları günahları Allah (c.c.) kendi tayin etseydi, "İki yol gösterdik" der miydi? Bak, şu ayette daha güzel ve daha açık anlaşılıyor: "Biz, şüphe yok ki, iyi amel ve iyi hareket edenin mükâfatını zayi etmeyiz" (171) "Kim iyi amelde bulunursa kendi lehinedir, kim de kötü amelde bulunursa kendi aleyhine zararı vardır. Rabb'in kullarına zulümkâr değildir." (172)

Bu ayeti kerimeler, sorunun cevabını fevkalade veriyor. Yalnız burada anlamamızı zorlaştıran mesele, Allah'ın geleceği bilmesidir. "On kiloluk kantar, bin kiloluk eşyayı tartabilir mi?" O noktaya bizim aklımız ermez. Şunu biliyoruz ya o bize yeter. Bizim irademizle biz haram işleriz veya sevap.

Allah'ın ilmini, kudretini şu küçücük aklımız kestirmeyince, "Olur mu canım, nasıl bilebilir?" diye zırvalamaya başlıyoruz. Karıncaya sormuşlar: "Allah'ın kudreti, kuvveti ne kadardır" diye." "Kocaman bir karınca kuvveti kadardır" cevabını vermiş. Deveye sormuşlar, deve de: "Kocaman bir deve kuvveti kadardır" demiş.

İnsana sorulunca, insan da ister istemez kendi kuvveti, kendi ilmi mesabesinde Allah'ın kudretini ölçüyor. Tabi böyle olunca da, işin içinden çıkılmıyor. Zavallı insan, şu küçücük aklı ile daha şu âlemin zerresini anlayamamışken,

---

(170) El-Beled: 10.
(171) Kehf: 30.
(172) Fussilet: 46.

nasıl olur da bu kâinatı yaratan Allah (c.c)'ın kudretini anlayabilir? Elbette anlayamaz.

"Size gelen her musibet, kendi elinizin kazandığı günahlar yüzündendir." [(173)] Buraya kadar anladık ki, kişi günahını kendi yapar. O günahı işleyecek zamanı, güç ve kudreti Allah (c.c.) yaratır.

Yani, kul neyi isterse, Allahu Teala da kuluna o istediği şeyi yapacak güç ve kudreti verir ve o istediğini yaratır. İslâm düşmanı kafirlerin, kalkan olarak kullandıkları ayeti kerime şu: "Biz, her şeyi bir kader ile yarattık." [(174)] Hemen şunu söyleyelim ki, bazı meseleler (hastalık, sel baskını, deprem vs. hariç) Allah taktir etti de, yani yazdı da, kul onu yapar değil, kulun ne yapacağını Allah (c.c) önceden bildiği için Allah (cc.) yazıyor. Kul da şimdi onları yapıyor.

Ayeti kerimelerin bizim gibilere bir zahir (açık), bir de batın (gizli) manaları vardır. Onun için ayetleri tefsir eden, açıklayan hadis-i şerifler vardır ki, eğer bu hadis-i şerifler ve ayeti kerimelerin nüzul sebepleri (yani iniş sebepleri) olmasaydı, bazı ayetler zor anlaşılırdı. Her ayetin manası, geniş bir şekilde Kur'an-ı Kerim'de açıklansaydı, o zaman Kur'an-ı Kerim, yüzlerce kitap olurdu da, hafızların ezberlemesi imkansız olurdu.

Söylemek istediğimiz mesele şudur: Allah (c.c.) kullarının ne yapacağını biliyor muydu?

— Evet...

— Ama nasıl bilebilir? Bir türlü aklım almıyor?

— Kardeşim... Allah değil mi bu? Bilir ya, nasıl bilirse bilir. Dedik ya, şu minnacık aklımız, şu kocaman kâina-

---

(173) Şura: 30.

(174) Kamer: 49.

tın sırrını anlayamamışken, nasıl olur da şu kocaman kâinatı yaratan Allah'ın (c.c) sırrını anlayabilir? En iyisi biz, kendi gücümüzü anlayıp ona göre iş yapalım.

KAZA VE KADER

Aslında dolaylı yollarla da olsa kaderden biraz bahsetmiştik.

Kader: Cenabı Hak tarafından bütün eşyanın, kâinatın ve hâdiselerin ezelden (yaratılmadan evvel) hallerinin, vasıflarının, sebeplerinin ve şartlarının zaman ve mekânlarıyla hudutlandırılmasıdır.

Kaza: Ezelden taktir olunan şeyin takdir gereğince varlık alemine çıkarılması (yaratılmasıdır). Kaza ve kader kelimeleri, lügat manaları bakımından birbirinin aynı olduklarından bazen kaderin yerine kaza, kazanın yerine kader dendiği olur. [175]

Meselâ: Bir astronomi âlimi, ayın ne zaman tutulacağını yazar, bu kaderdir. Ay'ın, o gün, o tarihte tutulması da kazadır. Şimdi soruyorum, Ay, astronomi âlimi yazdı diye mi tutuldu, yoksa Ay'ın tutulacağını âlim bildiği için mi yazdı? Elbette Ay'ın tutulacağını bildiği için yazdı.

İnsanın, diğer yaratılmışlar arasındaki müstesna yeri ve yaptıklarından dolayı sorumlu olma durumu onu takdir bakımından da diğer yaratılmışlardan ayırır. Tabiî (mecbur kılan bir kader) yerine, iradesine bağlı olarak yürüyen bir kaderi de vardır. Şayet, insanın iradeye bağlı işlerinde de kaderin mecbur eden bir hükmü cereyan etseydi, o zaman insandan diğer varlıkların hiç birinden istenmemiş olan yü-

---

(175) İslâm'da İrade, Kaza ve Kader - Ahmet Lütfi Kazancı.

ce vazifelerin bir tanesini bile istemek adalet anlayışına uymazdı. Bundan dolayı bilinen gerçek şudur; insan iradeye bağlı işlerde kendi kaderini kendi tayin eder. Yani kendi hür iradesi ile isterse iyi tarafını, isterse fenalık tarafını seçer. İyiyi isteyen kötüye sevk edilmediği gibi, fenayı isteyen de (şayet Allah'ın hususî bir ikramanı uğramazsa) iyiye sevk edilmez. Kur'an-ı Kerim'de: "İnsan için çalıştığından başka hiçbir şey yokur, çalışmasının semeresi (neticesi) de yakında görülecektir."[(176)] buyuruluyor. Allah, insanların ileride ne yapacaklarını bilip yazmamış mıdır? Bu soruya verilecek cevap müsbettir

Yani: Evet, Allah (c.c), bütün insanların hayatlarında yapacakları her şeyi en ince noktasına kadar bilir ve yazmıştır da...

Ancak O, bizim irademizi hür olarak kullanmamız neticesi neler yapacağımızı bilmiştir. Tekrar tekrar değiniyoruz. Bizim bu şekilde hareket etmemiz ise onun bilmesinden değil, bizi irademizle serbest kılmasındandır. [(177)]

Biri insan iradesine bağlı olan, diğeri insan iradesine asla bağlı olmayan iki türlü kader vardır. Bunlardan insan iradesine bağlı olan kadere; Kaderi muallak, diğerine ise; kaderi mübrem denilir.

Kaderi Muallak: Kendi irademize bağlı olduğu içindir ki, hakkımızda iyi şeyler diler ve ona göre hareket edersek Allah onu yaratır. Fena şeyler diler ve öyle hareket edersek, onu yaratır. Ne ekersek onu biçeriz. İlahî bir kaidedir ki, buğday eken ancak buğday alır, arpa eken ancak arpa

----

(176) Necm: 39-40.

(177) Buhari-Müslim, İslâm'da irade, Kaza ve Keder - Ahmet Lütfi Kazancı.

alır, buğday alamaz. "Kim zerre ağırlığında hayır işlerse, mükâfatını görür. Kim zerre ağırlığınca şer işlerse, cezasını görür."

Kaderi Mübrem: İnsan iradesinin ve kudretinin dışında kalan hadiselere ait kaderdir. Bize göre birden bire meydana gelen afetlerin neticesi olan zarar ve ziyanlar, fırtınalar, depremler, ölüm halleri.. Bazılarımızın cılız, hastalıklı, sağlam bünyeli olarak yaratılışı, gelecekte olacak hadiseler, ne zaman, nerede öleceğimiz, kıyametin ne zaman kopacağı gibi. Kaderin bu kısmından bahsetmeyi Resulullah efendimiz nehyetmiştir. Kendisine: "Kıyamet için ne hazırlığın var" suali sorulduğunda, bilinmeyeceğini, bilinmesinde bir faide olamayacağını anlamak, anlatmak istemiştir.

* * *

Hakikat şudur ki, Allah (c.c.), hidayeti isteyene hidayet, dalâleti isteyene dalalet yollarını açar. Hiç bir insan zorla dalâlete sürüklenmiş değildir. Kullarına son derece merhametli olan Allah (c.c.), bir kimseyi Müslüman yapmak için bile zorlamaya razı olmaz. Aşağıda okuyacağımız iki ayet meali bize Müslüman yapmak için dahi zorlamanın olamayacağını gösterir.

"Sen iman etmiş olsunlar diye insanları zorlayıp duracak mısın?"(178) "Dinde zorlama yoktur. Hakikat, iman ile küfür apaçık meydana çıkmıştır. Artık kim tağutu tanımayıp da Allah'a iman ederse, o, muhakkak ki, kopması mümkün olmayan en sağlam kulpa yapışmıştır. Allah hakkıyla işitici, kemaliyle bilicidir."(179)

Hakikat böyle iken, Allah'ın bir kimseyi zorla dalalet-

---

(178) Yunus: 99.
(179) Bakara: 256.

te bırakacağını düşünmek en büyük hatadır. Böyle düşünmek, "Allah, kullarına zulmetmeyi istemez."[(180)] buyuran Allah'ın, zulüm yaptığını söylemek olur. Bu ise ancak İslâm düşmanı olan cahillere ait bir sözdür. Aşağıda okuyacağımız ayetlerde, ancak Allah'a itaat eden, hidayeti isteyen kimselerin hidayete erdirildiğini; Allah'a isyan edenlerin, fena yollara sapanların, hidayeti bırakıp dalâleti seçenlerin, dalâlette bırakıldığını göreceğiz.

1) "Kim Allah'a sımsıkı tutunursa, muhakkak ki, doğru bir yola erdirilmiştir."[(181)]

2) "Artık, hidayeti kabul eden kendi yararına kabul etmiş, sapkınlık eden de yalnız kendi zararına sapmış olur..."[(182)]

3) "Allah'a ve ahiret gününe imanda sebat eden hiçbir kavmin, Allah'a ve Rasulüne muhalefet eden kimselerle velev ki onlar, bunların babaları, oğulları, biraderleri, yahut soysopları olsunlar dostlaşacaklarını göremezsin. Onlar Allah'ın imanı kalplerine yazdığı kimselerdir; bunları kendinden bir ruh ile desteklemiştir..."[(183)]

4) "Ama kim (Allah yolunda) ona verilenden verir ve Allah'tan korkarsa, en güzel olanı (İslâm dinini) tasdik ederse ona en kolay için (cennete götürecek amel, ahlak için) kolaylık veririz. Kim de cimrilik eder, kendini müstağni görürse, en güzel olanı yalan sayarsa, Biz de ona zor olanı hazırlarız"[(184)]

---

(180) Mü'min Suresi: 31
(181) Âl-i İmran: 101.
(182) Yunus: 108.
(183) Mücadele: 22.
(184) Leyl: 5-10.

Bu ayetlerde Allah'ın hidayetinin, iradesini iyiye kullanan, Allah rızasına uygun ameller yaparak hidayete hak kazananlara ulaştığı açıkça anlatılmaktadır. Bu ise Ehl-i Sünnet imamlarının "insan diler, Allah yaratır" demelerinden başka bir şey değildir. Burada da, insan hidayeti, yani doğru yolu dilemekte, Allah ise kulun dilediği hidayeti yaratmaktadır. Şayet bir kimsenin İslâm olmak istediği ancak olamadığı söylenirse, bu onun tam bir istekle istemediğinden dolayıdır. Yoksa, hidayet isteyen kuluna hidayeti Allah'ın (c.c.) vermediğinden değil.

Şimdi de dalâletin de kulun isteğine bağlı olduğunu anlatan ayetlerden bir iki örnek verelim:

1) "Semud'a gelince biz onlara hidayeti (doğru yolu) gösterdik. Ama onlar, körlüğü hidayete tercih ettiler."(185)

2) "İşte Allah (c.c), haddi aşan şüphecileri böyle dalalette bırakır (şaşırtır)." (186)

3) "Onlar, o kimselerdir ki, hidayeti bırakıp dalaleti (doğru yolu bırakıp sapıklığı) satın almışlardır. Demek alışverişleri onlara kazanç sağlamamış, onlar da doğru yolu bulamamışlardır." (187).

4) "Allah onunla (getirdiği misal ile) bir çoğunu sapıklığa, birçoğunu da hidayete erdirir, onunla fasıklardan başkasını şaşırtmaz." (188)

Bu ayetlerden de anlaşılmıştır ki, Allah (c.c) bir kimseyi dalalette bırakıyorsa, gelişi güzel bir seçimle değil, dalâlete hak kazanmış, Allah yolundan kendi istekleriyle yüz çevirmiş, iradelerini şer yolunda kullanmakta devam etmiş olanlara aittir.

----

(185) Fussilet: 17.
(186) Mü'min: 34.
(187) Bakara: 16.
(188) Bakara: 26.

ALLAH'IN HER İŞİNE AKLIMIZ ERER Mİ?

Soru: *Öldükten sonra nasıl dirileceğiz?*

Cevap: Bu sorunun altında da Allah'ın (c.c) gücünü inkâr etmek yatar. Çünkü, madem Allah var, var olduğuna göre de, Allah'ın her şeye gücü yetmesi lâzım. Allah'ın her şeye gücü yeter. Öyle ise, bizi yoktan var eden Allah, öldükten sonra, bizim varolan elementlerimizden daha kolay yaratır, diriltir. Allah'ın kanunlarını ihtiva eden mukaddes Kur'an'ımızda, Allahu Tealâ: "öldükten sonra diriltmek, bizim için, ilk yaratmaktan daha kolaydır." buyurmaktadır.

Burada, aklıma gelen mini bir fıkrayı anlatmak istiyorum. İnsan, buluşlarından dolayı şımarır, kendini Allah ile kıyaslar ve der ki, "Ben de yoktan var ederim." Allah, "O halde hadi yarat" der. İnsan hemen toprağa el atar, Allah, "Hop hop, onu ben yarattım, sen yoktan var et." der. Fıkra da olsa verdiği mesaj güzel.

Şimdi gelelim sorunun mantıkî cevabına: Hekimoğlu İsmail Hocamızın bu konuda yazmış olduğu *Ölüler Diriliyor* isimli kitabını çok beğendiğimden, önce ondan nakiller yapacağım. Evet, Hekimoğlu Hocamız şöyle diyor: "Artık, resimli romanların, kabartma haritaların bulunduğu bir devirde yaşıyoruz. Resime ve kabartma haritalara bakma yerine, acaba doğrudan doğruya kâinata bakıp, onu bir kitap kabul edip, okuyamaz mıyız?"

İşte bu noktadan hareket ederek, kâinat kitabını okumaya karar verdik.

İlkbaharda her taraf yemyeşildir. Biz, bir buğday tarlasını ele almak istiyoruz. Yeşil buğdaylar her geçen gün olgunlaşmaya ve sararmaya başlarlar. Nihayet, buğdayın olgunlaştığı ve biçilmesi gerektiğine karar verilir. Buğdayın olgunlaşmasını, onun ölmesi manasında kabul edebiliriz. Fakat sizler, "Olgunlaşan buğday ölmedi" dersiniz, biz de bunu kabul eder ve buğdayların biçilmesini bekleriz.

Biçilen buğdayın öldüğünü kabul edebilirsiniz. Fakat, bu buğdaylar, daha birkaç kere öldürülecekler. Şöyle ki: Biçilen buğdaylar, harman yerinde toplanır. Saman ve taneye ayırma işlemleri yapılır, taneleri, çuvallara doldurularak, değirmene götürülür. Değirmende un haline getirilen buğdaylar, artık ölmüştür.

Biliyorsunuz, undan hamur, hamurdan da ekmek yaparız. Böylece un haline gelen buğdayı hamur halinde yoğurur, biz de onu ateşe koyar, pişiririz. Artık, buğdayların defalarca öldüğü herkes tarafından anlaşılmıştır. Şimdi bu ölü buğdaylar nasıl dirileçek, ona dikkat edelim.

ÇİFTLİK HAYATI

Yeni evli, genç karı kocanın balaylarını büyük bir çiftlikte geçirdiklerini tasavvur ediyoruz. Bunun için kendilerine müracaat edip, diyoruz ki: "Bu çiftlikte dilediğiniz gibi gezer, dilediğiniz gibi eğlenebilirsiniz. Sizlerden istediğimiz, sadece ekmek yiyip, su içmeniz olacaktır."

Onlar da bu isteğimizi kabul edip, belirli bir zaman için, bu şekilde hayatlarını devam ettirecekler.

On ay boyunca sadece ekmek yiyip, su içen ve başka bir şey yemeyen karı kocayı, şimdi tetkike koyuluyoruz. Bakıyoruz ki, bu karıkocanın tırnakları uzamış. Demek ki, yenen ekmek tırnak haline gelmiş . Yine bakıyoruz ki, bunların saçları da uzamış. O zaman anlıyoruz ki, ekmek kıl haline gelmiş. Karıkocanın pek zayıflamadıklarını görüyoruz. Öyle ise yenen ekmek, adalelerde, gözde, kemiklerde, kıkırdaklarda, sinirde, kanda, ciğerde ve vücudun bütün organlarında yerini almış, onların hayatiyetlerini devam ettirmiş. Şimdi düşünelim.

Defalarca ölmüş buğdaydan yapılan ekmek, gözümüzün ihtiyacını nereden biliyordu ki, gitti de gözümüzün saydam tabakasında yerini aldı ve görme işimiz devam etti? Kulağımız olduğundan ve onun ihtiyacından haberdar mıydı? Ayağımızdaki kemiği, içimizdeki dalağı, nereden biliyordu ve bunun yerini nasıl buldu?

Yine dikkat ediyoruz: Diş fırçası yapmak için milyonlarca lira değerinde kocaman fabrikalar kuruluyor. Bunun hammaddesi bilmem nerelerden temin ediliyor. Halbuki vücudumuzdaki kılları, toplu iğnenin başı büyüklüğündeki kıl hücreleri yapıyor, hammadde olarak da ekmeği ve benzeri şeyleri kullanıyor ki, bunların ölü şeyler olduğunu daha önce gördük. Kıl hücreleri sadece kıl yapmakla kalmıyor, bir de onları ölçüyor. Meselâ: Kolunuzdaki kılların boyunu ölçünüz, sonra onları tıraş ediniz. Birkaç ay sonra kolunuzdaki kılların büyüyüp, eski boya gelince büyümelerinin duracağını göreceksiniz. Halbuki başımızdaki kıl hücreleri böyle değildir. Onlar devamlı uzarlar. Kaşlarınızla saçlarınız birbirine ne kadar yakın. Kaşlarınız belli bir boya gelince durur, saçlarınız durmadan büyür. Sanki kaşlardaki kıl hücrelerinin metresi var. Onu uzatıp gereken ölçmeyi yaptıktan sonra; "Sen evvelce bu boydaydın, şimdi de böyle kalmalısın" demektedir.

İNŞAAT İŞLERİ

Bir yere, çimento, taş, kum, demir, tuğla ve tahta gibi inşaat malzemesi doldursak bunlara hitaben: "Ey inşaat malzemeleri haydi bir bina haline gel" desek; derken, bizi duyan olsa ne der?

Başımızı bir başka yöne çevirsek, "Şu bina kendi kendine olmuştur" veya "Bu bina bir tesadüfün sonunda meydana gelmiştir" desek, ne derece doğru konuşmuş oluruz?

Yediğimiz gıdalar, vücut binasının inşaat malzemesi ise, bu malzemeyi belli bir plana göre inşa edecek mühendise, ustaya ve ameleye ihtiyaç yok mu? Ekmek hammaddesini alıp, hücre gibi küçücük fabrikada kıl yapan usta kimdir?

ÇAMURDAN OLAN İNSAN

Çiftlikteki genç evlilerimizin bir çocuğu dünyaya geldi. Halbuki bu genç evliler, on aydan beri ekmek yiyip, su içtiler. Öyle ise, nasıl oldu da defalarca ölen buğday, cins harman şekline geldi ve bu da bir çocuğun, yani insanın vücut bulmasına sebep oldu?

Yine dikkat edersek, başak, balçık (toprak) yemekte, bize buğday gibi güzel ve lezzetli bir gıda vermektedir. Madem ki buğday topraktan ve cins harmanlar da buğdaydan meydana geldi, öyle ise, insanın cesedi de toprağa aittir. Bu halin Adem aleyhissalâmın yaratılışı ile bir alâkası yoktur. O, doğrudan doğruya topraktan halkedilmiştir. Adem aleyhissalâmın nesli ise, vücut bakımından toprak ve gıdalar silsilesine bağlı, ruh yönü ile ervah alemine irtibatlıdır.

Ölmüş buğdaylar insan vücudunda, insan olarak meydana gelirken yine inşaat ve mühendis meselesini unutmamamız gerekir. Çünkü, bir kalp mütehassısı, hastanın göğsünü açıyor, kalbinin kapakçık veya kulakçığını tedavi ediyor. Bu doktoru göklere çıkarıyorlar, öve öve bitiremiyorlar. Doktoru, bizler de takdir ederiz. Fakat doktoru takdir edenler, kalbi yapanı unutmamalıdır.

Nasıl ki, doktorun eli, insan göğsünün içine girip, kalbi tedavi ediyorsa, daha evvel birinin içimize girip kalbi inşaa etmesi gerekir. Aksi halde, çocuğun kalbi benim kalbime benzemezdi. Çok küçük olan cinsî hormon hücresinin içindeki yine çok küçük olan kromozomlar ve bunların da üzerinde bulunan genler, bir insanın bütün planını ve programını taşıyamazdı. Öyle ise, bu kadar küçük bir şeye, bir insanın vücut yapısını kaydeden âlimi düşünmek ve ona iman etmek, ona itaat etmek zorundayız.

Bir yanda ölmüş buğdaylardan yapılan ekmekler, öte yanda mikroskopla görülecek kadar küçük olan hormon hücresi... Bunlardan bir insan meydana gelecek... Bu insanın iki kolu birbirine eşit olacak. Bu insanın iki gözü ve iki kulağı birbirine eşit olup, simetrik bulunacak...

Bir heykeltraş, yaptığı heykelde simetriyi temin edip, uzuvları birbirine eşit yapabilmek için ne kadar gayret sarfediyor ve ne kadar ölçme ve biçmeler yapıyor? İnsanın uzuvlarını ölçen kim?

Resim yapan bir kimse, iki gözü birbirine eşit ve benzer yapabilmek için gayret sarfederken, gözlerimizin eşit ve benzer olmasını bir tesadüfün eline verebilir miyiz?

Ressamı takdir edenlerin, ressamı yaratanı takdir edip, ona itaat etmeleri gerekmez mi?

Heykeltraşlara hayran olanlar, kendi yapılarına hayran olup, kendilerini inşa edeni aramaları gerekmez mi?

Düşününüz. Nasıl olur da ölmüş buğdaylardan sinirler, damarlar, al ve akyuvarlar, sonra bağırsaklar, ciğerler ve kemikler meydana gelir?

Ölmüş gıdaları diriltip insan haline getiren, elbetteki insanı öldürüp tekrar diriltebilir. Çünkü, herşeyin ilki zordur. Madem ki, insanlar, halen ölü gıdalardan meydana geliyor. Madem ki, bunu başaran birisi vardır, öyle ise aynı kudret sahibi, insanı öldürür ve diriltir. Çünkü, buğdayı öldürüp diriltmektedir.

Öyle ise, insan cenazesi bir buğday tohumu gibi toprağa girecek, âhiret aleminde yeşerecektir.

ELEMENTLERİ KİM TOPLAR?

Denebilir ki, insan ölünce çürür, hücreleri dağılır, atomlar haline gelir ve bitkilere intikal edebilir. Bu kadar dağılan insan zerreleri, nasıl toplanıp, bir araya getirilip ve mahşerde ceset ayağa kalkıp, hesap vermeye hazır olabilir?

Kainat kitabını dikkatle okuyup, anlamaya çalıştığımızda, şu anda üzerimizde taşıdığımız vücudumuzu teşkil eden gıdaların, dünyanın dört bucağından toplandığını hemen anlarız. Misal olarak, çiftlikteki misafirlerimize ekmek yedirip, su içirmiştik. Şimdi tarladaki buğdayı düşünelim. Bu buğdayın tohumu nereden gelmiştir? Buğdayı tarlaya ektik, gübrelemek gerekir. Gübre, hayvan gübresi ise, hayvanlar nerelerde otlamıştır? Gübreler nerelerden toplanıp getirilmiştir? Şayet gübre kimyevi ise, o zaman bu gübrenin hammaddeleri nerelerden geldi?.. Vesaire...

Öte yandan içtiğimiz suyun kaynağı nerede ve biz neredeyiz? Bu sular, kaç defa gökyüzüne çıkıp, yere, oradan yerin bilmem kaçıncı katına geçti? Tekrar dönüp, bize nasip oldu. Eliyle koymuş gibi iç oganlarımızda dolaştı, onların ihtiyaçlarına cevap verdi ve bizi besledi.

Bizim, Hollanda'nın peynirini yediğimiz ve Amerika'nın süt tozunu içtiğimiz de oluyor. Dikkat ediyor musunuz, gıdalarımız nerelerden gelip,vücudumuzu teşkil ediyor? Madem ki, şu anda güneşten gelen ışınlar, bilmem ne dağından esen hava, benim beslenmeme yardımcı oluyor. Madem ki, denizlerin derinlerinde de olsam, dağ başlarında da olsam, güneş kadar uzak mesafede de olsam, yine zerrelerim bir araya gelir ve ben cesedimle birlikte kalkıp, haşirde dünyanın hesabını vermeye hazır olabilirim. Beni yaratan, benim beslenmemi temin eden, bu işi daha kolaylıkla yapar, buna inanıyorum." [189]

Bütün ideolojiler (İslâm'ın dışındaki bütün sistemler ideolojidir), insanlara öldükten sonra dirilmeyi unutturmak ve inandırmamak gayretindedirler. Düşünün. Bir insanın, anası, babası, eşi, kardeşleri, evladı ölse hali ne olur? Mahvolur... Perişan olur, yıkılır. Öldükten sonra dirilmeye inancı yoksa, delirebilir de. Fakat öldükten sonra dirilmeye inancı olan biri, "Nasıl olsa ben de gittiğimde onları göreceğim" diye teselli olur. Yalnız, öldükten sonra dirilme inancı, insana teselli bakımından yeterli değildir. İslâm'ı, Allah'ın emrettiği şekilde yaşaması lazım ki, tam teselli olabilsin. Fakat, zalimler, insanları Allah'tan ayırdılar. Ölümü bir müddet için unutturabilirler, fakat saçlar dökülüp

----

(189) Ölüler Diriliyor Hekimoğlu İsmail. (Bu kitabı mutlaka okuyunuz. Hacim bakımından ufak, ilim bakımından büyük bir kitaptır.)

bel büküldükten, eller kırıştıktan sonra o insana ölümü kimseler unutturamaz.

Ölüm... Ah... Ölüm!
Yaprak nasıl düşerse akıp kaybolan suya
Ruh da öyle yollanır sırların ardı sıra.

Evet, burada artık uyanılmaz. Çünkü, ebedî âlem doğmuştur.

Öldükten sonra dirilmeye inanmak kolay, fakat nefsi ölüme inandırmak çok zordur. Onun için de tek önderimiz Hz. Peygamber (s.a.v): "Ağzınızın tadını bozan ölümü çokça hatırlayınız" buyurmaktadır. Müslümanca yaşayan, yani Allah'ın (c.c) emirlerini tutmaya çalışan bir insan için:

"Ölüm güzel şey, budur perde ardından haber
Hiç güzel olmasaydı, ölür müydü peygamber?" (190)

Ölüm deyince aklıma bir hanım geldi. Üsküdar vapur iskelesinde bekliyorduk. Bankın üzerinde bir kadın oturuyordu. Kadın, dertli birine benziyordu. Yaşı da bir hayli vardı. Kafasına bere örtmüş, gözü yaşlı olmasına rağmen makyajını ihmal etmemişti. Bir ara, dikkatlice bana baktığını farkettim. Ben de ona bakarak başımla salâm verdim (baş ile salâm vermek salâmûn aleyküm anlamını vermiyor, o zaman bilmiyordum), gülümseyerek salâmımı aldı. Eliyle, yanıma gel, işaretini verdi. Ben de gittim.

— Evladım gel bakalım şuraya otur, dedi.

Ve ben de gösterdiği yere oturdum.

— Söyle bakalım evladım, niçin kapandın?

---

(190) Çile - Necip Fazıl Kısakürek.

— Allah'ın emirlerini çiğnememek için.
— Allah böyle mi emrediyor yavrum?..
— Evet teyzeciğim.
— Allah'ı seviyor musun?
— Hem de çok seviyorum. Hatta o kadar ki, O'nun yolunda gerekirse ölürüm. (Eğer nefsim beni aldatmıyorsa.)
Ağlamaya başlayan teyze
— Yavrum, nasıl sevdin Allah'ı bu kadar? Bana da anlat ne olur. O'nu sevmeye çok ihtiyacım var. Sevdiklerim gittiler!..

Teyze anlatırken ağlıyordu. Teyzenin içten ağlaması beni de ağlatmıştı. Teyzenin Allah'a ne kadar ihtiyacı olduğunu yeni anlaması ve çok perişan olması dikkatimi çekti. Teyzenin hali, yavruları avcılar tarafından vurulan ceylana benziyordu. Birkaç dakikalık konuşmanın teyzeyi tatmin etmeyeceğini bildiğim halde, yine cevapladım:

— Teyze, Allah'tan başka ölmeyen dost yoktur. İnsanlar ile olan dostluk, insanlar ölünce biter. Fakat, dünyada da, ahirette de Allah, gerçek Müslümanların dostudur. O'na herşeyimizi borçluyuz. O bizim tek sevdiğimiz, tek mabudumuzdur. Ona iman ile teslim olmak insanı bütün dertlerinden, sıkıntılarından kurtarır.

Teyze ağlayarak:

— İyi ama yavrum, Allah beni bu yaştan sonra kabul eder mi? Gençliğimde Allah'ı hiç anmadım, aramadım, bana dargın değil midir? Benim O'na gidecek yüzüm yok ki. Beni anlıyorsun değil mi yavrum? Gençtim, güzeldim, öğretmendim, neşemi, huzurumu kendimden bilirdim. Babam, annem, "Namaz kılın" dediği zaman onlara kızardım. Ama şimdi durum çok değişti. Kocam öldü... Evet öldü. Gitti, beni almadan gitti. Ardından oğlum da gitti, onları da çok özledim...

Hıçkıra hıçkıra ağlayan teyzeye:

— Ağlama teyzeceğim, ağlama. Sen dön Allah'ına. Çal onun kapısını. "Senden başka kimsem yok, ya Rabbi" de O kimseyi kapısından kovmamış. Hatta Hz. Hamza'yı öldüren Vahşi'yi bile Allah affetmiştir. Sonra, ölen yakınlarını o kadar çok düşünme. Oraya gidince onları sen de göreceksin. Bütün mesele, Allah'ın emrini yerine getirmektedir. Siz Allah'ın emrini yaparsanız, onları, gidince sizi karşılar bulursunuz.

Teyze düşüncelere dalmıştı.

— Sahiden görecek miyiz evladım? Ah buna bir inanabilsem. Ne kadar mutlu olurdum.. Hadi yavrum anlat...

— Tabii! Teyzeciğim. Size bir şeyler anlatmak bana şeref verir. Önce siz söyleyin bakalım, niçin öldükten sonra dirilmeyi aklınız almıyor?

— Ne bileyim yavrum. İnsan çürüyor, bir daha nasıl dirilir? Aklıma yatmıyor. Bir muallim arkadaşım vardı. O hiç inanmazdı. Bana da inanmamayı o öğretti. Şimdi duydum ki, evlatları, onu, Darülaceze'ye atmışlar. Kendini de, beni de son yıllarda perişan edip, mutsuz etti.

— Onu atan çocukları değil, Allah'tır, teyzeceğim. Bir Allah dostu der ki: "Allah intikamını kulun eliyle alır, bunu bilmeyen ahmak kulundan geldi sanır." İnanmamanızda, onun suçu olduğu gibi, sizin suçunuz da çok büyük. Kusura bakmayın ama niçin İslâm'ı araştırıp öğrenmek için çalışmadınız?

— Ne bileyim yavrum. O zamanlar, öldükten sonra dirilme yokmuş diye sevinmiştim bile. Ama bugün inanmaya çok ihtiyaç duyuyorum. Sonum cehennem olsa bile, kocamı ve oğlumu bir kere daha görmeye razıyım. Sen anlat yavrum, anlat da biraz inancım gelsin.

— Anlatayım teyzeciğim... Biz, bir zamanlar, bu dünyada yoktuk. Bir meçhulde yüzüyorduk. Ana karnı vasıtasıyla bu dünyaya geldik. Meselâ, siz dünyaya gelmeden önce neredeydiniz?

Bizim konuşmalarımızı etraftan birkaç hanım dinliyordu. Ben onların duymalarını istediğimden biraz seslice konuşuyordum. Teyzenin durumundan öyle etkilenmiştim ki, değil onların duymasını, bütün dünyaya duyurmak istiyordum. "Duyun bizi ne olur? Ölüm var, öldükten sonra dirilme var. Allah'a hesap verme var!.. Aldanmayalım yalan dünyaya" diye. Ama imkânım yok. Ya Rabbi görüyorsun halimizi, sen bize yardım et. (Amin)

Kadın, 'önce neredeydiniz' sorusunu düşünmüş olacak ki:

— Bilmem, dedi.

— Teyze sizi meydana getiren maddeler, yani elementler neredeydi?

— Toprakta?

— Bakın daha önce toprakmışsınız, kendiniz söylediniz.

— Evet öyle.

— Peki o zaman, topraktan nasıl insan oldunuz?

— ......?!!

— Siz dünyaya gelmeden önce, sizi meydana getiren elementler (karbon, oksijen, hidrojen, fosfor, kükürt, azot, kalsiyum, magnezyum, demir, manganez, bakır, iyot,flor, kobalt, çinko, silisyum, alüminyum) yine bu dünyada vardı. Yani sizi meydana getiren elementler, havada, suda toprakta, yiyeceklerde vardı. Annenin, babanın o yiyecekleri yemesiyle, havadan, sudan istifade etmesiyle, sizi meydana getirecek olan elementler böylece annene, babana geçiyor. Babanda olan senin elementlerin, annende olan elementlerle beraber, annende birleşmesiyle sizi dokuz ay ve on gün sonra dünyaya (meydana) geliyorsun. Sonra siz büyüyorsunuz, ihtiyarlıyor ve ölüyorsunuz. (İhtiyarlamadan ölseniz de bir şey değişmez) Şimdi sen ölünce yok mu oluyorsun? Hayır... Asla... Ahirette tekrar diriliceksin. Nasıl ki siz, bu dünyaya gelmeden önce sizi meydana getiren elementler suda, havada, toprakta, yiyeceklerde vardı. İşte Allahu Teala, ahirette diriltmek istediği zaman bu elementlere bir emir verip hepsini bir araya toplar ve diriltir, ölmüş bir çekirdeği topraktan dirilttiği gibi.

Daha önce bir kez hiç yoktan var olmuşuz da, öldükten sonra mı tekrar yaratılmamazı Allah'a zor gelecek? Haşa!

Kısacası bizi bir yaratan var. O da Allah'tır. Çünkü, bu muazzam fabrikayı, yani bizi şuursuz, akılsız bir varlık (tabiat) yapamaz veya kendi kendine var olamaz. İkincisi: Allahu Tealâ Kur'an-ı Kerim'de: "O'nun delillerinden biri de sizi topraktan yaratmasıdır. Sonra hemen bir beşer olarak (yeryüzüne) yayılırsınız." [(191)] buyurmaktadır. "İsa'nın durumu, Adem'in durumu gibidir, onu topraktan yarattı, sonra "ol" dedi, oldu."[(192)]. "O sizi çamurdan yarattı, sonra bir ecel tayin etti. Belirli bir ecel O'nun katındandır. Sonra bir de şüphe edersiniz." [(193)] "İnsanı, pişmiş çamur gibi kuru balçıktan yarattı." [(194)] Bunlarda ve daha başka ayeti kerimelerde insanın topraktan yaratıldığını söylenmektedir. Modern ilim de ispat etmiştir ki, insan vücudu, toprağın ihtiva ettiği elementlerden, yani karbon, oksijen, hidrojen, fosfor vesaire gibi elementlerden meydana gelmiştir. İşte bu durum gösteriyor ki: Kur'an-ı Kerim ilmin yeni bulduğu şeyi 1400 sene önce söylemesinden dolayı bir mucize ve Allah tara-

---

(191) Rumuz: 59.
(192) Âl-i İmran: 59.
(193) En'am: 2.
(194) Rahman: 14.

fından gönderilen bir kitaptır. Aynı zamanda okuma yazmasını bilmeyen bir insan olan Hz. Muhammed'in (s.a.v.) bunu söylemesi, onun peygamber olmasındandır.

Evet teyzeciğim, biz, Allah'ın (c.c.) kudretini aklımızla çözemeyince tekrar diriltemez sanıyoruz. Halbuki Allah için zor hiçbir şey yoktur. Size bir şiir okuyayım mı teyze?

— Elbette yavrum... Sana nasıl teşekkür edeceğimi bilemiyorum. Dünyaya bakış açımı değiştirdin, gönlüme su serptin.

— Siz, iyi niyetli olup, çok bunaldığınızdan Allahu Teâlâ bizi karşılaştırdı. Bir beyit vardır: "Allah, gariplerin dostudur, garipler O'nu dost kabul ederlerse." Bakın, şair, dünyayı bir rüyaya benzeterek demiş ki:

Uzun bir uykudan kalkıp bir sabah
Baktım ki, yepyeni odamda eşya
Çocuktum evim bu değildi... Eyvah!
Gördüğüm değildi, bildiğim dünya.

Ellerim bir kanat gibi titrekti,
Tutmasam, gözümden yaş inecekti.
Bir şey beni götürüp aynaya çekti,
Oradaydı gecenin esrarı güya.

Sordum etrafıma, ne oldu, ne var?
Nedir suratımda bu çukur yollar?
Sanki yaşamaya güvenim kadar
Büyük bir şey çaldı benden o rüya...[195]

---

(195) Çile - Necip Fazıl Kısakürek.

Bu arada vapur geldi. Durumunu Allah'tan başka anlayacak kimsesi kalmayan teyze, vapurun gelmesine kızarak: "İstediğim zaman gelmezsin" diye söylendi. Çünkü, teyze daha konuşmamı istiyordu.

Anlatsam uzun sürer, onun için kısa kesiyorum. Yanımda bulunan "Ölüler Diriliyor" kitabını teyzeye verdim. Namaz kılacağına, Allah'ın emirlerini tutacağına söz verdi. Ah, teyzeyi bir görseydiniz, nasıl sevinçliydi, sanki oğlunu, kocasını görmüş gibiydi. "Demek onlar şu anda yaşıyorlar öyle mi?" diyordu. Bir ara: "Onları özlediğimi söylesem beni duyarlar mı?" dedi. Ben de: "Orasını Allah bilir, Allah müsaade ederse duyarlar" dedim.

Bu olayı şunun için anlattım. Öldükten sonra dirilmeyi, insanlara inandırmak istemeyenler bu insanlara zulüm ediyorlar, işkencenin en acısını yapıyorlar. Bu işkence başka işkencelere benzemez. Bir insanın inancının yıkılması hayatın yıkılması, mahvolması demektir. Ama bunu tatmayanlar bilemez. Dağı görmeyen nasıl çizsin resmini?

Bir ölü çekirdeği diriltmekle, ölü bir insanı diriltmek arasında Allah (c.c.) için hiçbir fark yoktur.

Nedense, öldükten sonraki âleme inanmak, Müslümanlara çok kolay gelirken, inanmayanlara imkânsız geliyor. Nedense dedim, ama nedeni ortada, o da Allah'a inanıp, inanmamaktır.

Aslında, ölüm, fevkalade dehşet verici bir olaydır. Saniyeler saatleri, saatler günleri doldururken, nefesler de ömrü doldurmak ile meşguldür.

Bu dünya bir köprüdür. Bunu çok iyi bilmek lâzım. Bana bu sözü yıllar önce söylemişlerdi. Fakat o zaman anlayamamıştım. Fakat şimdi yeni anlamaya başladım. Allah'ın izniyle, "O önce size hayat veren, sonra sizi öldürecek, daha sonra sizi yine diriltecek olandır. Hakikat şudur ki, insan çok nankördür." (196)

Burası, ayrılık yeri, âhiret de toplanma meydanıdır. Allahu Tealâ, kullarını imtihan için bu âleme getirdi. Her insan bu imtihandan geçecek, kimi sınıfta kalacak, kimi cennet diplomasını alacak. Dünyaya aldanıp, ahireti unutmamak gerekir. Dünya, çürük bir diş gibidir, onu çıkarmadan sahibine rahat yoktur. Dünyayı, ihtiyacımız kadar kabul edeceğiz. Gösteriş için, "desinler" için değil. 'Ah, şu "desinler" için eşya alıp çalım satanlar yok mu?... Bunların hali çok kötü ama bir idrak edebilseler.

Şimdi bir pırlanta modası çıktı. Zavallı, çok pahalı yüzük takmak istiyor. Böylece de gösterişi seven pis nefsini tatmin etmiş oluyor. Halbuki, o parmaklar toprak olacak, bundan haberi yok. Önemli olan, gerçek parmaklara pırlanta takmaktır. Zaten bütün kötülüklerin başlangıcı ölümü idrak etmemek değil mi?

Bir cuma günü, Şişli Camii'nin yanından geçiyordum. Cemaat de cuma namazından çıkıyordu. Camiden çıkan cemaat, cenaze namazı kılmak için hazırlanıyorlardı. Cenazeye bakarken, cenazeyi götürecek arabanın içinde şoförün oturup, sigara içtiğini gördüm. Cuma namazını kılmadığı belli idi. Yaklaşarak sordum:

— Kardeş, size bir soru sormak istiyorum.

— Buyurun.

— Bakın siz bir cenaze götürüyorsunuz, sizi de bir gün başka bir şoför götürecek, bunu hiç düşündünüz mü?

Adamcağız şaşırarak:

— Hayır, dedi. Düşünmediğiniz belli, düşünseniz şu an elinizde sigara olmazdı.

---

(196) Hac: 66.

Yazık, hem de çok yazık, diyerek oradan ayrıldım. Ne hikmettir bilinmez. Ölümü, ne mezar kazan, ne ölüyü taşıyan ve ne de yıkayan idrak edebiliyor. Ölümü en güzel tefekkür eden anlıyor. Allah hepsinden razı olsun.(Amin)

TABUT

Tahtadan yapılmış bir uzun kutu,
Baş tarafı geniş, ayak ucu dar
Çakanlar bilir ki bu boş tabutu
Yarın kendileri dolduracaklar. (197)

Ölmemek mümkün değil,
Ama güzel ölmek mümkün.
İnsan ölmeye görsün,
Öldükten sonra.

"Artık ne bir nefescik,
Ne de bir kelimecik.
Soğuk kefen!..İncecik
Bırakınız ne olur? Evimde bir gececik"
Fayda vermez iniltiler
Gidenler hep böyle gittiler (198)

"Evet, mutlaka ölünecek. Fakat nasıl dirileceğiz?" diyenlere: "Allah (c.c.) nasıl isterse öyle" deriz. O neye kadir değil ki?... İsterse yine şimdiki doğum gibi diriltir. İsterse lâle gibi, isterse rüzgâr gibi, isterse direk gibi dimdik

----

(197) N. Fazıl Kısakürek.
(198) Mahkum Duygular - Emine Şenlikoğlu.

ayakta olarak diriltir. Nasıl diriltirse diriltir. Sen onu anlamaya kadir değilsin. Çünkü, bir kez topraktan insan oldun. Sen bunu bile idrak etmekten acizsin, aciziz.

İnsanoğlu altı dünya görecektir Bunun dördünü gördü, ikisini görmedi.

1) Ruhlar âlemindeki dünya.

2) Ana karnında dokuz ay kaldığımız dünya. Bunu da hatırlamıyoruz. Sadece gelişi görüyoruz.

3) Şu üzerinde yaşadığımız dünya.

4) Rüyalar âlemindeki dünya.

5) Kabir âlemindeki dünya. Bunu gidince göreceğiz.

6) Mahşerde başlayan, ahiret âlemi dediğimiz yer. Burası, madde ile ruhun birleştiği sonsuz âlem. Bunu da görmedik. Ama ne önemi var, yaratıcısı söylüyor ya, nasıl bir yer (memleket) olduğunu.

Eğer ona inanıyorsak, diyor ki: "O mahşer günü çok şiddetli bir gündür. O günde yalnız Müslümandır huzura kavuşacak olan. O mahşer gününde defterini sağ ve öntaraflarından alanlar yaptığı amelleri görecekler ve "Şükürler olsun Rabbimize ki, iyi ameller işlemişiz." diyecekler. Amel defterlerini sol ve arka tarafından alanlar ise feryadı basacaklar ve "Aman Allah'ım dehşetli günü hatırlamadan nasıl böyle günahlar yapmışız" diyecek, dövünecekler. "O günün dehşetinden kişi kardeşinden kaçacak, ana babasından kaçacak, dostlarından, evlâtlarından, eşinden kaçacak." (199). Yani, herkes herkesten kaçacak. Ne zamana kadar, cennete girene kadar. Cennete girenlere ise müjdeler olsun; "Altından ırmaklar akan cannetlerde ebedî kalıcıdırlar." diye buyurmaktadır Allahu Tealâ. Bir kısım insanlar da cehenneme girerler. Kâfir olanları da cehennemde ebe-

---

(199) İsra:9-10, Vâkıa: 8-9, 27, 35-44, 91, Abese: 34-36.

dî olarak kalırlar. Çünkü, Allah'ın mükâfatı büyük olduğu gibi cezası da büyüktür. Öleceğiz ve tekrar dirileceğiz. Bunu Allah (c.c) söylediği için tereddütsüz inanıyoruz.

"Dağı tanıyan nasıl bilmez uçurumu?
Madem ki yükseliş var, iniş olmaz olur mu?" (200)

Bu dünyadan gidiş olur da, diriliş olmaz olur mu? İyiliğe mükâfat olur da kötülüğe ceza olmaz olur mu?... Adalet ne demektir? Hak edene hakkını vermek demektir. Ce hennemi hak edene cennet verilir mi? Kardeşlerim, gerçeklerden kaçamayız. Biz kaçsak bile o bizi yakalar. O zaman, "Bu muydu sevdiğimiz dünya?" diyeceğiz. Çünkü, güzeli görmüş olacağız.

Güzel görünmeyince, kim tanır güzel nasıl
Göreceksin mutlak ezelde güzel nasıl.

Ya Rabbi! Bizi gerçekleri anlayanlardan et. Sana inananlardan et. Bizi mahzun etme ya Rabbi!... Sen ne söylemişsen doğru olan odur. İnandık, iman ettik. Taklidi imandan tahkikî imana kavuştur bizi.

Bu soruya da velinimetimin güzel sözlerinden bir kaç tane eklemek istiyorum.

* İnsan, ot gibi biter, sonra yiter zannetme.
* Kim İslâm'ın içindeyse, o cennetin içinde demektir.
* İslâm bizde yoksa, cennet de yoktur.
* Şu an ölsen, ahiretle karşılaşacaksın.
* Gidin ölülere bakın. Onları çürümüş bulacaksınız, ama ruhları çürümez. Ruhların yerini Allah gizledi. Sen onu bulamazsın.

----

(200) Çile - Necip Fazıl Kısakürek.

* Öleceğiz... Öleceğiz... Ne bulduk şu çaput dünyada.
* Ölümü düşünmeyen insanın, dünya derdi çok olur.
* Ölüm insanın doğuşu kadar eskidir.

Bu dünya, başka bir dünyaya giden trenin istasyonudur. Sen biletini ne tarafa almış isen o tarafa gidersin. Ölmeden ölümü anlayıp, İslâm'a çalışmalıyız. Bir nefescik canımız var, ona güvenmemeliyiz.

"İnsan çıyan, insan melek, insan canavar.
Bilmez ki, içinde bir nefescik canı var." (201)

"Ölüm caddesinde ilerledikçe
Zaman kıvrım kıvrım bükülür gider.
İnsan ihtiyarlar dünya döndükçe
Yıllar arkamızdan dökülür gider."

"Bir lahza bir alev gibi
Akmada canın ebede
Göründü kuyunun dibi
İşte atım son seferde
Gidişim hakka gidiştir
Ölüp ölmemek iştir." (202)

Kafir, ölmek için ölür, Müslüman dirilmek için ölür. Son olarak Kur'an-ı Kerim'deki öldükten sonra dirilmekle ilgili ayeti kerimelerden birkaç tanesini yazarak bitirelim.

"O (inkarcı) insan görmedi mi: Biz onu bir nutfeden yarattık. Şimdi de aşikâr bir mücadeleci kesiliverdi." (203) "(Nutfeden) yaratılışını unutarak bize bir de misal getirdi:

---

(201) Yahya Kemal Beyatlı.
(202) M. Necati Bursalı.
(203) Yasin: 77.

Bu kemikleri kim diriltir, onlar çürüyüp dağılmışken ? dedi."[204] "(Ey Resulüm) de ki: Onları ilk defa yaratan diriltir ve O, her türlü yaratmayı çok iyi bilir."[205] "Gökleri ve yeri yaratan (Allah), onlar gibisini yaratmaya gücü yetmez mi? Elbette buna gücü yeter. O her şeyi yaratandır. Her şeyi bilendir."[206] "Allah'ın şanı bir şeyin olmasını dilediği zaman, ona sadece ol demektir, o oluverir."[207] "O halde her şeyin mülkiyet ve tasarrufu kudret elinde olan Allah ne yücedir!.. (Öldükten sonra hep) O'na döndürülüp götürüleceksiniz."[208]

İster onu dinle, ister dinleme. O sana değil, sen O'na muhtaçsın. O'na inanmayan kendisi kaybeder.

Çok yakında göreceksin.

HZ. ADEM VE ÇOCUKLARININ EVLİLİK MESELESİ

Soru: *Hz. Adem'in çocukları, niçin evlendi. Allah, başka Adem'le Havva yaratsaydı, kardeş kardeşle evlenmeseydi, olmaz mıydı?*

Cevap: Bu soruya yıllardır, kardeş kardeşle evlendi diye cevap verdik. Birgün televizyon tartışmasında İsmail NACAR'ın "Siz sapıklar, Allah'ın kardeşi kardeşle evlendirdiğine inanırsınız." demesiyle, yıllardır zoraki inandığım konu hakkında derin araştırmalara girdim. Ve gördüm

---

(204) Yasin: 78.
(205) Yasin: 79.
(206) Yasin: 81.
(207) Yasin: 82.
(208) Yasin: 83.

ki, ne bir ayette ne de bir hadiste kardeşin kardeşle evlendiği kayıtlı. Yani İslâm'da böyle bir delil yok. Sadece Adem Aleyhisselâm'dan türediğimiz var. Nasıl türedik onu Allah bilir. Allah isterse, kardeşi kardeşle evlendirmeden bir kişiden çok kişi türetemez mi? Bir kısım âlimler tek kişiden türeme konusunu düşünüp ancak kardeşin kardeşle evlenmesi şartı ile olur zannetmişler. Biz de millet olarak o zaman mutmain olmayarak iman etmişiz. Allah bizi affetsin. Amin.

NOT: *Hz. Meryem' in Hz. İsa' ya hamile kalması nasılsa Belki de Hz. Havva' nın kızları da öyle hamile kalmış da olabilir. Ya da bilemeyeceğimiz bir yöntemle... Allah bilir, biz bilemeyiz.*

YARATICI YARATILMIŞ OLUR MU?

Soru: *Allah her şeyi yarattı, (hâşâ) O'nu kim yarattı?*

Cevap: Bu soruyu bana en az bin kişi sormuştur. Bu soruyu komünistlerin dışında soranlar da var. Bazıları, "İnandım." dediği halde soruyor. Bazıları da "Allah'ı (haşa) kim yarattı" sorusunu kendisini komünistlikle, kafirlikle itham etmelerinden korktukları için sormuyorlar, soramıyorlar. Böylece, sıkıntı içinde ruh bunalımları geçirip ne ibadet edebilmekteler, ne de Allah'ı inkâr edip inkârcı olabilmektedirler. Halbuki, şüpheli olarak bocalayıp durmaktansa, çekinmeden sorusunu sorup şüpheden kurtulsa, aklını kullanmış olacak.

Bu sorunun karşısında Peygamber (s.a.v)'in: "Bir gün

gelecek, bacak bacak üstüne atarak, gurur ve kibirle, enaniyet içinde, her meseleyi halletmiş gibi, bunu Allah yarattı, şunu Allah yarattı, Allah'ı kim yarattı? diyecekler" hadisi şerifini okuyunca, Peygamberimizin bir mucizesinin daha gerçekleştiğini görüyoruz. "Eşhedü enlâ ilahe illallah ve eşhedü enne Muhammeden Abduhu ve Rasuluhu" [Ben şehadet ederim ki, Allah'tan başka (gerçek) ilah yok ve Muhammed O'nun kulu ve elçisidir.]

O yüzden de O'nun mucizesi kıyamete kadar bitmeyecek. Bu arada dikkat. Bazıları, her bacak bacak üstüne atanları o adam sanıyorlar. Hatta bacak bacak üstüne atmayı yasaklıyorlar. Bu bilinçsizlikten sakınmak lâzım.

Gelelim sorunun cevabına. Önce şunu söyleyeyim ki, Allah (c.c) sebepli değildir. Yani O'nu meydana getiren bir sebep yoktur. Allah, bütün sebepleri meydana getirendir. Allah'ın (cc.) varlığının evveli (başlangıcı) yoktur. Kâinatın sonradan yaratıldığını bütün âlimler kabul etmektedirler. Ve bunu ilim adamları da kabul ediyorlar. Sonradan yaratılan herşeyin başlangıcı olması lâzım. Ve sonradan yaratılan herşeyin bir yaratıcısı olması lâzım, O da Allah'tır.

Allah, sonradan yaratılmadığına göre, başlangıcı yoktur. Hâşâ "Allah'ı kim yarattı?" sorusuna devam edenlere biz de şöyle cevap verelim. Meselâ, tavuk yumurtadan çıktı, yumurta nereden çıktı? O da tavuktan çıktı. Çevirir durursak, durmadan devir yapmış oluruz, tavuk mu yumurtadan, yumurta mı tavuktan diye. Meseleyi, nihayet bir noktada kesmek mecburiyetindeyiz. Ya tavuk Allah tarafından yaratılmış, ya da yumurta. Allah, bu ilk hücreyi kudretinden yaratmış, sonra belli hava, belli ısıyı vermiş, civcivi çıkarmıştır. Veyahut tavuğu yaratmış ve sonra tavuk neslini ondan çıkarmıştır, demek mecburiyetindeyiz. Yoksa meseleyi uzatıp, ondan ona, ondan ona demekle meseleye hiçbir netice kazandıramayız. Sadece demogoji yapmış oluruz. Bir misal daha verelim. Meselâ, bir sandalye var, bu sandalyeye siz oturuyorsunuz ama arka ayakları yok. Siz diyorsunuz ki, ben arka ayakları olmayan bir sandalyenin üzerinde oturuyorum. Bu sandalye olmasa ben de oturamam. Yani, sizin durmanıza, oturmanıza sebep arka ayakları olmayan sandalyedir. Pekalâ, nasıl oluyor bu arka ayakları olmayan sandalyeye oturmak? Siz de diyorsunuz ki, o da arka ayakları olmayan bir sandelyeye dayalı. Pekalâ, o neye dayalı? O da, ona dayalı gibi çevirir dururuz. Ne zaman o sandalyenin arkasına iki ayak koyacak olursak, o zaman orada soru kesilir.

İşte aynı bu misallerde olduğu gibi, hâşâ Allah'ı kim yarattı, dersek cevap: Bir ilah yarattı, diye gelse yine soracağız, onu kim yarattı, onu kim yarattı, onu kim yarattı, "bunu kim yarattı?" sorusuna son vermezsek, bu silsile durmadan sonsuza kadar gider. İllâki yine en sonunda, hep var olan, yaratılmamış bir varlık sözkonusu. Bunun için, "onu kim yarattı?" sorusuna son vermek lazım. Bunun için de, "Onu kim yarattı?" sorusunun en sonunda Allah desek, bu silsile kesilmiş olur. Yoksa asla kesilmez, sonsuza kadar gider.

Allah, yaratılmadığı için Allah'tır. Allah, bizzat yaratıcıdır. Eğer, Allah birisi tarafından yaratılmış olsaydı, Allah olmaz, mahluk olur, yani bir başkası tarafından yaratılmış olurdu.

Allah'ın varlığı kendindendir. Buna da bir misal verelim: "Siz trenin gittiğini görüyorsunuz, en arkadaki vagon neye takılıdır? Bir önündeki vagona, o neye takılıdır? Bir önündeki vagona... Vagonları çoğaltın durun, kaç tane yaparsanız yapın, yüz tane, iki yüz tane, evet zahiren bunların hepsi birbirine takılıdır. Görünüyor. Sebepler olarak da öyle. Fakat hiç sorar mısınız, lokomotif neye bağlıdır? Yani en baştaki vagon. Sormazsınız, çünkü, o bizzat muharriktir. Bizzat kendisi hareket eder. Hareketi kendindendir.

"Tıpkı başımın, vücudumun üzerinde, vücudumun bacaklarımın üzerinde, benim de yerin üzerinde olmam gibi. O da, dünya da kendi kendine dönüyor mu? Allah misalinde olduğu gibi. Binaenaleyh, bunu kim yarattı diyen kimseler, lokomotifi kim çekiyor gibi iddia ile ortaya çıkıyorlar. Lokomotifi bizzat hareket eden kabul etmezsem, vagonların hareket edişini izah edemem. Küre-i arz üzerinde herşey mevsimlere uğruyor, geziyor veya bizim akidemize göre, Allah gezdiriyor diyoruz, iş bitiyor burada. Binaenaleyh, Allah, vacibü'lvücuttur. O yaratılmamıştır. Varlığı kendindendir. Evveli, ahiri yoktur O'nun..." [209]

Bu konuda İmamı Azam'ın tartışmasını hatırlayalım: "Bağdat'ta, Rum diyarından bir dehrî ateist gelip insanların inançlarını sarsmak için ilim adamları ile münazaralara girişiyormuş. Bağdat halkı bu dehrî karşısında aciz kalıp, sorularına cevap veremediler. İmam Hammad ise, "Ben de gidip münazarada cevap veremeyip aciz kalırsam cahillerin İslâm'a olan inancı sarsılır" korkusuyla, münazara etmekten çekiniyordu. İmam Hammad, bu düşünce ile muzdarip halde uykuya dalmış, gece rüyasında görmüş ki, bir hınzır gelmiş bir ağacın dallarını ve gövdesini yemiş, sadece kökleri kalmış. Bu esnada o civarda bir arslan yavrusu çıkmış. O hınzır yavrusunu parçalayıp öldürmüş. İmam Hammad, bir korku içinde uykudan uyanmış, kederli bir

---

(209) Asrın Getirdiği Tereddütler - M. F. Dahhak.

şekilde düşünmeye başlamış. İmamı Azam hazretleri o zaman onüç yaşında bulunuyordu. Hocası Hammad'ı kederli halde görünce sebebini sordu. İmam Hammad, ona rüyasını anlattı. Bunun üzerine İmamı Azam rüyasını şöyle tevil etti. O gördüğünüz ağaç ilimdir. Dalları diğer âlimlerdir. Kökü zatı âlinizdir. Arslan yavrusu ise benim. İnşaallah o domuzu ben öldüreceğim, dedikten sonra hocası Hammad ile beraber camiye gittiler. O sırada dehrî gelip minbere çıktı ve münazaraya başlayarak, karşısına çıkacak birini istedi. Bunun üzerine Ebu Hanife karşısına dikildi. Dehrî yaşının küçüklüğüne bakarak onu küçümsedi. İmamı Azam:

"Ne sormak istiyorsan sor" dedi. Bunun üzerine Dehrî İmam'a sordu:

— Başlangıcı ve sonu olmayan bir varlığın bulunması mümkün müdür? dedi. İmamı Azam, tereddütsüz cevabında:

— Sen sayı bilir misin? dedi.

Dehrî de:

— Evet bilirim, dedi.

İmam Azam:

— Beş rakamını hangi rakam yarattı?

— Dört.

— Dört rakamını?

— Üç.

— Üç rakamını?

— İki.

— İki rakamını?

— Bir.

— Bir rakamını?

— ....

— Niçin sustun?.. Söylesene, bir rakamını hangi rakam yarattı?.

— Bir rakamı evvelidir, ondan önce rakam yoktur.

— Peki bir nasıl oluştu?

— Ne bileyim? Bir, birdir işte. Kendi kendince bir.

— Basit bir rakamın kendi kendine birliğini kabul ediyorsun da, Allah'tan önce bir varlık olmadığını ve varlıkların evvelinin Allah olduğunu niçin kabullenmiyorsun?.

Allah, insanın aklını belli bir noktaya kadar anlayacağı güçte yaratmıştır. Onun ötesini anlayamaz, anlayacak kapasitede değildir. Böylece aklın ölçüsü de sınırlı olduğu için her şeyi anlayamaz..

Akıl bazen melektir, bazen de yılan
Bazen aya çıkandır, bazen de yalan
Bulursa sırattan geçiş fendini,
Gerçek eser budur, akıldan kalan

Allah'ı inkar eden materyalistler de, maddenin evvelsiz olduğunu söylüyorlar. Maddeye evvelsiz diyeceklerine Allah'a deseler, dine de inanmaları gerekecek. Bir felsefecinin şu sözü çok meşhurdur: "Madde yoktan var olmaz, vardan yok olmaz." İyi de sonuçta madde var ama.

İnanmak isteyene bu alemin delilidir, bu delil yeter. İnanmak istemeyene ise ciltler dolusu deliller getirsen yine de inanmaz.

İmam Azam'ın münazarasına devam edelim. Dehrî ikinci sorusunu sormaya devam etti:

— Allah ne tarafa yönelmiştir?

Bu soruya karşılık İmamı Azam:

— Bir mum yakınca onun ışığı ne tarafa yönelir? dedi

Dehrî:

— Her tarafa yayılır, cevabını verdi.

Buna karşılık İmamı Azam:

— Bir mum ışığı her tarafı kaplar da göklerin ve yerin nuru olan Allah Tealâ, her tarafı kaplamaz mı? Bunun doğruluğu güneşten daha açıktır, dedi.

Dehrî üçüncü sorusunu şöyle sordu:

— Varolan her şeyin bir mekâna ihtiyacı vardır. Buna göre Allah neredFor? Bunun üzerine İmamı Azam bir kâse içinde süt getirerek:

— Bu sütün içinde yağ var mıdır? dedi.

Dehrî:

— Evet vardır, cevabını verince İmamı zam:

— Yağ sütün neresindedir? diye sordu.

Dehrî:

— Sütün içinde belli bir yer yoktur. Sütün her tarafında yağ vardır, dedi.

Dehrî'nin bu cevabı karşısında İmam Azam:

— Fani ve zail (yok olucu) olan bir varlığın belli bir mekânı olmuyor da, Allah Tealâ için nasıl bir mekân tasavvur edebilirsiniz? Allah Tealâ vardır ve O'nun varlığı her şeyi kaplamıştır, dedi.

Bundan sonra Dehrî dördüncü sorusunu şöyle sordu:

— Rabbin şimdi ne işle meşguldür?

İmamı zam:

— Sen birkaç soru sordun, ben ise cevap verdim. Soru soranın yüksekte, cevap verenin aşağıda olması yakışmaz. Sen in de minbere ben çıkayım, dedi.

Bu söz üzerine Dehrî minberden aşağıya inip, yerine İmamı Azam minbere çıktı ve:

— Benim Rabbim, senin gibi bir kâfiri minber üzerinde lâyık görmeyip aşağıya indirmekte ve benim gibi bir Müslüman'ı minber üstüne çıkartmaktadır, cevabını verince Dehrî cevap veremez duruma geldi ve pes dedi.. İşte o zaman Dehrî'yi yakalayıp cezasını verdiler ve İmam Hammad'ın gördüğü rüya gerçekleşmiş oldu. (210)

ALLAH AKLA SIĞMAZ AMA AKIL ALLAH'I BULACAK KUVVETTEDİR

***Soru:** Allah'ın özü ve nitelikleri nelerdir?*

Cevap: Allah (c.c), özü konusunda bize en ufak bilgi vermemiş. Madde midir, anti maddemidir veya başka bir şey midir. Sadece yarattığı şeylerden başkadır. "Aslında insan, şu sınırlı âlemde, sınırlı düşünür, sınırlı görür, sınırlı duyar. Bu âlemde insanın gördüğü şeyler, milyonda 4.5 nisbetindedir. Duyduğu şeyler de o kadardır. Meselâ, saniyede kırk defa titreşim yapan bir sesi duymaz. Binleri aşan titreşimi de duymaz. Yani ne çok az titreşimi, ne de çok titreşimi duyamaz. Öyleyse, insanın titreşimleri duyması sınırlıdır. Ve milyonda birkaç nispetinde bir şeydir. Görüş ve duyuş sahası da çok dardır. Bu kadar sınırlı gören, duyan, bilen bir insanın; Allah niçin görünmüyor? Nasıldır? demesi O'na keyfiyet, kemmiyet izafe ederek, hâşâ ve kellâ O'nun üzerinde düşünmesi, kendini bilmemesi demektir. Sen nesin ve neyi biliyorsun ki, Allah'ı da bilesin? Allah kemmiyet ve keyfiyetten münezzehtir.

Sen ışık hızıyla (saniyede üçyüz bin kilometre) trilyon sene ötelere gitsen, trilyonlar senelik öteleri görsen, bütün bu kâinatları üs üste yığsan, Allah'ın yanında mikroskobik bir şey bile olamaz. (Yani mikroskopla görünen küçücük

---

(210) Fıkh-ı Ekber - İmam-ı zam, Aliyyül Kâri Şerhi, S. 10.

bir zerrecik bile olamaz). Biz, daha Antartika kıtasını bilemezken, bütün kâinatı gözümüz önünde tutan Allah'ın hâşâ ve kellâ nitelik ve niceliği hakkında nereden bilgimiz olacak. Allah, Allah olduğu için, O'nun tabiriyle nitelik ve nicelikten münezzehtir, mukaddestir. O tasavvurlarımızın da ötesindedir. Evet, hayalimize gelecek şey de Allah değildir. (211) İslâm âlimleri: "Aklına ne gelirse, Allah ondan başkadır" demektedirler.

Descartes da şöyle der: "İnsan herşeyi ile sınırlıdır. Sınırlı olan bir şey, sınırsız düşünemez. Allah ise, varlığı sınırsızdır, sonsuzdur. Öyle ise, Allah hakkında hükme varamayız."

ALLAH'A KUL OLMAYANLAR BOŞ İŞLERLE ZAMAN ÖLDÜRÜR

Soru: *Hindistan'da medyumlar, birtakım garip (acaip) hadiseler gösteriyorlar, bunlara ne dersiniz?*

Cevap: "Bu hadiselerin bazıları sırf telkin eseri olup asılsızdır. Diğer bazıları hakikidir. Meselâ, bir ip havada duruyor gibi görünür, fakirin (medyumlar) gönderdiği bir çocuk onun tepesine çıkar, adam, ipi keser, çocuğu tutar parça parça eder, çocuğun uzuvları yerde kalır, adam bunları tamir eder, çocuk da ipte kaybolur. Adam, keskin bir bıçağı seyircilere kontrol ettirir. Onunla kendi karnını yarar, bağırsaklarını çıkarır, etrafa dağıtır. Sonra bunları ellerine alarak birkaç manyetik pas yapar, yara kaybolur.

---

(211) Asrın Getirdiği Tereddütler - M. F. Dahhak.

Adam, yere bir Hint kirazı koyar, onu birkaç dakika üzerine bir örtü örterek sepette bekletir. Birkaç dakikada dallar ve yapraklar çıkar. Adam, bir meyve koparıp seyircilere verir. Bu meyve onun saklı tuttuğu bir meyvedir.

Bu gibi hadiseler, adamın iradesiyle yaptığı hipnotizmanın tesiri altında husule gelen bir takım hayallerden ibarettir. Çünkü, bunların fotoğrafla resmi alınmaya teşebbüs edildiği zaman filmin üzerinde hiçbir şey çıkmamakta ve uzaktan bakanlar da hiçbir şey görmemektedirler.

Fakat, Yogi denilen adamların gösterdikleri hadiseler böyle değildir. Bir Yogi hiçbir maddeye dayanmaksızın havada durur, vahşi hayvanlar içinde korkusuz yaşar ve bir sözle onları kovalar. Kalbinin ve atardamarlarının hareketini durdurur. Nefes alma sayısını azaltarak, havadan, sudan ve gıdadan uzun bir müddet mahrumiyete tahammül edebilir. Hatta, sineklerin kış mevsiminde yaptıkları gibi, büsbütün ölü gibi durduktan sonra dirilir. Bunlar uzun müddet yaptıkları nefsi ile çalışma, yani aç durma, az uyuma, insanlardan uzak durma sonunda bazı olaylarla meydana getirdikleri münasebetin neticesidir. Bir Yogi'nin bir Avrupa âlimine gösterdiği garip hadiselerden birinde, bu âlimin bir taraftan yaptığı şekli ve suretleri Yogi'nin hiç görmeksizin diğer taraftan aynıyla aktarma ve bostan dolabını yalnız bakmakla durdurması, Yogi'nin, "Şu iskemleyi yerinden kaldıramazsınız" demesi üzerine Avrupalı âlimin iskemlenin üst tahtası kırılıncaya kadar uğraştığı halde onu yerinden kımıldatamaması telkin ile izah edilemez. [212]

Bu adamlar Müslüman değil, Brahmandırlar. Demek

---

(212) İman Hakikatları Etrafında Suallere - Cevaplar - İsmail F. Ertuğrul.

ki, bu gibi harikulade halleri göstermek Müslümanlara mahsus bir hal değildir. Çalışan ve işin tekniğini bilen herkes bu işi yapar. Ama keramet sadece Müslümana hastır.

Müslümanların gösterdiklerine kerâmet, kâfirlerin gösterdiklerine istidrac denir. Kerâmet iki kısımdır. Birincisi, kerameti kevniyedir ki, harika nev'inden bazı şeyler göstermektir. Diğeri ise, kerameti ilmiye ki, marifeti ilâhiyedir. Kerameti kevniye, mücahede ve riyazatla (yani az yemek, az uyumak, insanlardan bir müddet uzak kalmakla) nefsi, tabiatın hükmünden çıkarıp ruhâniyeti kazanmaya bağlıdır. Bununla beraber herkeste zuhur etmez. Bu bir nevi istidat ve kabiliyet meselesidir.

Bunu elde etmek için uğraşanlar, Allah'ın rızasını tahsil etmek için çalışmış olmazlar, kendi arzu ve heveslerini tatmin etmek için çalışmış olurlar. Nice büyük adamlar vardır ki, kendilerinden kerameti kevniye zuhur etmemiştir. Hem de bunu, kendilerine gurur meselesi yaparak feyz almaya mani olmasından korkarlar. Onların makamı sırf kulluk makamıdır. Kerâmeti, Allah'ın dilemesiyle mecbur olmadıkça göstermezler. Sen kerameti ilmiye tahsiline çalış, asıl makbul olan budur. Allah'a da bununla yaklaşılır.

Kur'an'da: "Allah yanında sizin en muteberiniz Allah'ın emirlerini en çok tutanlarınızdır" buyurulmuştur. Kitap ve Sünnet'e bağlı olmayan adam, havada uçsa da, su üzerinde yürüse de bunun hiçbir kıymeti yoktur. (213)

Allah'a kul olmak varken, insanlar neden bir işe yaramayan konularla ilgilenirler! Canları sıkıldığı için dünyaya neden geldiğini araştırmayanlar, her şeyi araştırmak ister. Peki ahirette bir faydası olacak mı o işlerin?

---

(213) Aynı eser.

ÖLÜME ÇARE BULUNMAZ AMA ÖMÜRLER UZAR

Soru: *Sık sorulardan biri de şu: Ölüme çare bulunacakmış, doğru mu?*

Cevap: Bu da Allah'a düşman olanların bir başka oyunu. Bu zalimler, nasıl olsa ölüme çare varmış diyerek, dinle imanla ilgi kesilsin diye insanların ahirete inanmamalarını istediklerinden bu fikri ileri sürüyorlar. Eğer böyle bir şey olsaydı, bu buluşu bulmaya çalışan bilim adamları ilk deneyi kendilerinde yapmazlar mıydı? Sonra, ölüme çare bulsalar bile yine ölecekler. Çünkü, bütün kâinat hızla bir boşluğa doğru akıp gitmektedir. Acaba nereye kadar böyle akıp gidecektir? Ayrıca güneşin gönderdiği radyasyonlar tükenmeye mahkûm olduğu ve yapılan hesaplara göre, güneşin de (diğer yıldızların da) ezelî, (sonsuz) olmayıp bir gün yok olacağı bilinmektedir. Bunu bütün ilim adamları kabul etmektedir. Dakikada güneşten binlerce ton parça kopup, parçalanıyor. Bu gidiş gösteriyor ki bir gün dünyada hayat kalmayacak.

Sen, Müslüman kardeşim! Bu İslâm düşmanlarının ölüme çare bulacaklarmış sözüne inanmamalısın. Velev ki ölüm olmamış olsaydı, biz Allah'ın emrini yerine getirmeyecek miydik?... Bize vermiş olduğu bunca nimetlerden sonra, O'na teşekkür ve kulluk etmeyecek miydik?

Bir fincan kahvenin kırk yıl hatırı olur da, Allah (c.c)'ın hiç mi hatırı olmaz? İnsan doğar ve mutlaka ölür. Ölmeseydi, tuvaletinin taşını dahi altından yaptıran İran Şahı Rıza Pehlevi ölmezdi. Hem de kocaman dünyada sığınacak bir yer bulamadı. Büyük âlimler, veliler bir yana, iki cihan güneşi Hz. Muhammed (s.a.v) ölmezdi.

Ölüme çare bulunamaz, çünkü Allah (c.c): "Ölüme çare bulamazsınız" buyurmuş. Ölüme çare bulunsa bile (ki mümkün değil) bu ancak ömrün uzamasına vesile olur. Nefes sayısı iledir ömür. Yani ölmemek mümkün değil, dirilmemek de öyle. Bu kadar zalimlikler yapılıyor, bu yapılan zalimliklerin, vahşetlerin hesaba çekileceği bir âlemin mutlaka olması lâzım, aksi taktirde adaletsizlik olmaz mı?

Milyonlarca fakir varken, hem de bu fakirlerin renkleri siyah diyerek onları aç bırakan, sömüren sonra da bu insanlar aç dururken, onların sırtından sömürdüğü paralarla aya çıkanların hesabı görülmeden mi kalacak?..

Yine fakirlerin sırtından geçinip, halkı açken tuvaletini altından yaptıran Şah ve Saddam gibileri o kanlı gömleklerinin hesabını vermeyecekler mi? Ayağına ayakkabı alacak para bulamayan aç insanlar varken, milyonlarca dövizi (parayı) Dallas, Flamingo Yolu gibi bu Müslüman halkın inancına aykırı olan rezil filmlere verenler, aynı zamanda verilmesine seyirci kalan Müslümanlar da dahil, hesap vermeyecekler mi?..

Yirmi senelik işçisine asgari ücret verip, kendisi rahat ve para denizi içinde yaşayan patron efendi hesap vermeyecek mi? Gerçi bunların hesabının ayrıca bu dünyada görülmesi lâzım ama, biraz daha sabır diyor hesabı görecek olana havale ediyoruz. Düşünün... Bir mahkeme ki haraç yemiyor, rüşvet almıyor, zengin fakir ayırmıyor, şanlı imiş, şöhretli imiş demiyor; padişah, cumhurbaşkanı, başbakan, kapıcı, işçiymiş demiyor, kim haklı, kim haksız diyor. Öyle mahkemeler olsa, kim, kendisi kazandığı halde işçiye asgari ücret verebilir?

Bir haber okumuştum; "12 yaşındaki Aysel'i geneleve düşürdüler" diye. Peki, şimdi soruyoruz: O Aysel'in anne ve babası bu acıya nasıl tahammül edecek? Kızının hesabını kim soracak? Kendisi sorsa, imkansız, gücü yetmez. Devlete şikayet etse, ne yapacak devlet, asacak mı? Yoooo, keşke böyleleri asılsa... Ha bulduk, ha bulacağız derken üçbeş sene geçecek, ondan sonra Aysel bulunsa ne olur? Devlet, bu sefer, kızın yaşı 18'e girmiş artık karışamazsınız, diyecek. Bu sefer, ana babanın elinden hiçbir şey gelmeyecek. Devlet, kötü yola düşen kadınların çalışmasını laiklik gereği yasak edemiyeceği bir yana, onların sırtından vergi alıyor. Çünkü, kanunu böyle kurmuş. Ama bütün bu hesapların sorulacağı hesap günü var.

Ey Müslüman! Hâlâ anlayamıyor musun bu ne demek? Senin namusun satılıyor ve sen buna karışamayacaksın demek.

Genç kardeşlerim! Önce kendi nefsime, sonra size sesleniyorum. Her ne kadar mahşer günü zalimlerin hesabı görülecekse de, biz Müslümanlar olarak vazifemizi yapmak zorundayız. En azından, içinde bulunduğumuz acıklı durumu, bu uyuyan Müslümanlara anlatmalıyız.

Ölüme çare bulunacakmış, o halde ben de ölmem diye boş verenler çok.

Mücadele ederken şu özelliklere dikkat edersek, daha çok faydalı olunacağına inanıyorum.

* * *

"Bana ilk etapta ne tavsiye edersiniz?" diye soran gençlere:

1- Müslüman, önce hangi kitapları okuyacağını bilmeli. Her gördüğü veya herkesin tavsiye ettiği kitapları okumamalı. Ve yılmadan ilim öğrenmeye devam etmelidir. Az anlasa bile Kur'an'ın Türkçesini tekrar tekrar okumalı.

2- Acele etmeden, ama düzenli çalışmalı.

3- Dünya, imtihan dünyası olduğundan, başa gelen olaya sabredip, tahammül edilmelidir. Ama hangi olaylara sabredilmez bu da bilinmeli.

4- Hakkında ne kadar dedikodu yapılırsa yapılsın, cihad etmekten geri kalınmamalıdır.

5- Güler yüzlü ve metanetli olunmalıdır.

6- Bilmediği konularda bilgiçlik taslamamalı.

7- Din âlimlerine saygı göstermeli, taraf taassubuna düşmemelidir. İslâm'ı dışlayan sistemlere bilinçli ve kararlılıkla karşı gelinmelidir.

8- Dünyada olan olaylardan haberdar olmalıdır. Dünya olaylarına gözünü kapamamalıdır. Bilhassa, dini ilgilendiren konular hakkında...

9- İslâm davası için çalışan kardeşlerine yardımcı olmalı ve onlara dua etmelidir. Yanlışları da münasip bir şekilde, delilleri ile söylemelidir.

10- Müslümanın derdini kendi derdi bilmelidir.

11- Fakirleri imrendirecek şekilde zenginleri de iğrendirecek şekilde giyinmemeli. Her şeyimiz güzel, temiz ve İslâm'a uygun olmalıdır. Güzel, temiz derken Avrupa'lı bir şekilde giyim anlaşılmamalıdır. Unutulmamalıdır ki, güzel İslâm'da da güzel. Temizlik zaten dünyaya öğrettiğimiz vasıflarımızdandır.

12-Yaptığı cihadından dolayı maddî karşılık beklememelidir. Burası çok önemlidir. Maddi karşılık bekleyenin aşkı, gücü ve manevîyatı ölür. Kişi;

Gözün kör olsun nefis, beni yakıyorsun
Rabbim için yaptım, hepsini yıkıyorsun, demelidir.

13-Büyük, küçük demeden kim ne faydalı şey anlatıyorsa dinlemelidir.

14-Şu açık saçık kadın, şu kıravatlı, bıyıksız, sakalsız erkek, ben İslâmî giyiniyorum diye mutlaka bana bakıyor diye düşünmemelidir. Çünkü, böyle düşünmek kişiye kompleks verir, kompleks verince de tebliğini rahat yapamaz. Ayrıca zan, caiz değildir.

15-Halkın anlayışsızlığı karşısında anlayışlı olmalı, pireyi deve yapmamalı, pireyi deve yapanları da kaldırıp atmamalıyız.

16-İnsan bazen birkaç devre geçirir. Kah bunalımlı, gözü yaşlı, kah yağmak üzere olan bulut gibi, kah ağlamak istediği halde ağlayamaz bir halde olabilir. İş bununla da bitmez, öyle zaman gelir ki, günah işlemek onun yanında bir hiçtir. Namaz kılmak ona ölüm gibi zor gelir. İşte, bu anlarını kontrol altına alır kendini bırakmaz ise, yani istemeyerek de olsa namazına devam ederse, zor olan bu dönüm noktasını geçirir ve manen terfi etmiş olur. Bu zor dönemden de yine ilimle ve sabırla çıkılır.

17-Hangi yoldan tenkit gelirse gelsin önemsememezlik etmemeli, tenkide kulak verip, hatalar varsa düzeltilmelidir.

18-Tebliğ yaparken (vaaz verirken), cemaatin çokluğu seni aldatmamalıdır. Cemaatin çokluğundan hüneri kendinden bilip gururlanmamalısın. Ayrıca cemaatin çokluğu birçok kişiyi şaşırtmış da kendisini mehdi ilân etmiş ya da başka yollara sapmıştır. Karşında elli bin kişi de olsa, sen onları bir kişi kabul et. Şöhret hastalarına benzemek istemiyorsan kalabalıklara aldanma.

19-Bilmediğin konu sorulunca, 'bilmiyorum' demekten utanmamalıdır. Allah (c.c) korusun, yanlış fetva vermek belki insanı kafir eder.

Bir de şu hususa dikkat etmek lâzım. Peygamberimizin hayatını, sahabenin hayatını, hatta diğer peygamberlerin hayatını anlatırken günümüz olaylarına kıyas ederek anlatmak lâzım. Meselâ, yıllardır vaaz dinlerim, vaazlarda, Ebu Cehil şöyle yaptı, böyle yaptı, diye anlatılır. Bir de buna Firavun ve Nemrut eklenir. Vaaz veren kişi, bunlardan bahsederken günümüzdeki Ebu Cehil, Nemrut, Firavunlarla kıyas yapmadığından onlar o dönemlerde kalmış sandım yıllarca. Halbuki, bunlar küfrü bayraklaştıran kişiler olmakla beraber, kıyamet kopuncaya kadar her asırda Ebu Cehiller, Firavunlar, Nemrutlar bulunacaktır. Hatta geçmişlerine taş çıkartırcasına!

Allah'a ve Rasulüne inanmayıp veya inandığını sanan ve Allah'ın kanunlarına aykırı kanunlar koyup, o kanunları insanlara zorla tatbik ettirmeye çalışan her insan, Ebu Cehil'dir, Firavun'dur, Nemrut'tur. Bu böylece biline. Neden bunları daha önce bilmiyordum. Bizden bir önceki kuşak, Osmanlı şer'î hukuk devletinin yıkılış dönemine ve arkasından Cumhuriyet dönemine denk gelmelerine rağmen dinlerini iyi öğrenemediler. Öğrenenler de istisnalar, dışındakiler öğrenmedi. Bunun için de, batılı bir tip olayım derken, batmış gitmişler.

Zaman gelmiş geçmiş duymamışlar,
Zifiri karanlığı gündüz sanmışlar.
Uyumuş uyumuş yine de doymamışlar,
Sonra da uyanmadan geçip gitmişler.

Gül ile lâleyi ekmişler betona,
Betonda gül biter mi, o sırrı anla.

Unutulur demişler İslâm zamanla,
Hülyaları kurup geçip gitmişler.

Halbuki kaçış yok, gidiş İslâm'a,
Her yönetim onları itiyor dama.
Bir gün bu hesabı sorarız ama,
"Atın zindanlara" deyip, çekip gitmişler.

İslâm'ın özünü saklamak için,
Çalışmışlar durmadan söndürmek için.
Bir Müslüman çıkıp da sormamış niçin?
Yaprak gibi dökülüp, geçip gitmişler. (214)

ALLAH HAKSIZLIK YAPMAZ

Soru: *Bedensel özürlülerle, özürsüzler aynı ölçüde mi mükâfat görecekler?*

Cevap: Hayır. Tabii ki Allah haksızlık yapmaz.

Allahu Tealâ, biz kullarını bu dünyaya imtihan için göndermiştir. Nasıl imtihan olacağımız da Kur'an-ı Kerim'de ve Hadis-i Şeriflerde bildirilmiştir. Meselâ, namaz kılmak, oruç tutmak, zekat vermek, fakirin hakkını yememek, Allah'ın kanunlarını hâkim kılıncaya kadar tağutlarla mücadele etmek, yani Allah'ın bütün emirlerini yerine getirmemiz, bizim için bir imtihandır. Bundan başka; Allah'ın çeşit çeşit imtihan şekilleri vardır. Onlardan biri de bedensel özürlerdir.

---

(214) Mahkûm Duygular - Emine Şenlikoğlu.

Bedensel özürlüler, eğer bedensel özürsüzlerle aynı derecede Allah'ın emrinde gezerse... Yaşarsa... Bedensel özürlü ötekinden daha fazla mükafat alacak. Ancak, öteki aleme gitmeden bazılarının bunu anlaması çok zor. Tek dünya hayatıyla kıyaslanırsa, Allah'ın adaleti anlaşılamaz. Ayrıca her bedensel özür Allah'tan değildir, ama Allah'tan gelmiş gibi imtihan vesilesi kabul eden kârlı çıkar.

Bir kısmı da, başka şeyler sebep görünse de, Allah'ın dilemesiyle sakat kalır. Fakat bu kardeşim ümitsiz olmasın. Allah ona olan farkı görür, mutlaka verir.

ALLAH'IN HATA YAPMAYACAĞINDAN EMİN OLUNMALIDIR

Soru: *Allah, bu dünyada kullarının emirlerine uyup uymayacağını bildiği halde, imtihana ne lüzum görüyor da kullarını bu dünyaya gönderiyor?*

Cevap: Bu soruya önce şöyle cevap verelim: Bu kâinatın sahibi Allah'tır (c.c). Mal, mülk herşey O'nundur. Öyle ise mülkünde istediği gibi hareket edebilir, kimse O'na hesap soramaz. Mülkünde istediği gibi hareket edebileceğine göre, kullarını ister itmihana tâbî tutar, isterse tutmaz. İsterse, insanları değil de hayvanları, dağları, taşları imtihana tâbi tutabilirdi. Nitekim, Allah (c.c) insanları imtihana tâbi tutmuş. Bunun için de kimse Allah'a (c.c) hesap soramaz.

Evet, Allahu Teala, kullarının en ince teferruatına kadar ne yapacaklarını biliyor. Bununla beraber: "Cinleri ve insanları ancak bana ibadet etsinler diye yarattım", "Muhakkak ki Allah (c.c), ölümü ve hayatı hanginiz daha iyi amel edeceksiniz, diye imtihan için yarattı" (215) buyurmak suretiyle kullarını bu dünyaya imtihan için gönderdiğini bildirmiştir. Bu dünyaya, manen yükselmemiz için, kabiliyetlerimizin ortaya çıkması için göndermiş. Rabbimiz bizi yaratırken tıpkı madenler gibi yaratmış. Bakır madeni, kömür madeni, demir madeni, altın madeni, gümüş madeni gibi... Kulların, kulluk vazifelerinin meydana çıkması için yaratmış.

Rabbimiz bizi imtihan etmek için gönderdiğinden, bizler O'nun emirlerini yerine getire getire merhaleler katederek, saf tertemiz insanlar haline geliyoruz ve böylece de cennete ehil, lâyık hale geliyoruz. Madenin demir, madenin gümüş, madenin altın olduğu gibi. Evet, İslâmiyet, bu madeni ele alır, yoğurur, olgunlaştırır, som hale getirir sonra da işler, tam mükemmel olgun bir insan şekline sokar.

Allahu Tealâ (c.c), ne yolla mükemmel bir insan haline geleceğimizi biliyor da bizi imtihana tâbi tutuyur. Yoksa, hâşâ bilmediği şeyi bizden öğrenmek için değil. Bu arada bir de, bizi bizimle imtihan ediyor. Bizlerin, Allah'ın emirlerini yerine getirip getirmediklerimiz kaydedeliyor. İşte biz, bunlarla kendi kendimizi imtihan edip, Allahu Teala'nın huzuruna kendi durumumuzla (amelimizle) çıkacağız. Allah (c.c), bizim durumumuzu hâşâ öğrenmek için imtihan etmiyor, bilakis bizi, bize gösteriyor ve bizi bize göstermek için imtihan notlarımızı meleklere tutturuyor. Şayet, Allahu Tealâ, bizim durumlarımızı bildiğinden, bizi dünyaya getirmeden cennetlikleri cennete, cehennemlikleri cehenneme atsaydı, o zaman cehennemlikler: "Ya Rabbi,

----

(215) Mülk: 2

bizi niçin cehenneme attın da, onları cennete koydun" diye itiraz edeceklerdi.

Allah'ın onu bilmesi demek, onu Allah yönlendiriyor demek değildir. Biz haram işlersek Allah bize günah yazar. Onu daha önce bildiği için değil.

Aklıma bir gencin ilginç sorusu geldi. Hrıstiyan Gülü kitabımdaki Aynur Bebek, bana bir gencin itirazlarından bahsetti. Gencin benimle konuşmak istediğini söyledi. "Tabi ki olur" dedim. Genç bana telefon açtı, aynı soruyu sordu. "madem Allah sonucu biliyor niye yaratıldık?" dedi. Ben de "Farzet ki Allah sonucu bilmiyor, ne farkeder?" dedim. Kastım gence kendisini göstermekti.

Genç şiddetle; "Olur mu öyle şey, öyle Allah olur mu? Allah milyon yıl öteyi de bilmeli." dedi.

"Gördünüz mü," dedim. "Siz inanmak için soru soranlardan değilsiniz. Allah'da hata arıyorsunuz." Kısacası inanmak isteyen Allah'a itiraz etmeden inanmalı.

ÖMÜRLER NEFES SAYISI

Soru: *İnsanın ne zaman ve nasıl öleceği önceden belirlendiğine göre, onu öldürenin suçu nedir?*

Cevap: İnsanın bir hürriyet ve iradesi, yani iyiyi ve kötüyü seçme kabiliyeti vardır. Allah'ın vermiş olduğu hürriyet ve irade sebebiyle, yapmış olduğu iyilik de kötülük de ona aittir.

Herkes elindeki cüz'i irade ve seçmesiyle, sebebiyet verdiği şeylerin neticelerinden ötürü ya suçlu sayılıp cezasını görür veya suçsuz sayılır mükâfatını görür. Bunun gibi, ölüme sebebiyet veren de suçlu olur. Allah affetmezse cezasını görür.[216] Çünkü, öldüren kişiden öldürmesini Allah istemedi.

"Allah'ın ilmine göre, bütün varlık ve varlık ötesi herşey sebep ve neticeleriyle içiçe, yanyanadır. Kimin, hangi istikamette, nasıl bir temayülü olacak ve kim, adi bir şart ve sebepten ibaret olan iradesini, hangi yönde kullanacak. Bütün bunları önceden bildiği için, Allah o sebeplere göre meydana gelecek neticeleri, takdir ve tespit etmeyi insan iradesine bağlamamakta ve zorlamamaktadır. Aksine, onun meyilleri hesaba katılarak hakkında takdirler yapıldığı için, iradesi kabul edilmekte ve destek görmektedir.

Aynen öyle, yüce Rabbimiz, kullarından herbirine: "Sen, şu istikamette bir eğilim göstereceksin, ben de senin eğilim gösterdiğin o şeyi yaratacağım. Ve işte senin o temayülüne göre de, şimdiden onu belirlemiş bulunuyorum" diyor adeta. Böylece ferman etse, onun iradesine ehemmiyet atfetmiş ve kıymetlendirmiş olur. Binaenaleyh, ilk belirlemede iradeyi bağlama olmadığı gibi, kişinin rızasının tersine (hilafına) herhangi bir işe zorlama da yoktur. Ayrıca kader ve (ilk belirleme), Allah'ın (c.c) ilmî programlarından ibarettir. Yani, kimlerin hangi istikamette eğilimleri olacak, bunu O'nun bilmesi ve kendinin yapıp yaratacağı şeylerle bir plan ve program haline getirmesi demektir. Bilmek ise, hariçte (sonradan, dışarıda) olacak şeylerin, öyle veya böyle olmasını gerektirmez. Hariçte olup biten şeylerin şöyle veya böyle olmasını, insanın temayüllerine göre, yaratıcının kudret ve iradesi icat eder. Bu itibarla, varolup meydana gelen şeyler, öyle bilindikleri için varolmuş de-

----

(216) Asrın Getirdiği Tereddütler - M. F. Dahhak.

ğillerdir. Bilakis, varoldukları şekillerle bilinmektedirler ki, ilk takdir ve tayin de işte budur. Yani, bir hadise nasıl olacaksa öyle biliniyor, yoksa öyle bilindiği için meydana gelmiyor.

Hasılı: Allah, olmuş olacak herşeyi, geniş ilmiyle en ince teferruatına kadar bilir. Kimlerin iyi işler yapmaya niyet edeceklerini ve kimlerin kötü şeylere teşebbüste bulunacaklarını ve bu teşebbüs ve niyetlerine göre neler yaratacağını (belirlemiş) ve takdir etmiştir. Zamanı gelince de, mükellefin eğilim ve niyetlerine göre, takdir buyurduğu şeyleri, dilediği gibi yaratacaktır. [217]

Özetlersek, Allahu Tealâ, dünya kurulmadan önce ve dünya kurulduktan kıyamet kopuncaya kadar olmuş olacak herşeyi biliyor muydu? Elbette biliyordu ve bilir de.

Yukarıda işlendiği gibi, kullarını yarattığında da, onlara iyi ve kötüyü yapabilecek bir irade verdi. Ve aynı zamanda kullarına: "Şu yol kötüdür, sakın o yola gitmeyin. Şu yol iyidir, bu yola gidin" diye de buyurdu...

"Haksız yere adam öldürmeyin" diye de... [218]

Nasıl olsa öleni de, öldüreni de Allah çok iyi biliyor.

İnsan, ister öldürülsün ister öldürülmesin, daima ahirete hazır olmalı ki, orda pişman olmamalı. [219] Buna inanan insan, zaten masum insanı öldürmez. İnanmıyorsa, ona gökten kapı açılsa, o da yukarı yükselip çıksa, yine de, "Galiba gözlerimi bağladılar büyü yaptılar" der.

---

(217) Asrın Getirdiği Tereddütler - M. F. Dahhak.
(218) En'am: 151, İsra: 33, Furkan: 68
(219) İsra: 9-19, Neml: 1-5, Nahl: 30

NİYET

Soru: *Niyet insanı kurtarabilir mi?*

Cevap: Niyet konusunu erbabından öğrenelim. "İş, amel ve iyi yönde yapacağı işlere doğru götüren kararlılık niyeti, insanı kurtarabilir. Niyet, bir kasd ve teveccüh, bir azim ve şuur demektir. Niyet sayesinde insan, nereye yöneldiğini, ne istediğini bilir ve yine onun sayesinde bir bulma ve elde etme şuuruna ulaşır.

İnsanın yapmış olduğu bütün iyi ve kötü işlerinin esası niyet olduğu gibi, eğilimlere göre, benim deyip sahip çıkacağı işlerin vesilesi de yine niyettir. Hatta, kainatta ve insanın nefsinde herşey, hem başlangıç itibariyle, hem de devam itibariyle niyete bağlıdır. Niyete dayandırmadan, bir şeye varlık kazandırabilmek, daha sonra onu devam ettirebilmek mümkün değildir.

Her yapılacak iyi ve kötü iş, evvela zihinde tasarlanır. İkinci bir düşünme ile planlaştırılır ve daha sonra da azim ve kararlılıkla meydana getirilir. Bu ilk düşünme ve plan olmadan, herhangi bir işe başlamak neticesiz olacağı gibi, irade ve azim görmeyen her tasarı ve plan da neticesiz kalacaktır.

Nice yapılan küçük işler vardır ki, yapılan iyi niyet sayesinde büyük sevaplar alınır. Ve yine, nice yapılan büyük işler vardır ki, niyet iyi olmadığından hiç sevap kazandırmaz.

Kulluk şuur ve idrakiyle yatıp kalkmalar, aç, susuz durmalar ve meşru bir kısım arzu ve isteklerden uzaklaşmalar insanı en büyük mertebelere ulaştırır. Oysa, aynı hareketler ve daha binlercesi, kulluk şuur ve idrakinden uzak olarak yerine getirildiği zaman, ızdırap çekmek ve yorulmaktan başka bir şeye vesile olmaz. Gazalarda (harplerde), kanlı elbiseleri boynunda ölüp de cehenneme gidenler, bazan da hiç sevap almayanlar olduğu gibi, niyetinin iyiliği karşılığında yumuşak döşeklerde ölüp, cennete gidenler de az değildir. (220)

Allah'ın kanunlarının hakim olduğu devlette, cihada hazır bir asker, fiilen cihadda bulunmadığı halde, yine de sevap alır. Allah için, vatanını, milletini kurtarmaya, İslâm'ı öğretmeye çalışmak cihattır. Yoksa, masum insanları öldürmek cihat değildir.

Ayrıca, ibadetler konusunda şunu unutmamak lâzım, iyi niyetini yerine getirmek elinden geldiği halde, yapmıyorsa, yerine getirmiyorsa, bu iyi niyetin kendisini kurtaramayacağını bilmesi lâzım. Çünkü, elinden geldiği halde yapmıyor. Meselâ, Allah'ın emirlerini (kanunlarını) yerine getirmek elinden geldiği halde yerine getirmiyorsa, getirmeye çalışmıyorsa, böyle iyi niyet neye yarar? Bu hususta Muhammed Kutub, "Biz Müslüman mıyız?" adlı kitabında şöyle demektedir: "Müslümanlar (sahabe), açıkça anlamışlardır ki, tatbikat sahasına intikal ettirilmeyen, kalblerde gizli kalmış iyi niyetler insanı Müslüman edemezdi. Ne Allah (c.c) katında, ne de gerçekler karşısında bu şekilde niyetlerin değeri yoktur." Nitekim Peygamberimiz:

"İman, temenni ve tahallilerle (süslemelerle) değil, kalblerde yerleşmesiyle, amelin de onu tasdik etmesiyle vücud bulur (meydana gelir)" buyurmuşlardır. Bu hususta iyi bir inceleme yaptığımız ve özellikle insan hayatına da-

---

(220) Asrın Getirdiği Tereddütler - M. F. Dahhak.

ir psikolojik ilgilerimizi artırdığımız takdirde, yurakıdaki ifadenin ne kadar doğru olduğunu kolayca idrak etmekte güçlük çekmeyiz.

Tek başına niyet kâfi değildir. Çünkü, henüz fiile (yapmaya) intikal etmemiştir. Ve engeller karşısında kendisini denememiştir.

İnsan hayatında niyete mukavemet gösteren bazı doğal engeller vardır. Bunların bir çoğu zihnimizde, bazıları da pratik hayatımızda mevcuttur.

Alışkanlık, âdet, taklitçilik, kolay yaşama arzusu, zahmetten kaçınma, tehlike ve bitkinliklere maruz kalmaktan çekinme duygusu, zihnimizdeki engellerdir. Tek kelime ile "havailik" yani şımarık nefsin isteklerine uyma hevesi... Pratik hayata ayrılan ise, gerçeğe uymayan sosyal gelenekler, istikametten ayrılan ve cemiyete tahakküm eden fiilî kuvvetlerdir.

"İman, temenni ve süslemelerle değil, kalplerde yerleşmesiyle ve amelin de onu tasdik etmesiyle vücud bulur" demişlerdir.

İlk sahabe de aynı realiteyi idrak etmişlerdi. Bu sebepledir ki, cemiyet hayatını İslâm'a göre organize edebilmek için bizzat gayret gösteriyor ve cihadda bulunuyorlardı.

Acaba gerçek hayat planında iyi niyetin değeri nedir? Veya iyi niyetin noksanlıkları var mıdır?

Evet, (çalışmayanlar için) kusuru var. Çünkü, iyi niyet kendimizi aldatmaktır. Durup dururken, küçük bir hareketle dünyayı yerinden oynatabileceğinizi hayal edişiniz gibi... Aslında böyle bir hayal kurarken, gerçekte bir odun parçasını bile yerinden kıpırdatmak için ne kadar kuvvete muhtaç olduğunuzu henüz tecrübe etmiş değilsiniz.

Adam iyi kalplidir. İçi temiz ve dürüsttür. Allah'a bağlı olduğuna ve O'nun rızası için çalıştığına hakikaten inanmaktadır. Peki ama bu inancın değeri nedir?Bir kısım arzularından vazgeçmek ve âdet veya alışkanlıklarını terk etmek mecburiyetinde kaldığı, içinde yaşadığı cemiyetin geleneklerine uyması gerektiği, istikametten ayrılan halka karşı onları doğru yola çevirmek maksadıyla cephe almak icabettiği yahut etrafımızdaki sapıkları, size zararları dokunmasın diye, bertaraf etmenin lüzumlu olduğu, herhangi bir zalime ve zulme mani olmak için hayatını tehlikeye atmak ve bunların getireceği işkence ve mahrumiyetlere katlanmanın zaruret haline geldiği anlarda bu adamın tutumu ne olmaktadır? Vicdanında sakladığı iyi niyetin pratik ehemmiyeti nedir?

Gerçi niyet olmadıkça aksiyon, ve herhangi bir şeyin değeri yoktur. Ama hayat sahasında belli başlı bir enerjiye dönüşmemiş niyetin de, tek başına bir kıymet ifade edemeyeceği gerçektir. İşte, Allah'ın elçisi, son derece gerçekçi olduklarından dolayı yukarıdaki hadisi buyurmuşlardır.

İyi niyetin gerçek değeri, içeriden havailiğe, dışarıdanda sapıklığa karşı göstereceği direnme gücüyle ölçülür. Gerçek mukavemeti göstermiyor ve üstün gelemiyorsa, bu niyetin yağmur damlacıklarının, su üzerinde meydana getirdiği balonların hoşa giden manzarasından ne farkı olabilir? Halbuki, bu balonlar hemen telef olup gitmektedir. İşte bunun için, yalnız iyi niyet ile yetinilmemiştir. Ve pratik hayatta verimli faaliyet sahalarını bırakarak, yalnız niyetle vakit geçirmek münasip bulunmamıştır. Nitekim, Kur'an'da, mü'minlerden bahsedilirken, "İman edenler" değil, "İman edip salih amel işleyenler" ifadesi kullanılmaktadır. Yukarıda birkaç defa tekrarlanan hadis de aynı manayı ihtiva eder. Böylece İslâm, fıtrat dini olmaktadır. Çünkü, bu nizam varlığın fıtratı ile bağdaşıyor ve kâinatın kanunu ile uyuşabiliyor.

Ashab, bu gerçekleri açık bir şekilde anlamış bulunduklarından, İslâmiyet'i pratik hayata tatbik etmek suretiyle yerleştirmeye çalıştılar. Ve netice itibariyle boş dilek ve temennilerle vakit kaybetmediler. Bir yandan şahsî teşebbüslerini geliştirdiler, diğer taraftan da İslâm cemiyeti ve devletini, iktisadî sahada müspet tesirler icra edecek bir seviyeye getirmek için gerekli tedbirlere başvurdular.

Önceki Müslümanlar, "Allah (c.c) gizli niyetleri bilir, insanın iç yüzüne vakıftır" diyorlardı ve onlar, gönülleri, "Rabbim" dedikten sonra, bu inanışın gerektirdiği aksiyondan ayrı olarak İslâm nizamına aykırı düşecek bir işi yapıp da, iyi niyetlerine dayanarak Müslüman olabileceklerini sanmış değillerdi.

Ancak çok iyi biliyorlardı ki, İslâm bir bütünün iki yüzü gibiydi. Biri olmadan diğeri olamazdı. Aksiyon haline gelmemiş (yani tatbik sahasına konmamış) niyet, gerçek değeri olmayan bir temenniden ibarettir. Çünkü, Allah (c.c), ancak kendi rızası kasdedilerek yapılan aksiyonu kabul eder. Zaten iyi niyetten de anlaşılan budur. Ve bir gün, dünya hayatının ölçüleriyle yapılan amelin elbette iyi niyete dayanmadığı anlaşılacağından, dünyada kıymeti olmayacaktır.

Önceki Müslümanlar, aynı zamanda hayatın problemlerinin heva ve heveslerine göre çözümlendiği, rahat ve menfaatın her bakımdan tercih edildiği, yorgunluk, cihad ve hatta bunların meydana getireceği tehlikelerden uzak kalındığı ortam ve hallerde yalnız niyetle Müslüman olunamayacağını da biliyorlardı. Hepsi bu kadar mı? Eski Müslümanlar, gönül rahatlığını kabul edemezlerdi. Cemiyet içerisinde hatırı sayılır kimselerden olmak, takdir kazanmak veya mevki sahibi olmak düşüncesiyle, alay edilmek, dedikodu mevzuu yapılmak ve küçümsenmek gibi ihtimallerden uzak kalabilmek yahut da hayatını tehlikeye atacak şekilde gerek kazanç bakımından, gerekse bedenen herhangi bir maddî baskıya maruz kalmamak arzusuyla, gayri müslimlere uymaz ve onları taklit etmeye kalkışmazlardı.

Onlar biliyorlardı ki; Müslümanlık, İslâm'ı tatbik etmektir. Ve yine idrak ediyorlardı ki; ferdî hayat tehlikelere maruz kalsa dahi, İslâmi hükümlere uymalıydı. Ölümle neticelenebilecek hallerle karşı karşıya gelseler bile, böyle insanlardan müteşekkil cemiyet yine de gerektiği şekilde Müslüman olmalıydı.

Burada işaret edilmesi gereken bir gerçek var: Nefis her zaman doğru yolda olmaz. Ve her zaman güçlüklerle mücadele edemez. O, şu veya bu gibi haller karşısında bazen zaafa düşebilir. Çünkü, "İnsan zayıf yaratıldı." Allah, kullarının bu zaafını bildiği için ayaklarının takıldığı anları müsamaha ile karşılar, tövbelerini kabul eder. Yeter ki, isyanda ısrar etmesinler.

"Allah, iyilik sahiblerini sever. Onlar ki bir günah işledikleri veya nefislerine zulüm ettikleri zaman, Allah'ı anarak hemen günahlarının bağışlanmasını isterler. Zaten günahları Allah'tan başka kim bağışlayabilir? Hem de yaptıkları günahta bile bile ısrar etmezler" (221)

(.........)

Ancak bunlar, niyetlerini faydalı bir aksiyon haline getirmek için cihad ederken ayakları kayan, fakat bu halleri uzun sürmeyen, hemen toparlanan ve hatalarının bağışlanmasını ve ibadetlerinin kabul edilmesini Rablarından iste-

---

(221) Âl-i İmran: 134-135.

yen kimselerin hakkıdır. Allah, kendilerini rızası ve affıyla taltif etmiştir.

"Tövbe ederek iman etmiş ve salih amel işlemiş olanlar müstesna, bunların kötülüklerini Allah iyiliğe çevirir. Allah, Rahim ve Gafur'dur" [(222)]

KİM ALLAH'TAN DAHA İYİ BİLEBİLİR?

Soru: *İslâmiyet'in ulaşmadığı yerlerdeki insanların durumları ne olacak? Bunların günahı ne? Meselâ Afrika ormanlarındaki zencilerin ve benzeri şartlarda yaşayanların durumları?*

Cevap: Şunu kesinlikle bilmemiz lazım; Allahu Teala adeletlidir. Kesinlikle adaletsiz iş yapmaz. Zaten Allahu Tealâ hiçbir kimseyi rahmetinden, vahyinden ve ayetlerinden mahrum etmemiştir. Kur'an-ı Kerim'de de: "Hiç bir ümmet yoktur ki, onları uyarmak için bir peygamber gelmiş olmasın" [(223)], "Celalim hakkı için biz, her ümmete bir peygamber gönderdik" [(224)]; "Gerçekten Biz, senden önce birçok peygamberler gönderdik, onlardan kimini sana haber verdik, kimini de sana haber verip anlatmadık." [(225)] buyurulmaktadır. Bu ayeti kerimeler göstermektedir ki; Allahu Tealâ her devirdeki insanlara peygamberler gönderdi. Son olarak da, bizim Peygamberimiz Hz. Muhammed'i (s.a.v) göndermiştir.

---

(222) Furkan: 70.
(223) Fâtır: 24
(224) Nahl: 63
(225) Mü'min: 78

Bazı kere vahiy, Cebrail Aleyhissalâm'ın indirdiği bir kitap olur. Bazı defa Allah'ın kulunun kalbine attığı bir nur olur... Bazen, göğüste bir genişlik ve ferahlık olur. Bazen bir hikmet, bazen bir hakikat, bazen bir anlayış, bazen huşu, bazen bir korku ve takvadır.

Bu girişten sonra gelelim meseleye. İslâm dininin ulaştığı her yerdeki insanlar İslâmiyet'i yaşamak mecburiyetindedir. Yaşamazsa sorumludur. Tekniğin zirveye ulaştığı, hatta aya kadar gidildiği şu zamanda yeryüzünde ulaşılmadık yerin kalacağını tahmin etmiyorum. Ki varsa, oradaki insanlar İslâm dinini hiç duymamış iseler, dinin emirlerinden sorumlu tutulmazlar. Çünkü, "Allah, kimseye kaldıramayacağı bir mükellefiyetle sorumlu tutmaz." [226] "Peygamber göndermediklerinden hesap sormaz." buyurulmaktadır. İmkânlara göre mesuliyetler değişiktir. Bir kabileler ülkesindekilerle bizler arasında mesuliyet farkları vardır. Çünkü, bize Kur'an ulaşmıştır. Onlara ulaşmamış olabilir. İslâmiyet'i duymayan kimse, yer ve gökyüzünü Allah'ın sanatı olarak görüp, "Bu dünyayı yaratan, eşi ve benzeri olmayan bir yaratıcı vardır" diyerek, Allah'ı bulması vaciptir, yani şarttır. Bu arada, peygamber mesajının ulaşmadığı topluluklar mes'ül değildir diyen görüşler de vardır.

Çünkü, Allahu Tealâ, seni, Allah'ı bulacak kapasitede yaratıp, akıl vermiştir. Yalnız, Allah'ın ismini Allah olarak bilmeyebilir. Kendisine göre bir isim verebilir. Eski Türkler'in Tanrı dedikleri gibi... Yani, Alah'tan daha iyi bilemeyeceğimize göre mesele hallolmuş demektir.

---

(226) Bakara: 286

KISA KISA

Soru: *Allah, şeytanı niçin yaratmıştır? Bize ne faydası var? Şeytanın yaratılması aleyhimize değil mi?*

Cevap: Şeytanlarla mücadele etmek suretiyle insanların dereceleri yükselir. Şeytan, devamlı insana Allah'ın emirlerinin tersini yapmasını emreder. İnsan da şeytanın emirlerini yapmayıp, Allah'ın emirlerini yaparsa Allah katında büyük derecelere yükselir. Şeytanı insanlara musallat etmek suretiyle, Allah'ın emrini tutacak insan ile, tutmayacak insan ayırt edilir. Böylece, bu imtihan dünyasında kötü ruhlu insan ile iyi ruhlu insan birbirlerinden ayrılır. Yalnız şu çok iyi bilinmeli, Şeytan, hem insanlardan hem cinlerden olur. Allah, İblis'i de kul olarak yarattı, şeytan olarak yaratmadı. O kendi isteği ile şeytan olup, insanları Allah yolundan çevirme fiilini tercih etti. Tıpkı İslâm'ı sevmeyin, diyen bugünkü şeytan yazarlar gibi. O yazarı Allah, şeytan olsun diye yaratmadı ama kendisi tercihini böyle yaptı. Şeytan imandan kuvvetli değildir.

Soru: *Madem ki, insanların yükselmesine şeytan sebep oluyor, niçin cehenneme atılacak, ona mükâfat yok mu?*

Cevap: Ameller (işler), niyetlere göredir. Şeytanın niyeti insanların yükselmesi değil, bilakis onların cehenneme atılmasıdır. Şeytan kendi isteğiyle günaha itiyor insanları ve şeytan bunu bilinçli yapıyor.

Soru: *Amerika'ya ilk defa Kristof Kolomb gittiğine göre ve bütün insanlar Hz. Adem'in evlatları olduğuna göre, eski Amerikalı yerliler oraya nasıl gitmişlerdir?*

Cevap:

A) Kıtaların kayması ve birbirlerinden ayrılması fennin üzerinde inceleme yapıp, kabul ettiği bir mevzuudur. Bu durumda Âdemoğulları ayrı ayrı kıtalarda kalmışlardır.

B) Bering Boğazı donduğu zaman yürüyerek iki kıtaya gidilip gelinebiliyor.

C) Kristof Kolomb'tan önce de Norveçliler'in, Vandalların hatta Müslüman gemicilerin Amerika'ya geçtiği bilinmektedir. (227)

Soru: *Allahu Tealâ bir olduğuna göre, niçin Kur'an-ı Kerim'de "Biz" ifadesini kullanmış?*

Cevap: Allahu Tealâ bir olduğuna göre, hatta tek biri olduğuna göre, Kur'an-ı Kerim'de de devamlı kendisine ortak koşmamayı emredip bir Allah inancını işlediğine göre, yer yer "biz" diye hitap etmesinde bir takım hikmet ve inceliklerin olduğunu anlamak gerekir.

Karşımızdaki bir kişiye "Sen" diye hitap etmeyip nezaketten dolayı "Siz" deriz. Bunun gibi, büyüklük ifadesi olarak Allah (c.c) "Ben" yerine bazen "Biz" kullanmış.

Kur'an-ı Kerim dikkatlice okunduğunda, ferde, kişiye hitap eden yerlerde "Ben", umuma bakan yerlerde "Biz" ifadesinin kullanıldığı görülür. Meselâ, Hz. Musa ile konuşurken ve Allah (c.c.) ile kul arasında hitap makamında

---

(227) Şüpheler Üzerine - Safvet Serih

iken, "Gerçekten yalnızca ben Allah'ım, benden başka hiçbir ilah yoktur. Onun için bana ibadet et. Ve beni anmak için namaz kıl." (228) ayetinde olduğu gibi "Ben" buyuruyor.

Ama yaratma, Kur'anı indirme, onu muhafaza etme gibi, bütün ilahî sıfatların iştirak ettiği ilahî bir işi açıklarken; "Muhakkak ki Kur'anı Biz indirdik ve onu Biz koruyacağız"(229), "Şimdi gördünüz mü (rahimlere) döktüğünüz meniyi? Onu siz mi yaratıyorsunuz? Yoksa biz miyiz yaratan?" (230) ayetlerinde olduğu gibi "Biz" ifadesini kullanıyor. Meselâ, ben bir insana yardım etsem, bana sorsalar "Falanca kişiye kim yardım etti?" Ben eğer mütevazı biri isem, "biz yardım ettik" derim. Allahu Tealâ da gerek melekleri kasdetmek, gerekse mütevazılığından dolayı "Biz" demektedir. Bu ve benzeri açıklamalar var. Önemli olan, Allah'ın birliğine imandır. Hitap ne olursa olsun, o bir ve tek ya. Önemli olan da bu.

ALLAH PEYGAMBERİN DİŞİNİN KIRILMASINA NEDEN MANİ OLMADI

Soru: *Allahu Tealâ, niçin en sevdiği peygamberinin dişinin kırılmasına, taşlanıp ayaklarından kan akmasına mani olmadı? Halbuki korusa, koruyabilirdi.*

Cevap: Peygamberimizin (s.a.v) her türlü fiil ve hareketleri bizim için bir örnektir. Yani Peygamberimiz bizim her yönden önderimizdir. Önderin örnek olabilmesi için

---

(228) Taha: 14.
(229) Hicr: 9
(230) Vakıa: 58-59.

onun da başından bazı hadiselerin geçmesi lâzım ki, bize örnek olabilsin.

Peygamberimiz (s.a.v), İslâmiyet'i yaymaya çalışırken çeşitli zorluklarla karşılaşmış, dişi kırılmış, üç gün aç kalıp, karnına açlıktan taş bağlamıştır. Şimdi Allahu Tealâ istese idi en çok sevdiği peygamberinin dişinin kırılmasına mani olsa, olamaz mıydı? Elbette olurdu. İsteseydi her türlü yiyeceği peygamberine yaratamaz mıydı? Elbette yaratırdı. Peki niçin bunlara mani olmadı? Çünkü, Allahu Tealâ diyecek ki: "Ey kullarım peygamberimiz sizler için bir örnekti. O dinimin yayılması yolunda mücadele ederken aç kaldı, sıkıntı çekti, siz niçin çekmediniz? Halbuki, ben onun çektiği sıkıntılara mani olabilirdim. Fakat, sizlere örnek olsun diye olmadım."

İslâm düşmanlarından çok zulüm gördüğü halde sabredip, onların da Müslüman olması için dua etmesi yolundan vazgeçmemesi, ümmetine örnektir.

KADER, ISMARLAMA OLARAK TECELLİ ETMİYOR

Soru: *Zelzele ve musibet hallerinde, Allah'a isyan edenlerin de etmeyenlerin de başlarına bela gelmektedir. Allah'a isyan etmeyip emirlerini yerine getirenlerin ne suçları var ki, başlarına bela gelmektedir?*

Cevap: Zelzele ve musibetler günahkar insanların günahlarına keffaret olmaktadır. Yani günahlarının affolmasına sebep olmaktadır. Günahkar ile kâfiri karıştırmamak lazımdır. Çünkü, Allah'ın bir emrini inkâr eden de kâfirdir.

Bu zamanda "Müslümanım" dediği halde hatta namazını kıldığı halde, Allah'ın bazı emirlerini inkâr edenler çoktur. Meselâ, Allah'ın kanunlarına rağmen, batının kanunlarını tercih eder Allah'a güvenmez ve Batının kanunları ile yargılanmak ister. Kapanmak farzdır, buna rağmen "Bu zamanda kapalılık olur mu?" der.

Diğer yönden, musibetler masum insanların ve velilerin, Allah'ın sevgili kullarının, derecelerini yükseltir. Zelzele ve musibetler anında çocuklar ile günahsızlar ayrılıp seçilse idi, imtihan sırrı bozulurdu. Meselâ, zelzele anında çocuklar ve günahsızların üzerine duvarlar düşmese, onlar kaçıncaya kadar duvarlar eğik olsa, en dinsiz dahi iman edip Müslüman olmaya mecbur olurdu. O zaman da imtihanın sırrı bozulur, herkes iman eder iyi ile kötü ayırdedilmezdi. Okullarda imtihanda cevapların söylenmediği gibi, iradesiyle, aklıyla imanı araştırmanın, yüksek ruhların diğerlerinden ayrılması için, böyle hadiselerde meseleler perdelenmiştir. Yani, Allah kendini göstermeden ona iman edilmesini istiyor. Depremde ayırım yapsa, kendini nerdeyse göstermiş olurdu. O zaman da imtihanın anlamı kalmazdı.

Soru: *Kur'an-ı Kerim'de, 'Beş bilinmeyen şey'den sayılan yağmurun yağması zamanı ve ana karnındaki çocuğun durumu bugün artık bilinmezlikten çıkmış gibidir. Rasathaneler ve hava tahmin raporları, yağmur hakkında önceden bilgi vermektedir. Röntgen şuaları ile ana karnındaki çocuğun erkek veya kız olduğu öğrenilebiliyor. Bu durumu nasıl izah edebilirsiniz?*

Cevap: Rasathanelerde bir yağmurun başlangıcını hissedip vaktini tayin etmek, gaybı (bilinmeyeni) bilmek değil, bilakis gaybtan çıkıp bilinen âleme yaklaştığı zaman bazı ön alâmetlerini tespit edip değerlendirmektir. Yani, varlığı yaklaşmış bir şeyin farkına varmaktır. Bazı romatizmalılar bile yağmurun yağacağını önceden hissederler. Çünkü, yağmurdan önce rutubet gibi bazı ön haberciler vardır. Bunların en önemlisi, Allah'ın Kur'an'da bildirdiğidir. Yağmurun yağacağını bildiren bir rüzgar yağmurdan önce gelir. Bu da haber vermesi demek olur. Dolayısıyla yağmur gaiplikten çıkınca yağacağı tahmin edilmektedir.

Ana karnındaki çocuğun durumuna gelince: "O, rahimlerde olanı bilir." (231) ayeti, çocuğun sadece erkek ve dişi olmasını söylemiyor. Bu çocuğun hususi kabiliyetlerine, ileride alacağı vaziyetlere, kader örgülerindeki gizli hayat macerasına, simasında, yüzünde ve parmak izlerinde herkesi birbirinden ayıran ince işaretlere bakar ki, bunları Allah'tan başka kimse bilemez. (232)

İBADETİ KUL KENDİ İÇİN YAPAR

Soru: *Allah, hiçbir şeye muhtaç değildir. Ama öyle ise bizim ibadetlerimize ne ihtiyacı var? Niçin ibadet etmemizi, ısrarla namaz kılmamızı emrediyor?*

Cevap: Allah Tealâ, insanı beden ve ruhtan (madde ve

---

(231) Lokman: 34
(232) Şüpheler Üzerine Safvet Senih

manadan) meydana getirmiştir. Nasıl ki bedenin gıdaya ihtiyacı var, ruhun da gıdaya ihtiyacı vardır. Bedenin ihtiyacı yiyecekler, su, ateş, hava gibi şeylerse, ruhun ihtiyacı da Allah (c.c.)ın yap dediğini yapmak, yapma dediğini de yapmamaktır. Bunlardan en önemlisi de, günde 5 vakit namazdır. Bedenin ihtiyaçlarını yerine getirmediğimiz zaman nasıl ki beden huzursuz olur, hastalanırsa, ruhun da ihtiyaçlarını yerine getirmediğimiz zaman ruh da huzursuzdur, hastalanır. Allah (c.c.), ruhumuzun huzursuz olup hastalanmaması için ruhumuzun gıdalarını almamızı şiddetle emretmektedir. Namaza ve diğer ibadetlere kendisinin ihtiyacı olduğu için değil, bizim Rabbimiz, bizi imtihan edicimiz olduğu için ibadeti emrediyor. Ayrıca, ruhun ibadete de ihtiyacı var. Dünyadaki bütün insanlar, Allah'ın bütün emirlerini yerine getirseler, Allah'a bir şey kazandırmazlar. Yine dünyadaki bütün insanlar, Allah'ın hiç bir emrini yerine getirmeseler, Allah'tan hiçbir şey eksiltmezler. Yani insanlar Allah'ın emirlerini tutsalar da kendileri için, tutmazlarsa da kendileri zarar eder.

Allahu Tealâ, insanları dünyaya imtihan için gönderdiğinden, imtihanı kazandıracak ve kaybettirecek şartları da bildirmiştir. İmtihanı kazandıracak şartlardan en birincisi de iman ve namazdır. Allah Tealâ'nın bizim ibadetlerimize ihtiyacı yoktur. Bizim iyiliğimiz için emretmiştir. Nasıl ki, bir doktor, hastaya iyi olması için bir ilaç yazar ve tekrar zamanında kullanmasını ister. Buna karşı hastanın doktora: "Senin ne ihtiyacın var da böyle ısrar edip duruyorsun?" demeye hakkı var mıdır? Yoktur. Çünkü ilaca ihtiyacı olan doktor değil, hastadır.

ALLAH İÇİN MEKAN SORUN DEĞİLDİR

Soru: *Kıyamet gününde, Hz. Adem'den kıyamet kopuncaya kadar yaşayan insanlar ve diğer mahluklar tekrar diriltip bir meydanda toplanacağına göre, bu kadar canlı nereye sığacak?*

Cevap: Güneş, Dünya'dan binlerce defa büyüktür. Ayrıca Dünya'nın Güneş etrafında döndüğü o büyük alan, bütün insanları ve hayvanları alacak kadar geniştir. Semaya baktığımızda, gözümüzün görebildiği alanda 56 milyon yıldız vardır. Bu yıldızların çoğu da Güneş'ten büyüktür. İnsanoğlu uzayın sonunu bulamamıştır, bulamaz da. Şimdi şöyle bir düşünsek; gözümüzün görebildiği ilk bakışta 56 milyon yıldız olur da, uzayın sonu olmazsa, acaba kaç trilyar kere trilyon yıldız vardır bilinebilir mi? Hem de çoğu Güneş'ten büyük, Güneş de Dünya'dan binlerce defa büyük. Ayrıca, öyle yıldızlar var ki dünya kurulalı beri ışığı yeryüzüne daha ulaşamamıştır. O yıldızlar ile Dünya'nın arasındaki uzaklığı düşünebilmek imkânsızdır. Ki, bu yıldızlar daha birinci kat semadadır. Halbuki sema yedi kattır.

Şimdi şöyle bir düşünecek olursak: Biz, daha yedi kat semanın, birinci katının Dünya'ya uzaklığını bulabilmiş, ölçebilmiş değiliz. Ölçemeyiz de. Uzayın, sonunun uzunluğunu, genişliğini, bulabilmiş, ölçebilmiş, değiliz. Aynı zamanda aklımız da almıyor. Ahirette, Allah'ın, insanlar ve hayvanları toplayacağı meydanın büyüklüğünü aklımız nasıl alabilsin? Elbette alamaz. Allahu Tealâ herşeye kadirdir. Onun herşeye gücü yeter. Kur'an'da dediği gibi, bugünkü göklerin yerine başka gökler gelecektir.

DUALAR PEŞİN ALIŞVERİŞ DEĞİLDİR

Soru: *Bazı kitaplar, "Şu kadar şu duayı okursan her istediğin kabul olur." diyor. Doğru mu?*

Cevap: Hayır doğru değil. Allah dilerse bazen bazı duaları kabul edip isteği yerine getirir, bazen getirmez sevabını verir. Bir şekilde o duanın karşılığını öder.

İBADETİN KARŞILIĞI HEMEN VERİLSE, İMTİHANIN NE ÖNEMİ KALIR?

Soru: Madem kulluğun sevabı ahirettedir, biz niçin yağmur namazına ve duasına çıkıyoruz?

Cevap: Dünyevî maksatlar o nevi dua ve ibadetlerin vakitleridir. Yağmur namazı ve duası bir ibadettir. Yağmursuzluk, o ibadetin vaktidir. Yoksa o ibadet ve dua, yağmuru getirmek için değildir. Eğer o niyet ile olsa o dua, o ibadet halis olmadığından kabule layık olmaz.(233)

ALLAH KUVVET VERİRSE, KARINCA BİLE DÜNYAYI YIKABİLİR?

Soru: *Bütün ruhları Azrail Aleyhissalâm nasıl alabilir? Aynı anda Dünya'nın ayrı ayrı yerlerinde ölenler oluyor, nasıl hepsine yetişecek? Bir de, ölüm meleği Azrail'in*

---

(233) Şüpheler Üzerine - Safvet Senih.

(a.s) herkesin durumuna göre ölüm anında başka başka göründüğünü; meselâ, Peygambere başka, çocuklara başka, günahkarlara daha başka, kimisine hoş, kimisine güzel, kimisine korkunç olarak aynı anda nasıl görünebiliyor?

Cevap: Can alan bir melek değildir. Sayısını bilmediğiniz kadar can alıcı melek var. Can alıcı melekler, canını aldığı kişinin durumuna göre yanına yaklaşır. Kötüleri korkutan melek, iyilerin yanına "samimi bir dost gibi yaklaşacak ve tereyağından kıl çeker gibi ruhunu kabzedecektir, alacaktır . (234)

Soru: *Bir hadisi şerife göre, dünyanın öküz ve balık üzerinde olduğu söyleniyor. Bu doğru mudur?*

Cevap: Bir hadiste, Peygamberimize (s.a.v) sormuşlar: "Dünya ne üstündedir?" Peygamberimiz de: "(Hut/balık) ve (Sevr/öküz) üstündedir", başka bir rivayette ise iki defa sarılmış, birisinde "Öküz üstünde" diğerinde "Balık üstünde" demiştir.

Bazı hurafelerle hadisi izah etmeye kalkanlar kasdedilen hakiki manayı değiştirmişlerdir. Peygamberimiz, iki büyük mesleği kudsî, lâtif bir benzetme ile sevr ve hut diye isimlendirmiştir. Fakat Efendimiz (s.a.v)in dilinden halkın diline geçince, âdeta gayet büyük bir öküz ve dehşetli bir balık suretini almıştır. Bu meleklere bu ismin verilmesinin sebebi, arzın su ve toprak olmak üzere iki kısımdan meydana gelmesindendir. Su kısmını ihtiva eden balık, toprak kısmını ihtiva eden ise ziraattır. Ziraat ise, öküz ile-

---

(234) Şüpheler Üzerine - Safvet Senih.

dir ve öküzün omuzundadır. Bu münasebetten bu iki meleğe; (avcılık ve ziraatçılık) bu isim verilmiştir.

Balık, sahillerde yaşayanların ve pekçok insanın geçim kaynağıdır. Arzın mimarı ve ziraat işleri de eskiden beri öküz vasıtası ile olmaktadır. Bu bakımdan "Devlet ne üzerinde duruyor?" sorusuna nasıl ki, "Kılıç ve kalem üzerinde duruyor" denilir. Çünkü, disiplini, cesareti, silahı, mükemmel askeri olmayan ve kalemi dirayetli ve adalaletten ayrılmayan memuru bulunmayan bir devlet ayakta duramaz. Elbette devlet kılıç ve kalem üzerinde duruyor denildiği gibi, dünya da öküz ve balık üstünde duruyor denilir. Çünkü, ne zaman öküz çalışmazsa yani ziraat yapılmazsa ve balıklar milyonlarca yumurtayı birden yumurtlamazlarsa o vakit dünyada yaşanmaz.

Peygamberimiz mecaz manada kullanmış "Fakat, meseleye hurafeler karışarak hakikatın şekli değişmiştir.[(235)] Bu hadisin Yahudilerden gelme olduğu da söyleniyor.

İslâm'da Esirlerin Köle Oluşunu Reddeden Düzen, Bizi Hem Güçlülere, Hem de Kendisine Çağdaş Köle Yapmıştır

Soru: *İslâm dini, Allah tarafından insanların hayrı için geldiğine göre, nasıl oluyor da köleliği caiz kılıyor?*

Cevap: Bizim köleliğe karşı duyduğumuz tiksinti ve ürpertinin bir takım eski ve yeni sebepleri vardır. Materyalist işveren, işçi, zengin, fakir, ezilen ve ezen gibi düşünce-

---

(235) Şüpheler Üzerine - Safvet Senih.

lerle, tarihin eski devirlerinde bilhassa Roma ve Mısır'da kölelere yapılan vahşiyane zulümler... Yakın tarihte ve günümüzde esirlere karşı yapılan insanlık dışı muamele, vicdan sahibi her insanı derin derin düşündürücü mahiyettedir.

Meselenin iyi anlaşılması için sadece Romalılar'ın kölelerine yaptıkları zulmü yazalım. Köleler beşer haysiyeti ve beşer (insan) hukuku olmayan bir takım eşya mesabesinde idi. Kaçmalarına mani olacak şekilde ağır zincirlere bağlı olarak tarlalarda çalıştırılıyordu. Diğer hayvanlar gibi (ki hayvan konumunda idiler), kendilerinin de yeme içme hakkı olduğu için değil, ancak çalıştırılmaları için yedirilirlerdi. Bu mahluklar işlerine, efendinin veya vekilin duyacağı vahşet zevkini tatmin için kırbaçlanarak sevkedilirlerdi. Bundan sonra, köleleri, çirkin kokuların kapladığı, farelerin ve çeşitli hayvanların dolaştığı karanlık zindanlarda yatırırlar, zindanlara düzinelerle köle birden atılırdı. Bazen bir zindanda elli köle üstü üste yığılırdı. Zincirleri ile beraber zindanlara atılan bu zavallı insanlara, ahırlarda hayvanlara yapılan muamele bile çok görülürdü. Lakin eşine ender rastlanan en zalim hadise ise kölelere kılıç ve mızrakla yaptırılan hakiki döğüş ve ölüm gösterileridir. Bu türlü gösteriler, Romalılar'ın en çok sevdikleri eğlencelerdi. Bazen imparator başta olmak üzere, efendiler, gerçekten karşılıklı döğüş yapan, öldürmekten herhangi bir endişe ve çekinme duymadan, vücudun neresine gelirse gelsin kılıç ve mızrak vuruşlarını yönelten köleleri seyretmek için toplanırlardı. Orada bu vahşi duygu son haddine varır, bağırmalar ve alkışlar yükselir, döğüşen kölelerden biri diğerini tamamen öldürdüğü zaman, zalimâne ve çılgınca kahkahalar boşanırdı. Zavallı köle, kahkahalar ve neşe çığlıkları arasında can verirdi. İşte kölenin Roma alemindeki durumu bu idi. O zamanda, köleye ait kanunî bir durum, şikayet hakkı ve bu şikayete bakacak bir mercii bulunmadığından kölesini öldürmekte, ona işkence yapmakta ve onu istismar etmekte mutlak hak sahibi olan efendi hakkında fazla söz söylemeğe lüzum yoktur. [237]

İşte bütün bu sebeplerden dolayı neslimiz kölelikten ve onu müdafa eden sistemlerden nefret etti. Onlara düşman oldu. Nefret ve düşmanlığında haklıdır ama, İslâm'a yaptığı hücum ve tenkit de haksızdır. Çünkü menşei (kökü) itibariyle kölelik İslâm'a dayanmadığı gibi, varlığı da onunla devam ettirilmiyordu. Kölelik geçmişte de, bugün de daima başka milletlere ve devletlere dayandı ve varlığını sürdürdü. Müslümanlar, ilk defa kölelikle ilgili zalim ve vahşi durumu Mısır'ı fethettiklerinde görmüşlerdi. Kölelere yapılan bu işkenceler Müslümanlar'ın bilmediği görmediği şeylerdi. Ve bu durumdan dolayı çok üzülmüşlerdi. Müslümanlar, gittikleri her yerde bu duruma mani olmaya, bu yarayı tedavi etmeye çalışıyorlardı. Fakat Batılı, eski Roma ve Mısır'ın bu çirkin ve zalim durumunu miras alıyordu. Bundan sonra köle, Batı'nın ağalarına uşaklık yapacak, onları eğlendirmek için döğüşecek, ölecek ve öldürecekti.

Fakat İslâm, önce kölelik olayını bir vak'a (olay) olarak ele aldı. Sonra, kölelerin ne ticaret, ne de eğlence malı olmayıp, insan olduklarını söyledi ve: "Sizin bazınız bazınızdandır" [238] ve "Kim kölesini öldürürse onu öldürünüz. Kim onu hapseder veya gıdasını keserse onu hapsedip ve gıdasını kesiniz. Kim onu hadım yaparsa onu hadım yapı-

----

(237) İslâm'ın Etrafındaki Şüpheler - Prof. Muhammed Kutub.
(238) Nisa: 250

nız." (239) gibi ilahì kaideler bildirdi. "Siz, Adem oğullarısınız, Adem de topraktandır. Biliniz ki, hiçbir Arap olmayanın da Arap olana, hiçbir beyazın siyaha, hiçbir siyahın da beyaza üstünlüğü yoktur, üstünlük takva iledir." (Yani bütün üstünlük Allah'ın kanunlarının (emirlerinin) uygulanması iledir.) İslâm, köleleri de alem şümul kardeşliğin içine almakta ve "Mü'minler kardeştir" düsturuyla", Hizmetçi ve köleleriniz kardeşlerinizdir" demektedir. Kardeşi, elinin altında bulunan her fert, ona yediğinden yedirsin, giydiğinden giydirsin. Onların yapamayacakları işleri emredip onlara yüklemesin. Eğer zor işler teklif ederseniz, derhal onlara yardım ediniz." (240) "Sizden hiçbiriniz, bu kölemdir, bu cariyemdir, demesin. Kızım veya oğlum, yahut kardeşim desin." (241) Bunlara binaen, Hz. Ömer (r.a), Kudüs'e Mescidi Aksa'nın teslim alınması için giderken, Medine'den Kudüs'e kadar hizmetçisiyle (kölesiyle) bineği nöbetleşe kullanmıştır. Hz. Osman (r.a), devlet reisi olduğu devrede kölesinin kulağını çektiği için halkın gözünün önünde, kulağını kölenin eline verip çektirmiştir.

Bütün bunlar kölenin de bir insan olup, diğer insanlardan farkı olmayan bir insan olduğunu anlatıyor. Şurasını unutmamak gerekir ki, bu hadiseler dünyanın en ücra ve terkedilmiş yerinde, duyguları hiç işlenmemiş bir topluluk için büyük bir olaydı, bir inkılâbtı. Zira, muasır millet ve devletler kölenin insanlığı hususunda düşünmeye bile yanaşmıyorlardı. İslâm'ın bu tutumu köleler üzerinde de büyük tesirler yapmıştı. Köle,eşitlik prensibi ile insanlığına kavuşup, efendisi ile aynı statüye kavuşmasına hatta hürri-

---

(239) Buharî ve Müslim
(240) Müslim
(241) Müslim

yetini elde edip serbest bırakılmasına rağmen efendisinden ayrılmak istemiyordu. Peygamber Efendimiz (s.a.v), Zeyd bin Harise'ye hürriyetine kavuşturup babasıyla gitmesine izin verdiği halde, o Efendimizin yanında kalmayı tercih etmişti. Daha sonra bir sürü köle de hep aynı şeyleri yapmışlardı. Zira bunlar o kadar güzel muamele görmüşlerdi ki, kendilerini efendilerinin ailelerinden birer fert sayıyorlardı. Efendiler de öyle biliyor, titizlikle onların hukukuna riayet ediyorlardı.

Çünkü, "Kim kölesini öldürürse onu öldürünüz, kim kölesini hapseder veya gıdasını keserse onu hapsedin ve gıdasını kesin" hükmüne tâbi idiler. Bu türlü cezalar karşısında efendi, ihtiyat ve tedbir içinde, köle ise gayet emin ve rahattı. Bütün bunlar tarihte eşi gösterilemeyecek büyük hadiselerdir ki, bu mevzuda İslâm'ın getirdiği şeylerin birinci merhalesini teşkil eder.

İkinci merhale hürriyete kavuşturma merhalesidir. İnsan için asıl olan hürriyettir. Hür olan bir insanı köleleştirmek büyük günahlardan sayılır ve bundan elde edilen geliri kullanmak ve istifade etmek ise, kesinlikle haramdır. Hürriyetine dokunan her hareket ve davranış kötülenmiş buna mukabil ona hizmet edici her hareket ve davranış da İslâm nazarında takdir görmüştür. Bir insanı yarı hür hale getirmek, hürriyete kavuşturan kimse için vücudunun yarısını ahiret azabından kurtarmak, tamamen azad etmek ise, vücudunun tamamını teminat altına almak sayılmıştır. İslâm'da kölelik konusu, hürriyete kavuşturma uğrunda bayrak açılan bir konudur. İslâm, yerinde onu bir vazife sayar, yerinde fazilet der, teşvik eder, yerinde efendi ve köle arasındaki anlaşma ve mukavele ile ona giden kapıları aralar. Peygamber Efendimiz (s.a.v) ve Hz. Ebubekir (r.a.), köle alıp, azad etme hususunda bütün mallarını harcamışlardır. İslâm devleti de köle alıp, azad etmeyi vazifeleri arasına aldı. Peygamberimiz (s.a.v), on kişiye okuma yazma öğreteni de hürriyete kavuşturuyordu. Bundan başka bazı dinî vazifelerdeki hataları dolayısıyla köleleri hürriyete kavuşturmayı şart koşuyordu. Meselâ, yemin edip yeminini bozanlara: "Kim hataen bir mü'mini öldürürse, onun keffareti bir mü'min kölenin azadı ve ölenin ehline teslimen ödenecek bir diyettir" [242] Bunlardan başka efendi ile köle arasında üzerinde anlaşabilecekleri bir miktar mal veya paraya karşılık serbest bırakma vardı. Sevap maksadıyla hürriyte kavuşturma hepsinden önde gelmekteydi.

Denilebilir ki: Kölelerin hürriyete kavuşturulması ve onlara insanca muamele yapılmasında ne kadar ileriye gidilirse gidilsin, hatta isterse hepsi birden hürriyetine kavuşturulsun gelen hükümlere bakılınca İslâmiyet köleliği kaldırmayıp, köleliğin varlığını kabul etmektedir. Halbu ki insanlığın tamamen içine işlenmiş pek çok huy ve alışkanlıkları bir hamlede kaldıran İslâmiyet'in köleliği kaldırmaması düşünülemezdi. Köleliği kaldırabilirken kaldırmaması, onu kabul etmesi manasına gelmez mi?

Herşeyden evvel bilinmelidir ki, İslâm köleliği icad etmediği gibi, onun koruyucusu ve devam ettiricisi de değildir. Kölelik, devletlerin ve milletlerin savaşlar münasebetiyle oluşturdukları bir müessesedir. Devletler arasındaki harpler devam ettiği müddetçe ki devam eder, kölelik kıyamete kadar devam eder. Ve önüne geçmek de hiçbir millete tek başına nasip olmayacaktır.

Düşünelim ki, biz bir devletle harbe tutuştuk, esir aldık

---

(242) Nisa: 92

ve bizden de esir aldılar. Bu esirlere karşı yapılacak çeşitli muameleler vardır. Ya zalim idarelerde olduğu gibi hepsini öldürmek, ya esir kamplarında hapsetmek veya kendi memleketlerine dönüp gitmelerini sağlamak. Veyahutta alıp mü'minlere dağıtarak, ganimetten bir parça saymaktır. Bunları ele alacak olursak, kılıçtan geçirmek zalimliktir, yapılmaz. Ama kâfirler Müslümanlar'a en alasını yapıyorlar. Esir kamplarında tutmak da doğru değildir. Çünkü yirminci asırda dahi esir kamplarında çok çirkin hadiselere şahit olunmuştur. Esirleri memleketlerine iade etmek çok iyi bir şeydir. Ama onlar bizden aldıkları esirleri öldürüp iade etmiyorlarsa, bu durum kendi insanımıza karşı bir alâkasızlık, bir zulüm olur. Hele iade ettiğimiz kimseler bizden bir kısım bilgileri ülkelerine, ordularına bildirirlerse, düşmanın işine yarayacak ve cesaretlendirecek, bizim ise aleyhimize olacaktır. Bu tür olaylara tarihte rastlamak mümkündür. Bütün bunlardan sonra geriye, esirlerin harbe iştirak edenler arasında taksimi mevzuu kalıyor ki, İslâm geçici olarak esir alma yolunu tercih etmiştir. Ne öldürme, ne toptan imha etme yolu... Ne esir kampları ve oradaki mezalim, ne de düşmanı cesaretlendirecek bir yol. Belki bütün bunların çok fevkinde insanın fıtratına uygun bir yol. Her Müslümanın evindeki esir, doğruyu, güzeli yakından görme imkânını bulacak.

Gördüğü iyi muamele ve insanca davranışlarla gönlü fethedilecek. Nitekim binlerce misaliyle öyle olmuştur. Sonra da hürriyetine kavuşturulacak, Müslümanlar'ın istifade ettiği bütün haklardan faydalanma imkânı kendisine verilecektir. Bu yol ve usullerle binlerce mükemmel insan yetişmiştir.

İmam Malik'in şeyhi Nafî de bunlardandır.

İlk asırdan başlayarak belli devrelerde Müslümanlar'ın bu müesseseyi işlettiği görülmektedir. Fakat bunda iki ana sebep vardır. Bunlardan biri, efendilerle alâkalı, diğeri de kölelerle. İslâm, tatbikatta mükemmel insan teminatını, insandaki irade ve hürriyetle alâkalı olarak ele almaktadır. Fakat İslâm'ı yaşamakta kusurlu olan kimseler birtakım işleri tam olarak yapamayacaklardır. İşte bu tür fertlerin Peygamberimiz'in terbiyesi ile olgunlaşacakları ana kadar bu işin tam tatbik edilmemesi, bir bakıma normaldir. Kaldı ki üç beş kişinin hatası yüzünden İslâm'a çamur atmaya çalışmak haksızlık ve insafsızlıktır. İkinci şık ise, kölelerin kendileriyle alâkalıdır. Bu hususta İslâm'ın tatbikatı insanın yaratılışını hesaba katma ölçüsü içindedir. İlk ve son Müslümanlar evvela köleleri insan olduklarına inandırma, hürriyete karşı olan vahşetleri yok etme, aile kurma yolunu gösterme ve hayata alıştırma gibi terbiye edici prensiplerle ele almışlardır. İtiyat ve alışkanlık insanda ikinci bir tabiat meydana getirir. Bunu giderme ve eski hali diriltme, bir vahşi hayvanı terbiye kadar zordur. Kölelik de öyledir. Islahı uzun zaman ister. İşte mü'minler de bunu yapmışlardır. Her mü'min "kardeşim" deyip bağrına bastığı kölesine, müstakil çalışma, müstakil kazanma, yuva kurma ve aile idare etme gibi hususları teker teker öğretmiş ve sonra da serbest bırakıp hürriyetine kavuşturmuştur. Eğer bu işlere tâbi tutulmadan,istidat ve kabiliyetleri körelmiş insanlar sırtlarında bir ar olarak taşıdıkları insanlıkla, topluluk içine salınsalardı, akvaryum balıkları veya kafes kuşları gibi, hayatın karmaşık dolapları karşısında şaşkına dönecek ve eski hallerine dönmeyi arzular hâle geleceklerdir.

Bu ise köleler adına hiçbir hayır ifade etmeyecekti. Nitekim hayat kanunlarına karşı cahil pek çok köle, arzedildiği şekilde hareket etmiştir. Amerika başkanlarından Abraham Lincoln'un bir hamlede bütün köleleri hürriyete kavuşturması, kölelerin yeniden eski efendilerinin yanına dönmesi şeklinde neticelenmişti. Başka türlü olması da düşünülemezdi. Bütün hayatı boyunca veya hayatının bir kısmını esir yaşamış bir insan, hep emir almaya alışmıştır. Belki çok güzel işler yaptığı da olmuştur. Fakat makina gibi dıştan idare edildiği için, böyle biri, elli yaşında da olsa çocuk mesabesindedir. Hayatı bilen veya hayata açık olan birinin yanında talim ve terbiye görmeye, hayat ve onun kanunlarını öğrenmeye ihtiyacı vardır.

Bu husus, sadece hürriyetini yitirmiş köleler için değil, belki sömürge haline getirilmiş ve uzun zaman sömürülmüş pek çok ülkelerde hissedilen bir hastalıktır. Evet bu milletlere dahi, uzun zaman terbiye verilip şahsiyet ve benlik kazandırılmazsa aynı akıbetle karşılaşacaklardır. Yabancı devletlere ve milletlere, yeniden benlik şuuru kazandırmak, esirlere insan olduklarını öğretmekten daha zordur. İşte İslâm, köleye benlik,insanlık şuuru kazandırmakla işe başlamış, kalbine hürriyet anlayış ve aşkını yerleştirmiştir. Ådeta, "İste vereyim" der gibi yapmıştır. Sonra da hayata salıvermiştir. Zeyd bin Harise'nin yetiştirilip hürriyetine kavuşturulması ve arkasından da soylu bir kadınla evlendirilmesi, sonra içinde eşrafın da bulunduğu bir İslâm ordusuna kumandan tayin edilmesi hep bu meseleye parmak basmanın ifadesidir." [243]

Sonuç olarak, İslâm köleliği icat etmeyip, bilakis onu kaldırmaya çalışmıştır.

---

(243) Tereddütlerimiz. M.G.

RUH VAR MIDIR VARSA MAHİYETİ NEDİR?

Soru: *Ruhun varlığını isbat eder misiniz? Varsa mahiyeti nedir?*

Cevap: Sorunun cevabına geçmeden önce başımdan geçen bir olayı anlatayım. Birgün bir kardeşimi ruh doktoruna götürmüştüm. Bir saat kadar sıra bekledikten sonra nihayet sıra bize geldi ve içeriye girdik. Daha kapıdan içeri yeni girmiştik ki, doktorun nefret dolu bakışları ile karşılaştık. Adam kafasını "hıı" diyerek sallıyor ve söyleniyordu:

— Tabiî bu kızcağızı ruh hastası yaparsınız. Giydirirseniz çarşafı elbette neticesi böyle olur.

Çok sinirlenmiştim. Sordum:

— Afedersiniz doktor bey, size gelen bütün ruh hastaları çarşaflı mı?

Doktor şaşırarak:

— Hayır. Fakat... Diyerek demogoji yapmak istiyordu. Soruma devam ederek dedim ki:

— Doktor bey, şimdiye kadar size gelen açık olan hastalarınızdan birine, "Sen açık olduğun için ruh hastası oldun" dediniz mi?

— Tabiî böyle bir şey söylemedim. Doktor, öyle bir şey söyleyemez.

— Peki bize böyle söylemeniz nerden icabetti? Demek ki ruh hastaları yalnız çarşaflılar olmuyormuş. O halde ruh hastalığının kıyafetle ilgisi yok. Acaba siz neye dayanarak, bu kardeşimin çarşaf yüzünden ruh hastası olduğunu söylüyorsunuz?.. Yanlış bilmiyorsam, bir doktorun herhangi bir teşhis koyması için o hastayı muayene etmesi, çeşitli testlerden geçirmesi lâzımdır. Halbuki siz hastanın yüzünü dahi görmeden hüküm verdiniz. Madem ki böyle yapıyorsunuz, çıkın sokağa halka hastalıkların sebebini söyleyin. Nasıl olsa bozuk düzenin yetiştirdiği toplumun bir kısmı ruh hastası...

Doktor eli ile koltuğu işaret ederek otur dedi. Haddini bilmez Batı'nın kulu olan doktora, en son olarak şöyle dedim:

— Doktor bey, sizin gayeniz benim dinime saldırmak. Meseleyi tıp yönünden ele almayıp, inancım yönünden ele aldınız. İnancım olan İslâm şeriatını bilmeden ona hücum ettiniz. Bunun için de sülalemi bedava muayene etseniz, yine de size muayene ettirmem. Ruhumu öldürmek isteyen doktor, nasıl olur da onu tedavi edebilir?

Sonra, oradan ayrılıp Aksaray'daki başka bir hastaneye gittik. Doktorun nasıl biri olduğunu sorduğumuzda, çok ünlü bir doktor olduğunu söylediler. Ben de, "Ünlü olması mühim değil, hakkı, bilen biri olsun yeter" dedim. Hastaneye vardığımızda yine sıraya girdik. Zaten bizden sonra gelen de yoktu. Nihayet sıra bize gelmişti. Çağrılmayı bekliyorduk. Fakat her nedense çağırmıyorlardı. İçeriden arada bir bağrışmalar geliyordu. Açık olan kapıya iyice yaklaştık. Baktık ki, içerideki tartışma ruhun varlığı, yokluğu hakkında imiş. Muayene olacağımız doktor, "Ruh diye bir şey yok" diyordu. Birkaç dakika sonra bizi çağırdı. Daha önce de bizi görüyorlardı. Fakat, "Ufak tefek gördün de Karamürsel sepeti mi zannettin?" sözü misali bizi çarşaflı görünce tahminim, bunlar anlamaz diyerek devam ediyorlardı. Sonra içeri girdik, fakat onlar hâlâ bazı Batılı filozofların sözlerini konuşuyorlardı. Doktor, "Hanginiz hasta?" diye sordu. Ben de, "Niçin sordunuz doktor bey" dedim. Doktor şaşırarak: "Ne demek niçin sordum? Siz muayene olmaya gelmediniz mi?" Ben de: "Evet, muayene olmaya geldik. Fakat şimdi vazgeçtik. Çünkü yanıldığımızı, yanlış geldiğimizi anladık." Doktor şaşırarak:

— Ne yanlışı? dedi.

Ben de:

— Sizi ruh doktoru biliyorduk. Meğer değilmişsiniz, dedim. Doktor:

— Ne demek efendim? Kapıcı mıyız burda?..

— Kapıcısınız demiyorum. Tabelada "Ruh doktoru" diye yazıyor, fakat siz biraz önce ruhun olmadığını söylemiştiniz. Olmayan bir şeyin doktoru da olamaz. Sizin ruh doktoru olabilmeniz için önce ruhun varlığını kabul edip, onu tanımanız gerek. Ama siz ruhu tanımak şöyle dursun, kabul etmiyorsunuz bile. Bu halinizle sizi ruh doktoru olarak kabul etmiyoruz, kusura bakmayın. Ayrıca, muayene için para vermiştik. Onun da iadesini rica ediyoruz. Orada bulunanların hepsi şaşırmıştı. Çıkarken arkamızdan bir hanım seslendi: "Hanımefendi, hanımefendi..." Gayri ihtiyarî döndük. Seslenen doktorun yanındaki hanımdı. Durduk yaklaşınca sordu:

— Afedersiniz çok ilginç bir şey söylediniz "ruhu tanımak lazım" dediniz. Ruh nasıl tanınır? Kim tanıtabilir?

— "Öğrenmek için sorulan soruya cevap verilir, ayrıca sorduğunuz için teşekkür ediyorum," dedim. Bakın kardeşim, önce Allah'a kendisinin tarif ettiği şekilde samimi olarak inanmak lazım. Ona inandıktan sonra ruha da onun tarif ettiği şekilde inanmak lâzım. Çünkü onu en iyi şekilde bilen, onu yaratandır. İnsanlar iki şeyden yaratılmıştır:

Madde ve ruh. Maddeyi çok iyi öğrenen kişinin, manayı da öğrenmesi lâzım. Zaten manevîyâtı bilmeden ruhu anlamak mümkün değildir. Allah, ruh hakkında bize çok az bilgi verdiğini söylüyor. O öyle söylüyorsa öyledir. Daha geniş açıklama beklemeyiz.

Biraz daha konuştuk. Olumlu sonuçla ordan ayrıldık.

Ruh ile ilgili başımdan önemli bir hadise daha geçti. Onu da birkaç satırla anlatayım: Babam, dört, beş sene önce Cerrahpaşa'da ameliyat olmuştu. Onu ziyarete gittim. Kapıdan içeri girerken doktorun biri: "Nereye gidiyorsun, bu kıyafetle buraya girilmez" dedi. Ben de: "Niçin girilmesin, benim de hastam var, onu ziyaret edeceğim" dedim. "Senin bu kıyafetle buraya girmen buranın tüzüğüne aykırıdır. Buranın nizam ve intizamını bozuyorsun" dedi. Bu arada hemşireler de geldi. Ben de: "Buranın bir tüzüğü, bir nizam ve intizamı varsa benim dinimin de bir nizam ve intizamı vardır. Eğer ben sizi dinler bu örtümü çıkarırsam, inancım olan İslâm'ın tüzüğüne uygun hareket etmemiş olurum. Ve o zaman da ruhum çok sıkılır, buhran geçiririm". "Ne ruhu, ruh yok ki" dedi. Ben de az ötede yazılı olan "Ruh doktoru" tabelasını göstererek: "Ruh yoksa, niçin ruh doktoru tabelasını astınız?" dedim. Doktor şok olmuştu. Sonra iki üç saat birkaç doktor ve hemşireyle ruhun varlığı ve İslâmiyet'in bir dünya görüşü, yani Kur'an-ı Kerim'in içinde, iktisat, miras, alışveriş, hukuk, ailevî münasebetler, devletler arası münasebetlerin olduğu hakkında tartıştık. Üç gün sonra tekrar gittiğim de doktor bana aynen şunları söyledi: "Sen neredesin kardeşim? Üç gündür uyku uyuyamıyorum. Biz ne kadar bilinçsizmişiz. "Ruh doktoru diye tabelayı asarız, sonra da ruha biz inanmayız."

Biraz daha konuştuktan sonra Dr. M. Kenan Çığman'ın "İnançlar" isimli kitabını verdim.

Konumuza devam edelim. İnsanın bütün maddî ve ruhî fonksiyonları esnasında beyni hep aynı şekilde işler. Sevmede, üzülmede vesaire. Hep aynı tür işleyişle karşılaşıyoruz. Maddî izaha göre, beynin nöron havuzlarındaki moleküller bir durumda sevinirken, diğer durumda üzülüyorlar, bazen de kızıyorlar. Seven, küsen, üzülen, kızan acaba beyindeki moleküller midir?

Meselâ televizyon'da film seyreden bir kimse filmin konusuna göre, bir bakıyorsunuz ağlıyor, bir bakıyorsunuz gülüyor, bir bakıyorsunuz heyecanı had safhaya ulaşıyor. Şimdi düşünecek olursak, maddeden yaratılmış olan bu beden, yani madde nasıl gülebiliyor? Nasıl ağlayabiliyor? Nasıl heyecanlanabiliyor? Hem de uzaktan seyrettiği film, madde olarak ona değmemekte yani temas etmemektedir. Maddenin hareket edebilmesi için ona maddî bir şeyin temas etmesi gerekir. Öyleyse film seyreden kişiye maddî bir temas olmadığı halde gülen, ağlayan, heyecanlanan şey nedir? Elbette ruhtur. Çünkü, madde, ağlamaz, gülmez, heyecanlanmaz. Amerikalı bir bilim adamı ruhun varlığına inanışını şöyle anlatıyor: "Bir hastayı ölmeden az önce tarttık, öldükten sonra tekrar tarttık. İkisinde de kilosu aynı idi. Acaba bundan ne çıktı ki, canlı olan beden cansız hale geldi. Ve kilosu aynı olduğu halde, hareketsiz hale geldi. Düşündük ki, bu maddeyi hareket ettiren ruhtur. Ruh çıkınca, beden hareketsiz hale geldi." Ayrıca bir ölüyü yani madde olan bir bedeni televizyonun karşısına geçirsek, filmi seyrettirsek, filmin ağlanacak yerinde ağlar mı, gülünecek yerinde güler mi? Elbette hayır. Çünkü madde ağlamaz, madde gülmez.

Gülen ve ağlayan ruhtur.

Ayrıca, bütün insanların beyinleri aynı şekilde işlediğine göre, his ve zevkler gibi ayrılıklar nedendir?

İnsan beyni, bilgi birikimine benzer şekilde, sonsuz tat, ses, koku, vs. şekilleri kaydeder. Sonra biz, "Hoş kokulu, güzel" deriz. Bu hoş koku beyindeki moleküllere göre midir? Güzel veya bizim güzel bulduğumuz şekilleri idrak etme keyfiyeti, beyindeki moleküller için midir?

"GALİLEO VE MEDYUMLAR

Fizikte, "Galileo Kanunu" ismi verilen bir eylemsizlik kanunu vardır. Bu kanuna göre, dışarıdan tesir yapılmadıkça maddenin harekete geçmesi, hareket halinde iken durması veya hareketini değiştirmesi, yani planlı bir şekilde hedef ve yörünge değiştirerek ve icabında durup geri dönebilecek herhangi bir hareket yapması mümkün değildir. Bu durum karşısında şuurlu bir varlığın aracılığı kabul olunmadıkça mevcudiyetimiz yalnız ve sadece bu maddî varlığa nasıl bağlanabilir?"

Medyumla[244] ilgili bir misal: Merhum Fennî Bey Birinci Dünya Savaş'ı sırasında Medine'de bulunuyordu. Medine düşman kuşatması altında idi. Bir gece rüyasında Beşiktaş'taki evinden ateş ve duman çıktığını gördü. Endişesini giderebilmek için ne telgrafla ne de mektupla haber etmeye imkânı vardı. Kendisi operatör olarak medyumlar vasıtası ile ilgi kurmakta idi. Yanında emir eri olan medyumu ertesi günün sabahı çağırdı. Uyuttuktan sonra, eline güya birkaç altın lira verir gibi yaparak, bir Araptan iki deve

---

(244) Dünyada çok ilginç olaylar oluyor. Akide anlamında değil, ama ister inanalım ister inanmayalım anlamında bazı örnekler sunuyorum.

kiralamasını söyledi. Hayalen kiralanan iki deveden birini deveciye, diğerini emir erine verdi. Yine hayalen onları develerine bindirerek Cidde iskelesine, oradan da vapurla İstanbul'a yolladı. Rıhtım boyunda bulunan arabalardan birini kiralayarak Beşiktaş'a, Serencebey Yokuşu'ndaki evini gösterdi. Kapıyı çalmasını söyledi. Emir erinin kapıya kucağında bir çocuk ile yaşlı bir kadının çıktığını bildirmesi üzerine Fennî Bey, kapıya çıkan kadından eşinin nerede olduğunu sordurdu. Kadının cevabı Fennî Bey'in sembol halinde gördüğü rüyayı doğruluyordu. Eşi, bir gün evvel bir kaza neticesinde aynı evde vefat etmişti. Kapıya çıkan kadın Fennî Bey'in annesi, kucağındaki de öksüz kalan çocuğu idi. Bu olayı maddî yönden izah etmenin imkânı yoktur. Bu olay elbette ruhun varlığını isbat etmektedir.

TELEPATİ

Telepati: Uzaktan hissetme anlamına ve fikir alış verişi manalarına gelir. Telepati konusunda çok ilgi çekici olaylar yayınlanmıştır. Özellikle aralarında yakın sevgi bulunanlarda şiddetli sıkıntıların, ağır hastalık ve ölüm gibi olayların çok hissedildiği tesbit edilmiştir. Savaşlarda ölen askerlerin ölüm anlarında annelerinde görülen ani sıkıntılar, hatta bağırıp çağırmalar sayılamayacak kadar çoktur.

Bilinen telepatiler daha çok annelerde görülür. Bu konuda Amerika'da altıyüz anne üzerinde yapılan bir deneyde annelerin yüzde altmışının çocuklarının ağladığını farkettikleri tesbit edilmiştir. Annelerin, çocuklarının sıkıntılarını, hastalıklarını hatta kaza ve ölümlerini uzaktan sezdikleri tarihte pek çok vak'a ile bilinmektedir.[246] Bu olayın

---

(246) 24.12.1975 Tarihli Ulus gazetesi Din Psikolojisi Ders Notları - Halis Ayhan.

madde ile izah edilecek hiç bir yönü yoktur. Bu olay da ruhun varlığını ispat etmektedir.

TELEKİNEZİ

Telekinezi: Herhangi bir şeyi maddî bir vasıta olmadan, uzaktan, hareket ettirmek demektir. Son yıllarda Musevi asıllı bir kadın medyumun çeşitli bilim adamlarının gözü önünde uzaktan etki ile bir çatalı eğmesi telekinezinin en yeni örneğidir.

(....) Prof. Tromp, bazı medyumların yer altındaki maden ve suları farkettiklerini tesbit etmiştir. Araştırmacı, Birleşmiş Milletler'e verdiği resmî raporda bu kimselerden yararlanılması gerektiğini bildirmiştir...[247]

ÖNSEZİ

Önsezi: Hadiseleri oluşundan evvel hissetme ve haber verme olayına ait melekeye, önsezi diyoruz. Bu husustaki misaller, daha ziyade öleceğini haber verme şeklinde ortaya çıkmaktadır. Önsezinin temel özelliği, bir olay başlamadan bize haber veren bir duygu oluşudur. Genellikle aniden sıkılma ya da sevinç şeklinde olmakla beraber çoğu defa açık olur.

"Önsezinin enteresan bir özelliği de ölüme yakın zamanlarda yoğunlaşmasıdır. Maddesel yapının dışında kurulan önsezi mesajı, ölüme yaklaşan herkeste bir beraberlik kazanır. Sanki insanın maddesel bir ölümle tükenmeye-

---

(247) Aynı Eser.

ceğini müjdeler. İç dünyamızın esrarengiz derinliklerinden gelişi, onun güzelliğini ve insanın yüceliğini bir daha ispatlar." (248)

"Eskişehir mahallesi, Aksungur sokakta oturmakta olan bahçıvan Halit Hoşça'nın genç kızı, bir banyo dönüşü yediği dondurmadan rahatsızlanmış ve bir süre sonra kendisinde kalp romatizması olduğu teşhis edilmiştir. Yapılan bütün tedavilere rağmen iyileşmeyen Bahriye, bir gün yatakta yatarken, ayakta, beyazlar giyinmiş beyaz sakallı, beyaz bastonlu bir ihtiyar yanına gelerek kendisini "Çok güzel bir yere" çağırmıştır. İhtiyarla bir süre kalan Bahriye çevresindekilere: "Ben yarın sabah saat 10'da öleceğim" demiş ve gerçekten de dediği saatte ölmüştür. (249)

Bu ve buna benzer olaylar, gerek yerli ve gerekse yabancı basında sık sık yer almaktadır. Uçak ya da araba kazalarından önce, içine bir his doğduğu için yolculuğa çıkmayarak kazadan kurtulanların haberlerine de zaman zaman rastlanmaktadır. Evet bu olayların maddî bir izahı mümkün değildir. Birazcık aklı olan kimse bu olaylar karşısında ruhun varlığına inanır.

Ölümden dönenlerin, ölüm anını anlatma öyküleri hep ruh konusunda olan net olaylardır. Ancak unutmamak gerekir ki, insanların tüm zihinsel yeteneklerini ve duygusal ilgilerini hâlâ insan beynine mal edenler vardır. Birçok ruhsal olayları, esrarangiz beyin dalgaları ile izah etme çabaları sürüp gitmektedir. Bunlar için verilecek cevap, ameliyatlar sonucu ortaya çıkan akıl almaz gerçeklerdir.

Bazı büyük beyin tümörlerini tedavi esnasında beyindeki hareket merkezi dışında büyük bir bölüm (beynin üç-

---

(248) Din Psikolojisi Ders Notları - Halis Ayhan.
(249) Aynı Eser.

te birine yakını) ameliyatla alınmaktadır. Bu durumda, insanın zihnî yeteneklerinde kayda değer önemli değişme olmamaktadır. Eğer beyin tümüyle zihni koordine etse, yönetse idi, bu ameliyatlardan sonra ruhsal yeteneklerimizin büyük ölçüde yok olması gerekirdi.

Beynin ön ve yan lobları zeka merkezi diye tanımlanmıştır. Bu ameliyatlardan sonra bu lobların tamamının alınması halinde ciddi bir zeka sorunu ortaya çıkmamıştır.

Yeni araştırmalar bu bölgelerin kompitür görevi yapan uyum merkezleri olduğunu ispatlamış, ameliyatlarında ise bu görevi diğer bölgelerin ele aldığı anlaşılmıştır.

Şu halde bilimsel olarak şu sonuçlara varmak yerinde olacaktır.

a) İnsanda madde ötesi yetenekler vardır. Bunların vücudun maddesel yanı ile izahı mümkün değildir.

b) İnsanın insanlığını ispatlayan sevgi, san'at, telkin, önsezi, telepati yönleri, onda madde ötesi bir yanın olduğu gerçeğini doğrular. [249a]

* * *

Ölümle birlikte, fizik bedenle enerji beden alâkasının sona erdiği söylenir. Medyumların raporlarına göre, enerji beden, fizik bedenimizin içindedir ve tam duble durumundadır. ÖLÜMLE, ET KILIFINDAN ÇIKAR VE BİZ YAŞAYIŞIMIZA ENERJİ BEDEN (RUH) OLARAK DEVAM EDİP GİDERİZ. [250]

(249-a) Diyanet Gazetesi, Sayı: 285.

(250) Ruhun Varlığının İlmî İspatı - Abdullah Aymaz.

RÜYALAR

Bazı ilim adamlarının hâlâ beyin işlemi saydıkları rüyaların üç yönü, onun insanda ruh bulunduğunu kesinlikle ispatlar.

a) Geleceği açıkça belirten rüyalar.

b) Hiç gitmediğimiz yerleri önceden rüyada görme ve rüyadaki iç spikerin bize verdiği izahlar. Rüyalarda iç spiker vardır. Gördüğümüz bir rüyayı anlatırken, "Ben bir şehre gitmişim. Orası filan şehirmiş, bir kimse gördüm, o kimse falanca imiş" dediğimiz zaman, bu bilgiyi, bize, görünmeden söylediğini farkederiz. İşte bu spiker, iç dünyamızdaki "Ben" (ruh), asıl kişiliğimizdir. Ölümsüz olan odur.

C) Bir günlük bebeğin uyurken gülmesi... Bu olay, "Rüyalar gündüz yaptıklarımızın tekrarıdır", tezini tamamen yok etmektedir. Bebekler ancak 25-40 günlükken gündüz gülerler. Halbuki doğduğu günden itibaren rüyasında gülmeye başlar.

Bilhassa ruhun varlığını ispat eden delillerden birisi de doğru rüyalardır. Madde olan beden, zaman ve mekâna bağlıdır. Halbuki doğru rüyalarda insan zaman ve mekânı aşmaktadır. İşte bu durum madde ötesi ruhî bir hakikati ispat eder. Ayrıca nice kimseler vardır ki, zühd ve takvasına, İslâm'a sarılmasına uykuda gördüğü rüya sebep olmuştur. Nitekim, Hz. Peygamberimizin (s.a.v) dedesi Abdülmuttalib de gördüğü rüya ile Zemzem kuyusunu ve oradaki hazineyi bulmuştu.

"Kayravan'da, Ebu Muhammed Abdullah Bağanasi adında salih bir adam vardı. Kaybolan mallarını yerini rüyasında kendisine söylerlerdi. İnsanlar ona gelirler, falanın vasiyet etmeden öldüğünü, mevcut malının yerinin bilinmediğini söylerler, o da Allah'a dua edip yatar, ölen kimse rüyasında kendisine gösterilir ve ondan malın yerini öğrenirdi. İhtiyar, iyi bir kadın ölmüştü. Başka bir kadın, ona, yedi dinar emanet bırakmıştı. Emaneti bırakan kadın, Ebu Muhammed Abdullah'a gelip durumu anlattı ve ölen kadının adını verdi. Ertesi gün Ebu Muhammed ona dedi ki:

— Ölen hanım sana: "Evimin tavanında yedi tahta vardır. Paranı yedinci tahtada, bir kumaş parçası içinde bulacaksın" diyor. Gerçekten para, orada bulundu. (251)

Hayat Tarih mecmuası'nın Mayıs 1974 tarihli 5. sayısının 85. sayfasında müthiş bir rüyadan bahsediliyor:

Suriye atabeylerinden Nureddin Mahmud Zengi'ye, (1146-1174) rüyasında, Peygamberimiz Hz. Muhammed (s.a.v) görünmüş, ona üç kişiyi gösterip kendisini bunlardan kurtarmasını bildirmişti. Zengi, hemen Medine'ye giderek ihsanda bulunmak bahanesiyle bütün halkın önünden geçmesini istedi. Emri yerine getirildiyse de bunlar arasında rüyada kendisine gösterilen üç kişi yoktu. Bunun üzerine gelmeyen kimse bulunup bulunmadığını sordu. Peygamberimiz'in (s.a.v) türbeleri civarında bir evde oturan üç batı Afrikalı garibin gelmediğini söylediler. Hemen onları getirtti ve bakar bakmaz aradığı kimseler olduklarını anladı. Kendilerini tutuklayıp kaldıkları eve gidince, türbeye doğru bir yeraltı geçidi açmaya çalışmış olduklarını gördü. Bu üç kişinin Hristiyan oldukları anlaşıldı. Sorguları neticesinde ise, gayelerinin, Peygamberimizin (s.a.v) na-

---

(251) İnsan ve İnsan Üstü - Süleyman Ateş.

aşını kaçırıp, Hristiyan diyarına götürmek olduğunu itiraf ettiler. Zengi, üçünü de hemen idam ettirdi ve ayrıca türbenin dört tarafına gayet derin hendekler açtırıp, KALAY İLE DOLDURARAK yeniden böyle bir teşebbüse mani olacak tedbirleri aldı. (252)

Ruhun varlığına inanmak isteyene bu kadar delil yeter de artar bile.

Kur'an-ı Kerim'e göre "ruh" ise şöyledir: Yahudiler, Peygamberimize ruhun ne olduğunu sordular. Bunun üzerine Allahu Tealâ İsrâ suresinin 95. ayetinde: "Ruhu sana soruyorlar, de ki: Ruh Rabb'inin emrindedir ve size bu hususta az bilgi verilmiştir" buyurmuştur. A'raf suresinin 54. ayetinde: "Haberin olsun ki, yaratmak ve emretmek O'na mahsustur" buyurulmaktadır. Bu ayetten anlaşıldığı gibi, ruh da Allah'ın mahlukudur (yaratığıdır). Fakat, maddeden ayrı bir mahiyeti vardır ve emir âlemindedir. Onun için de bedende âmir (emredici) durumundadır.

Bedenin sevk ve idaresi ruhun elindedir. Yukarıdaki ayetlerin ışığında, İslâm âlimleri, bedeni ata, ruhu da dizginleri elinde bulunan süvariye benzetirler. Böylece her ikisinin birbirine muhtaç olduğunu fakat mahiyetlerinin de ayrı olduğunu ifade ediyorlar.

Ruhun bedene zıt olarak beş özelliği vardır. Biri ana rahminde ruhun cenine taallukudur. Bilindiği gibi ana rahmindeki çocuk üçbuçuk dört aylık olmadan kımıldamaz. Çünkü kımıldatan, insanı hareket ettiren can değil, ruhtur. Gelelim ruhun diğer dört vasfına. İkincisi, dünyaya geldikten sonraki ilgisi (tanıma, sevme, nefret etme vs. gibi),

---

(252) Ruhun Varlığının İlmi İspatı - Abdullah Aymaz.

üçüncüsü, uyku halinde bedenle olan ilgisi. Uykuda ruhun bir yönden bedenle ilgisi vardır. Bir başka yönden de alâkasını keser. Dördüncüsü, ruhun cesede taallukudur. Her ne kadar ruh, ölüm sebebiyle bedenden ayrılsa da tamamen ilgisini kesmez. Beşincisi de, kıyamet gününde ruhun beden ile birleşmesidir.[(253)] Kısaca şunu söyleyebiliriz ki, dünyaya ait hükümler bedenler üzerine tereddüm etmiştir. Ruhlar, dünyada bedenlere tâbidir. Kabir hayatındaki hükümler de ruhun üzerine tereddüm eder. Bedenler ise ruhlara tâbidir. Öldükten sonraki kıyamet, haşirneşire ait hükümler hem ruhların, hem de bedenlerin üzerine tereddüm eder.[(254)]

---

(253) Fıkhı Ekber - İmam-ı zam.
(254) Fıkhı Ekber - İmam-ı zam.

BİR MEKTUP

Sevgili hocam, Merhaba,

Umarım beni tanıdınız. Ankara Demetevler'de, bir eczanede tanışmıştık. Hatırlarsanız, "Bana sorularınızı yazın" demiştiniz. Sizden sonra düşündüm, bütün sorularımı kaleme aldım. Belki sizi sıkacak, belki de cevap vermekte zorluk çekeceksiniz.

Fakat, inanın, sorumlusu sizsiniz. Siz zorladınız beni, ben de yazıyorum. Cevabını tüm içtenliğimle bekleyeceğim. Hocam, size soracağım aşağıdaki sorularımı, felsefe hocamıza sormuştum, o da yanıt vermedi. Bir de hacı dayım vardı. Geçen yıl namaza başlamıştı, benim sorularımdan sonra namaz da kılmıyormuş... Aynı soruları size de soracağım. Korkarım cevap veremeyince, sizin de inancınızda sarsılmalar olur. Böyle soru sorduğum için bana kızmayın. Siz ısrar etmiştiniz, aksi takdirde nasıl sorabilirim?

SORULAR

1) Allah'ın varlığını ispat eder misiniz?

2) Dinlerin sahibi madem ki Allah, o halde Hristiyanlık niçin din kabul edilmiyor?

3) Annemle babam anlatıyorlar. Eskiden kızla erkek birbirini görmeden evlenirlermiş. Bana bu tutucu kural çok saçma geliyor. Niçin İslâm'da bu kadar bağnazlık var? Anlayamadım. Bence flört etmeden evlenmek demek, evlenmeden önce boşanmak demektir. Birbirlerini iyice tanımadan evlenenler boşanmaya itiliyorlar. Dini bu konuda çok dar görüyorum.

4) Kutuplarda 6 ay gece, 6 ay gündüz oluyor. Orada bulunan insanlar nasıl ibadet edecekler?

5) Eskiden kızlara önem verilmezmiş. Şimdi uygar dünyada yaşıyoruz. Kızlar, erkekler diye bir ayırım yapılmıyor. Niçin İslâm'da kızlar hor görülüyor?

6) Ezan Türkçe okunsa olmaz mı diyorum? Ben Türküm, niçin Türkçe okunmuyor ezanlar? Bana ne Arapça'dan.

7) İslâm'da, kadın evlendikten sonra erkeğin kölesi oluyor. Bu tür adaletsizlikler İslâm'dan çıkarılsa diyorum. Siz ne dersiniz?

8) Şu namaz konusu. Ben namaz kılmıyorum, ama benim kalbim namaz kılanlarınkinden daha temiz. Kalbim pis değil ki, niçin namaz kılayım?

9) Bazı aileler kızlarını çalıştırmıyorlar. Halbuki kadınların çalışması Türk ekonomisine katkı sağlıyor. Bu katkıyı reddetmek, bence saçma bir inanış. Siz, bunun doğru olduğuna inanıyor musunuz?

10) Kadınların kıskançlığı malum. Dört kadınlı evliliğe nasıl müsaade ediliyor?

11) Kur'an-ı Kerim'in mealini okudum. Fakat en ufak bir şey anlamadım. Bu kitap nasıl oluyor da Allah'tan geliyor?

12) Geçenlerde ağabeyim Almanya'dan geldi. Ne söy-

lese beğenersiniz? "Türkiye'de İslâm dini çok yanlış ve çok değişik tanıtılıyor. Bunu unutma" dedi. Bu ne demek canım? Din dindir. Türkiye'de din başka, Almanya'da başka mı?

13) Amerika aya çıktı. Biz yaya kaldık... Öğrendiğim kadarıyla bizim geri kalmamıza hocalar sebep olmuş. Niçin İslâm âlimleri ilerlemeye karşı çıkıyor?

Çok soru sordum değil mi ablacağım. Aslında daha çok sorum var. Fakat bu kadarını yeterli görüyorum.

Cevabını bekler, çalışmalarında başarılar dilerim.

ŞENAY MERAL
Demetevler/ANKARA

ŞENAY M.'YE CEVAP*

Allah'ın kulu Emine'den, İslâm'a talip olan ŞENAY'a!

Bismihi Tealâ,

Kardeşim Şenay! Göndermiş olduğun 13 sorulu mektubu aldım. Türkiye hatta dünya gençliğini o mektubun içinde görür gibi oldum.

Sorularının her biri kitaplık bir konu. Ben kısa kısa cevap vemeye çalışacağım. Allah tesirini nasip etsin. (Amin)

Bak kardeşim! Şunu asla unutmayasın ki, bugün İslâm düşmanlarının ve hurafelerin yaygın olduğu her yerde İslâm dini yanlış tanıtılmıştır.

Sana üç tavsiyede bulunacağım. Bir kardeş, bir dost ve bir akadaş olarak da tavsiyelerime az da olsa önem vermeni istirham edeceğim.

(*) Kitapta, mektuba yazılan cevaba ilaveler yapılmıştır.

Üç tavsiyem:

a) İlk olarak ilim yapmanı, ilim yaparken de asla ehli olmayandan hiçbir şey sormamanı...

b) Sabırlı ve samimi olmanı, mesuliyet altına girmeni.

c) Şartlar ne olursa osun, kime kızarsan kız, ne kadar hasta olursan ol, ne kadar fakir olursan ol, Allah senden ne istemişse onu yapmanı. Eğer Allah'ın emirlerinden yapamadıkların olursa, Allah'a karşı mahcubiyet hissetmeni.

Şimdi sorularınıza geçiyorum.

1) ***Soru:*** "Allah'ın varlığını isbat eder misiniz?" diyorsunuz. Bu sorunun cevabı verilmiştir.

2) ***Soru:*** "Din nedir ve dinlerin sahibi madem ki Allah, o halde Hristiyanlık niçin kabul edilmiyor?" diyorsunuz.

Cevap: Önce "Din nedir?" sorusuna cevap arayalım. "Din, Allah tarafından vaz olunmuş bir sistemdir. İnsanlara saadet yollarını gösterir, onların saadete erişmelerine delalet (isabet) eden yaradılışlarındaki gaye ve hedefi, Allah'a ne suretle ibadet edileceğini bildirir. [(255)]

"Din, cemiyetin nâzımı (düzenleyicisi) olma bakımından, beşeriyete (insanlara) lazım bir müessesedir. Bu müessese ne kadar derin temellere, ne kadar derin hikmetlere dayanırsa lüzumu da o nisbette artar."

VİCDAN DİNİN YERİNİ TUTABİLİR Mİ?

Bazı filozoflar vicdanın dinî vazife yapabileceğini söylüyorlar. Bu doğru değildir. Evet, insanlarda fıtrî bir hal vardır. İyiyi kötüden, hayrı şerden ayırdedebilmesi fıtratından gelir. [(256)] Fakat vicdan dediğimiz bu yapı, talim ve ter-

----

(255) İslâm Dini, İtikat ve Ahlâk - A. Hamdi Akseki.

(256) a.g.e.

biye ve tekamül edeceği (değişeceği) gibi, kötü itiyatlarla, fena muhitlerin kötü telkinleriyle körleşeceği (bugünkü gibi... çevresi uğruna dinin esaslarının çiğnenmesi) hatta binlerce Müslümanın büsbütün yok olabileceği de şüphe götürmez bir gerçektir. [257]

Buradan da anlıyoruz ki, din mutlaka olmalı. Ve bu oluş insanları yaratandan gelmeli ki, insanları daha güzel tanıtsın ve reçeteyi ona göre sunsun. İşte Allah Teala da bunu yapmış ve insanların fıtratını gözeterek, yönetim şekli ve kanunlar koyduğu Kur'an'ı göndermiş. Biz, insanların bugünkü olgun düşüncesine göre yorum yapıyoruz. İnsanın yaratılıp da, nasıl hareket edeceğinin bildirilmemesi mümkün mü? Denize, herkesin gözü önünde çıplak girecek kadar hayvanlaşanların, yarın insan yediğini de rahatça görmek mümkün olacaktır. İnsanlar bir yere kadar, hayvan dahi olmazlar. İnsan hayvanlık haddini de aşabilir. Çünkü, hayvan yaşadığı hayatı kötü görüp, daha değişik hayat aramaz. İnsan her bulduğu güzel hayatın üstünde bir hayat arar. Birkaç misal verelim. Gecekonduyu saray gören bir insan, gecekondu bulunca o gecekonduyu tavuk kümesi görür. Bir elbiseyi bulamayan, daha iyisini bulunca onu paspas yapar. Denize mayosu ile giren kadın, bikini [258] özlemini çeker. Bikini giyince "üstü olmasın" der. Bugün plajlarda üstün çıkarıldığı gibi. Onu çıkarınca, yarın, altı da çıkarma arzusu içini sarar. Onu da yapınca, nefsi başka bir sapıklığa doğru yola çıkar. Hayvanlar birbirlerinin yanında çıplaktırlar ve birbirlerine cinsî yönden bir arzu duymazlar. Ancak mevsimlerini beklerler. Birbirlerinin yanında çıplak

---

(257) a.g.e.
(258) Okuyucudan özür dilerim

duran insanlar birbirlerine karşı çekiciliği, özlemi kaybedince başka haramlara dönerler. Hayvanda bu duygu yoktur. Hayvan bulunduğu anı yaşar, insan bulunmadığı anı aklına takar. Misaller saymakla bitmez. "İnsan melek, insan çiyan, insan canavar. Bilmez ki içinde bir nefescik canı var" mısraları bilinerek söylenmiştir. Demek oluyor ki din, düzen koyucu, aşırı hallerden uzak tutucu, kendini tanımayan insanoğluna kendisini tanıtıcıdır. İnsanı da ancak en güzel şekli ile Allah tanır. O halde, en güzel yaşama kanununu da Allah koyar. Buna da Müslümanlardan başkası tâbi olmaz. Tâbi olmayınca, medeniyetlerini "şehvet" merkezli yaşantılarıyla iyice çökertirler. Bugün, Batı devletleri insanlık yönünden çökmüş, teknoloji yönünden de ilerlemiştir. Bu ilerleme onları mesut etmemiş, gençliği bunalım girdabından çıkaramamıştır.

Bir zamanlar, Timurtaş Hoca'dan duymuştum. Allah rahmet etsin. Bir Amerikalı Prof. şöyle diyordu: "Bana küçük yaşlarda on çocuk verin. Onlardan birini katil, birini yankesici, birini yalancı, birini hiç yalan konuşmayan, birini cellat ruhlu, birini melek kadar saf, birini şair, birini politikacı, birini becerikli, birini de beceriksiz yapayım. Ve bu çocukların hangisinin ne olmasını istiyorsanız siz tayin edin" diyordu.

Ne kadar ilginç! Demek ki bir insan herşey olabilir. Ve demek oluyor ki, insan bir su misali, kıvrım kıvrım akar. Bu akış ancak din ile yönlendirilebilir. Yalnız din insanların kurduğu din değil, Allah'ın kurduğu din olmalı... Din Allah'ın lütfudur. Din insanın meşalesidir. Din bunalımlı dünyanın kurtarıcısıdır.

Bazen kişilerden duyuyoruz: "Efendim" diyor. "Ben din min tanımam. Benim vicdanım dindir." Bu sözlere karşı en büyük delil de ufak bir şefkatsizlikten, ufak bir suçtan müteessir olanlara karşılık ana babasını boğan ve hatta diri diri evlatlarını gömen insanların halidir.

İş burada da bitmiyor. Köpeğine altın tasma takan da vicdan taşıyor, işçisine asgarî ücret veren de vicdan taşıyor... Geçen yıl Ankara'daydım... Hanımın birine rastlamıştım. Hüngür hüngür ağlıyordu... Öyle bir ağlamak ki, ömrümde öyle ağlayan insan görmedim diyebilirim. Meğer derdi, kocasının evlenecek olmasıymış. 15 yıllık evlilermiş, çocukları olmuyormuş. Bundan dolayı kocası köye gitmiş. Köyde kızın biri de, "Erkek şehirde otursun da, ne olursa olsun varırım" demiş. Neticede olan olmuş, evlenmişler. Adam yeni hanımını alıp, "Biz şöyle biraz gezelim" diyerek, çekip gidiyorlarmış. Kadın sabaha kadar ağlıyormuş, kocasına yalvarmış, "Benim çektiğim acı bana yeter ne olur? Gözümün önünde onunla çok sık ilgilenme" demiş. Adam yine aldırmamış. Kadın sonunda dert sahibi olmuş. Buyurun... Bu insan da vicdan taşıyor ama, vicdanını sevdiği kişinin aleyhinde çalıştırıyor. Ağlayanı düşünmüyor. Kısacası vicdan, akıl, göz, acıma duygusu, vs. Bunların hepsinin doğru hareket etmesi için din gereklidir. Din sadece ve sadece Allah'ın kanunudur. Yeryüzünde yaşama, ahirette de cennet veya cehenneme girme kanunudur. Halbuki Kur'an-ı Kerim'de şöyle buyurulur: "Allah katında tek din İslâm'dır." [259] "Kim İslâm'dan başka bir din ararsa, ondan başka bir din asla kabul olunmaz." [260]

Muhterem kardeşim! "Din nedir?" sorusuna bu bir cevap değil de bir giriş olabilir ancak. Fakat biz bu kadarla

----

(259) Al-i İmran: 19
(260) Al-i İmran 85

yetinelim. Ve Dr. M. Kenan Çığman'ın İNANÇLAR isimli kitabını alınız, bu konuda tamamen tatmin olacaksınız.

Gelelim "Madem ki dinlerin sahibi Allah, o halde Hristiyanlık dinini niçin kabul etmiyor?" sorusunun cevabına: Bu konu, oldukça geniş olarak açıklanması gereken bir konudur. Ancak bunu da kısaca özetlemek mecburiyetinde kalacağım. Şunu söylemek mümkün: Allah gönderdiği her emri, peyderpey göndermiştir. Hz. Adem'den günümüze kadar her gelen emir, Allah'ın emriydi. Ancak, Allah emirleri kısım kısım göndermiş, yeni bir emir gelince öncekinin hükmünü kaldırmıştır.

Söz buraya kadar gelmişken çok önemli bir tartışmayı nakledeyim.

YEHOVA ŞAHİTLERİ

Yaklaşık iki yıldır bir mücahide kardeşim, devamlı olarak beni bir yere davet ediyordu. Fakat, ne hikmetse bir türlü gidemiyordum. Mücahidemiz iyice sinirlenmiş. Bir gün bana "Çok ayıp ediyorsunuz ama. Bizim köylüler Yehova Şahidi denilen Hristiyanlardan oluyorlar. Onlar nasıl çalışıyorlar bir bilseniz" diyerek, beni tahrik etti. Konuyu enine boyuna araştırdım ki; sinsice çalışan Hristiyanlar, amcasını, hanımını Hristiyan yapmışlar. Çok ilginç sorular soruyorlarmış. İslâm dinine de hakaretler had safhadaymış. Karı koca Rizeli imiş. Başka Müslümanları da Hristiyan yapmak için çalışıyorlarmış. Çok da mütevazı imişler vs. vs... Onlara gün verdik. Ben ve eşim, cumartesi akşamı, Hristiyan olmuş eski Müslümanların evine gittik. (Ne kadar acı bir şey, ya Rabbi) Eski Müslüman dedikse, nüfus kağıdı Müslümanı. Çünkü, tam manasıyla Müslüman olanı hiç kimse dininden döndüremez. Ne Müslümanlığı belli ne Hristiyanlığı belli olan cinsleri Hristiyan yaparlar. Allah, cümlemizi İslâm düşmanlarının şerrinden korusun. (Amin) Neyse, o gün akşamı mücahidemiz geldi, babasıyla beraber bizi o tartışacağımız eve götürdüler. Doğrusu heyecanlandım. Acaba diyordum, sahiden ben bir Hristiyanla mı karşı karşıya geleceğim? Acaba bizi nasıl karşılayacaklar? Sorularım birbirini kovalıyordu. Eşim de o gün, Diyanet Yayınları'ndan, Yehova Şahitleri isimli kitaptan şöyle bir paragraf okumuştu: "Yehovalar çok yumuşaktır, gayet sessiz konuşurlar, kızmazlar, sinirlenmezler. Karşı tarafın inancına önceleri hakaret etmezler" diyordu. Hem gidiyor, hem de taktiklerini düşünüyordum. Nihayet eve geldik. Merdivenleri, çıkarken sanki düşecekmişim gibi sağa sola yalpa yapıyordum. Çok, ama çok üzgündüm. Eskiden bizim olan bir insanı, şimdi ellerin olarak görecektim. Erkeklerden önce kapının zilini çaldık. Kalbim duracakmış gibi heyecanlıyken birden kapı açıldı ve uzun boylu, güler yüzlü, konuşmasından Rizeli olduğu belli olan bir kadın bizi içeriye davet etti.

Kapıdan girişte bir salon ve sol kolda da bir oda vardı. Kadın gayet mütevazı bir şekilde:

— Buyurun salona oturun, dedi.

— Biz de:

— Biz çok mecbur kalmadıkça kadın erkek beraber oturamuyoruz. Başka yer yok mu? dedik. "Elbette var" dedi ve bizi sol koldaki odaya aldı. Biraz hoşbeşten sonra, oturduk. İlk sözü şu oldu:

— Niçin kadın erkek beraber oturmuyorsunuz?

— İslâmi geleneğimiz böyle. Çok mecbur değilsek...

— Canım böyle saçmalık mı olur? İşte ben buna karşıyım.

— Siz tabiî karşısınız. Zaten uygulayan da siz değilsiniz, biziz. Biz karşı değiliz ki. Siz de şimdi karşı olduğunuz o dinde değilsiniz, böylece ödeşiyoruz. Bizim adımıza rahatsız olmayınız, rica ederim, dedim. Dedim ama kadının bana kızacağını zannediyordum, daha doğrusu öyle hayal ediyordum. "Ne münasebet, ben niçin dinden çıkayım? Elhamdülillah ben de Müslümanın" demesini bekliyordum. Çünkü, hâlâ inanamıyordum. "Benim dinimi beğenmeyen bir insan, nasıl olabilir?" diyordum. Kadının halleri de sanki hiç kötü iş yapmamış gibiydi. "Durun" dedi "Müsaadenizle ben mutfağa gideyim." O kalktı gitti. Ben de kütüphaneye göz atayım, dedim. Kütüphaneye baktığımda, İncil, yanında da Kur'an-ı Kerim meali olduğunu gördüm. Bir kere daha şaşırdım. Uzanıp İncil'i aldım. Tam bu arada kadın geldi ve "O İncil'den anlayamazsınız" dedi. "Açıklamalı İncil'i' okuyun. Getireyim mi?" Kalbim bir hoş olmuştu, gözümün yaşları içime akıyordu. Gözlerinin içine baktım kadının. "Sen nasıl peygamberini bırakırsın, nasıl şu Kur'an'ı terk ettin?" diyordum. Ama beni anlayamıyordu. Çünkü, ruh anlardı, akıl anlardı. Ruhu değişmişti. Bana bazı sorular sordu. Cevap verdim. "Onyedi yaşıma kadar din düşmanlarının tuzaklarında dinimi bulamadım. Onyedi yaşımdan bugüne kadar dinimi öğrenme safhasına girdimse de, yeteri kadar öğrenemedim. Bir çocuk okuyup yazmasını beş yılda öğreniyor, ben dinimi 8-10 yılda bitiremem ki. İslâm bir denizdir. Denizi bir bardağa sokmak mümkün mü?" dedim. Bir taraftan da İncil'i karıştırıyordum. "Siz İncil'i öğrendiniz mi?" dedim. "Hayır" dedi. Biliyormuş havalarına girmedi. Böylece, beni soracağı sorulara hazırlıyordu. Sorduğum soruya cevap veremezse "Ben söylemiştim ya, bilgim azdır" diyecekti. Sonra da akıl hocalarından birini çağıracaktı. Çünkü, Hristiyan taktiği vardı ortada. "Peki İncil'i bilmiyorsun, bu demektir ki Hristiyanlığı bilmiyorsun. İslâm dinini biliyor muydun ki, beğenmeyip onu bıraktın ve Hristiyan oldun?" Büyük bir rahatlıkla, "Tabiî biliyordum" dedi. "Nereden öğrendin?" dedim. "Ben küçükken sübyan mektebine gitmiştim" dedi.

— İyi ama sübyan mektebinde ezber dua öğrenilir. Bir de Kur'an'ı yüzünden okumak... Bunları bilmek başka bir şey, İslâm'ı bilmek başka bir şeydir. İslâm ilimleri başlıca üç kısma ayrılır:

1 — Kur'an ilmi,

2 — Hadis ilmi,

3 — Fıkıh ilmi.

Kur'an ilmi de iki kısımdır:

1 — İlmi kıraat, yani Kur'an'ın okunmasına ait olan ilim.

2 — İlmi tefsir, yani Kur'an'ın manalarına ait ilimler.

Ne garip tecellidir ki Türkiye'de, Kur'an ilminin ancak okuma yönü ele alınmış, her Kur'an'ı öğrenen kişi de "Ben İslâm'ı öğrendim" deyip, çıkmış işin içinden. İşte adı geçen Hristiyan kadın da, Kur'an okumasını öğrenmiş... Şimdi İslâm'ı bildiğini iddia ediyor, Hristiyan olduğu için de vicdanını susturuyordu.

Orada Müslümanlar ve o kadının akrabaları da vardı. Hepimiz heyecanlıydık. Sonra İncil'i aldım, koltuğa oturdum. İncil elimdeydi, öylesine karıştırıyordum. Ben kadına bakıyordum, kadın bana bakıyordu. Bir ara sessizlik oldu... Sonra konuşmaya başladık. Bir mesele için, "Ben Müslümanım kardeşim" dedim. Kadın, "Ben de Müslümanım, ben de İslâm'ım" dedi. Hepimiz şaşırmıştık. Şaşkın şaşkın sordum:

— Ne!... Sen İslâm mısın?

— Eveeeet...

— Hani Hristiyandınız?

— Evet, yine Hristiyanım.

— Olur mu canım? Bir insan ya Müslümandır, ya Hristiyandır. Siz her ikisi birden nasıl oluyorsunuz?

— Ne var canım, İslâm ne demek?

— Müslümanlığı kabul eden demek.

Kadın gayet kendinden emin bir şekilde "Hayır" dedi. Ben de Arapça manasını düşündüm. Daha doğrusu düşündürüldüm. İf'al babından geliyordu. Mastar bir kelime idi ve manası, teslim olmaktı... Kadına dönerek:

— İslâm demek, Allah'a teslim olmak demektir, dedim.

O da:

— Tamam işte bak. Ben de Allah'a teslimim.

Kadının taktiğine hayret etmiştim. Tabi üzüntümün haddi hesabı da yoktu. Dün Müslümanken, dini hakkında hiçbir şey bilmezken, şimdiki dinini muazzam taktiklerle koruyordu. O kadar ki "İslâmım" diyerek, karşıdaki kişiyi etkisi altına alıyordu. Zaten en önemli taktikleri, "Ben de Müslümanım", "Ben de Allah'ı seviyorum", "Ben de Kur'an'a inanıyorum" gibi sözlerle karşı tarafı etkisi altına almak, böylece karşı tarafı ne diyeceği hususunda şaşırtmak... Zannediyorum bu taktik, Yehova Şahitleri ismini alanlarda daha fazla. Bir taraftan, "Kur'an'a inanıyoruz" diyorlar, öbür taraftan "Kur'an Muhammed'in yalanı" diyorlar. Soruyorsunuz, "Hani biraz önce Kur'an'a inandığınızı söylüyordunuz? Şimdi tamamen değişik konuşuyorsunuz."

"Aksini ispat edin" diyorlar. Halbuki bu istek sorumuzun cevabı olmuyor. Ustaca konulara girerek onlara sorduğumuz "Hani biraz önce Kur'an'a inandığınızı söylüyordunuz" sorusunu örtbas ediyorlar... Nasıl anlatayım? Benim ve eşimin bu konularda biraz bilgimiz olmasaydı, Müslüman gittiğimiz yerden, Hristiyan olarak dönebilirdik... Yani bilgisi olmayan insanları mantığa hitap eden soruları ve sakin tartışmaları, ikide bir "Ben size saygı duyuyorum, fikrinize saygım var, çok haklısınız, sizi tebrik ederim. Dinlemesini biliyorsunuz" gibi sözleriyle zihin karışıklığına itiyorlar. Güya ben de fazla soru sormadan onu dinlemem gerektiğini zannedip, onların fikirlerine göre devamlı onları dinleyeceğim. Böylece de insiyatifi ellerine geçirecekler, ben de güya şöyle söyleyeceğim: "Hıımmmm, demek ki dinlemesini biliyormuşum. O halde hiç soru sormayayım da, bana verdiği iyimser notu düşürmesin."

İlginç taktiklerinden birini bir kardeşim anlattı. Önce kardeşimizin yanına gidip, "Sen Müslüman mısın?" demişler. O da, "evet" deyince, ona ayet okumuşlar. Manasını bilemeyince "Bunun manası mukaddes kitabı oku demektir" demişler ve bir kitap hediye etmişler. Kitap da kendi kitapları ve adı da Mukaddes Kitap. Görüyorsunuz değil mi? Dinini bilmeyenlere nasıl oyun oynuyorlar?

Hangisini anlatayım? Tezgahları mükemmel kurulmuş. Biz, sordukları soruların cevabını bildiğimiz için bize o sorular hiç gibi geldi. Yalnız bilmeseydik, yukarıda belirttiğim gibi kötü bir dönüşümüz olurdu.

Dönelim tartışmalara. Kadın çay getirdi. Bir sürü de börek çörek yapmış. "Sizin için yaptım" dedi. Hem verdiği çayı ve böreği aldım, hem de sormadan edemedim:

— Afedersiniz kardeş! (Adem a.s ile Havva anamızdan geldiğimiz için kardeş dedim) Bu böreklerde domuz eti var mı?

Şöyle bir durakladı:

— Yoooo... dedi.

— Sevinmiştim. Demek ki domuz eti yiyecek kadar Hristiyanlığa ısınamadı. Niçin yemediklerini sordum. Eski din kardeşimin ağzına bakıyordum. "Ben domuz eti yiyemem" desin istiyordum.

Cevabı ise:

— Domuz etini nerede bulayım? oldu. Aman Allah'ım, bir Müslüman nasıl böyle olabilir? Sonra, şu İslâmî hüküm geldi aklıma, "Dinî eğitim olmazsa, insanoğlunun puta da tapar, ineğe de (Hindular gibi) ve insanoğlunun en zalim insanı olur.." Bu kadın ve bunun gibileri İslâm'ı bilselerdi, hiç imkan var mıydı bu duruma düşmelerine?

Çaylarımızı içerken (börek yemedik, şüpheli olduğu için) sordum:

— Ayşe kardeş, isminiz Müslüman ismi, niçin değiştirmediniz?

— İsmin hiç önemi yok bence.

— Olmaz olur mu? Müslümanlıkta, Hristiyan isimleri takmaya cevaz verilmemiştir.

— Peki Müslümanların hepsi Müslüman ismi mi taşıyorlar ki?

Kendi kendime: "Kaç Müslüman var ki?" dedim. Hakikaten Müslüman olanlarda, asla yabancı isim bulunmaz.

— Ayşe kardeş, İslâm'dan ne kötülük gördünüz de, Hristiyan oldunuz? Biraz düşündü... "Kötülük görmedim, ama bazı kurallarını saçma buluyorum."

— Meselâ hangi kuralını?

— Meselâ kapanmayı!

Kendi kendime yine senin saçma bulman bir şey değil.

"Ben Müslümanlığımı asla kimseye vermem" diyenler de, beğenmiyor İslâm'ın kapanma emrini, dedim ve sordum:

— Niçin saçma buldun? Kapanmak Hristiyanlıkta da var.

— Niçin olacak? Kapanmış ama kalbi pis ne işe yarar?

— Biz kalbi pis olsun demiyoruz ki. Hem kapansın, hem de kalbi temiz olsun. Ne hikmettir anlamadım, İslâm'ın emirlerini küçümseyen herkes önce bu soruyu soruyor? Sanki, "Örtünün" emrinin altında, "Örtünün ve de kalbiniz pis olsun" hükmü varmış gibi.

— Canım kalbim temiz olduktan sonra niçin kapanayım?

— Kalbin pis olduğundan dolayı gelmedi ki örtünme emri. Eğer öyle olsaydı kalbin kapanılması emredilir, saçların kapanmasına lüzum görülmezdi. Kalbin pisliği örtülecekse ki, örtülmez, onun yerine başın kapatılması yersiz olurdu. Sonra söyler misiniz? Diyelim ki sizin kalbiniz temiz, size bakacak olan erkeğin de kalbi temiz mi?

— Onun kalbinden bana ne?

— Bana ne olur mu? Karşındaki kişiyi zarara sokuyorsun. Şunu unutmayın ki, kadın erkeğe, erkek kadına fıtraten meyleder. Yani özenir. Öyle düzen kurmak lazım ki, bir yabancı erkeğin bir yabancı kadına özen duyması engellensin, ya da en aza insin. İşte İslâm bu düzeni kurmuş. Kadın haklarına da saygılı... (Bu konu teferruat ister)

Sonra başka konulara girdik... Zaten soru içinden soru çıkıyordu. Ne sormuştum bilmiyorum. Sorumun, tam tersinin Kur'an'da olduğunu söyledi. Ben itiraz edince de Kur'an'ı getirdiler... Nüzul sebebine bakmadan, eksik, manasız bir şeyler söylediler, aksini izah ettim. Bu arada erkekler de dışarıda tartışıyorlardı. Sonradan birileri daha geldi. (Bunların Yehova misyonerleri olduğunu zannediyorum). Gayet rahat, gayet alçak sesle konuşuyorlardı. Yeni gelen kadın beni inceledi. "Cehennem var mı?" dedi. "Elbette var" deyince "Olamaz öyle bir şey. Cennet de, cehennem de bu dünyada" dedi. Ben de: "Bu kadar gelmiş, geçmiş ve de gelecek olan insanların hepsinin cezası bu dünyada olursa, cennetlik insanlara değil cennet kadar büyük yer, tavuk kümesi kadar yer kalmaz. Cehennemlik olanlar da yaşadı demektir, onlara da ceza sahası bulunmaz. Böylece de adalet nasıl yerini bulur" dedim. Yine gayet sakin bir şekilde sordu:

— Allah nasıl yakacak kullarını?

— Nasıl mükâfat veriyorsa. Allahu Teala'nın mükâfatı da, cezası da büyüktür. Namaz, abdest için cennet verecek olan Allah, abdesti namazı terk edene niçin cehennem vermesin?

— Ben kabul etmiyorum, mantığım da almıyor, dedi.

Ben de ona, birkaç gün önce olan vahim bir olayı anlattım:

— Bak sana bir olayı anlatayım. Bizim bir teyzemiz var. Onun evinin alt katına yeni bir gelin gelmiş. Birgün gelinin kapısı çalınıyor, genç kadın kapıyı açıyor, yaşlı ve örtülü bir hanım yalvararak "Yavrum ne olur Allah rızası için bana namaz kılacak bir yer ver, on dakikada kılarım" demiş. Genç kadın da: "Elbette ne demek şöyle buyurun" diyerek kadına yatak odasında seccade sermiş, kadın namazını kılmış, teşekkür ederek oradan ayrılmış. Akşam olmuş, gelin hanımın kocası gelmiş, aradan yarım saat geçmiş kapıya bir delikanlı gelmiş. Kadının kocası kapıyı açmış, genç delikanlı ona dönerek "Afedersiniz beyefendi, burada bir saatim kalmıştı da onu almaya geldim."

Ev sahibi şaşırarak

— Yanlış geldiniz beyefendi, burası benim evim.

— Hayır yanlış değil... Bugün buradaydım, yatak odasında beyaz yastığın altında, isterseniz gidin bakın.

Adam şok olmuş, yatak odasına giriyor, yastığın altına bakıyor ve gerçekten de bir saat buluyor. Genç gelin bütün bu olanları şaşkınlıkla izliyor. Adam saati sahibine veriyor. Sonra, karısına dönerek: "Seni boşuyorum" diyor. Kadın şaşkın, olup bitenlerden bir şey anlamıyor. Şok olmuş hali ile "Ben ne yapmışım?" diyor. Adam "Seni boşuyorum. Bana bunu nasıl yaparsın? Anlamadım. Resmen metresini gördüm" demiş. Kadın ağlayarak yalvarmış. "Ne olur bana kıyma, ben o adamı tanımıyorum" demiş. Kadın çırpınmış, kocası ise hiç laf dinlemiyormuş. Ve kadın orada aklını oynatıyor. Kadın şimdi tımarhanedeymiş. İşin aslı ise, o namaz kılmaya gelen kadın koymuş saati. Hakikaten namaz kılan bir kadın değilmiş. Şimdi tutup da "İşte namaz kılanlar" demeyin. O kadının hangi dinden, ya da dinsizlikten olduğunu bilmiyoruz.

Gelelim konunun özüne... Şimdi o saati oraya koyan kadın yanmasın diyorsun ha.. Eğer o kadın sizin dediğiniz gibi yakılmazsa en büyük adaletsizlik olur. Cehennem de, cennet de Allah'ın adalet sıfatının tecellisidir. Hak edene cennet veren Allah, hak edene cehennemi de vermiştir. O deliren kadının yerinde sen olsaydın, cehennemi ne kadar gerekli görürdün değil mi?

Konular uzadıkça uzadı. Tabiî aynı metod devam ediyordu. Soru soruyorlar, cevabını dinlemeden ikinci soruya geçiyorlardı.

Sonra Peygamber Efendimize o kadar çok hakaret ediyorlardı ki, Allah'ın sevgilisine o kadar hakaret edenlerden, Allah hesap sormaz mı?

İşte böyle Meral kardeş. "Dinlerin hepsi Allah'tan gelmedi mi?" diyorsun. Hz. Muhammed'e küfür eden bir din, Allah'ın kabul ettiği bir din olur mu? Allah hangi kitabında "İsa Allah'tır" demiş? Bugünkü Hristiyanlık ne kadar saçmalıyor. İsa Rabmış. Ben de sordum onlara: "İsa (a.s) Rab'dı da ne işi vardı Meryem ananın karnında? Haşa! Rabb'a yakışır mı?" dedim. "O ruh" dediler. Ben de, "Madem ki ruhtu, maddesi yoktu, niçin diğer insanlar gibi dokuz ay ana rahminde kaldı? Yine İncil'in aksine bir inanış" dedim.

Bak Meral kardeş, şunu bir kere daha tekrar edeyim ki, inanmak istemeyen kişi Rabbul Âlemin'i görse, yine inanmaz. "Hayal görüyorum" der. Allah bir kadının rahmine düşer mi? Düşmez. Ama isterlerse mütevazılığından düştü de derler. Bazılarına da İslâm zor geliyor.

Düşün, kadın başını açamayacak, sabah namazını kılmak için tatlı uykusundan olacak. İstediği gibi eğlenemeyecek. Hristiyanlık'ta bunların tam tersi.. İslâm'ı da bilmiyorlar. Hal böyle olunca da, nüfus kütüğünde İslâm olan sonra Hristiyan olmuş. Karışık meseleler. "Balık baştan kokar" derler ya. Bizde her tarafı birden kokmuş. O yüzden birçok din kardeşimizi Hristiyan yaptılar.

Meseleyi uzatmama gerek yok. Bunların tuzakları Müslümanlar tarafından bilinmelidir. Kitap veriyorlar, verdikleri kişiye de şöyle söylüyorlar: "Biz sizin dininizi inceleyelim, siz de bizim dinimizi inceleyin." Kitap veriyorlar dedik, öyle kitaplar ki, Allah'ın sevgilisi, canımızın canânı Efendimize söylemedikleri kalmıyor. Birkaçını yazmak isterdim. Fakat haya ediyorum. Şimdi sen tut, niçin dinler ayırımı yapılıyor diye, Allah'a itiraz et. Onların Hristiyanlığı Allah'ın gönderdiği Hristiyanlık olsaydı, onların da Müslüman olmaları lazımdı. Yani, Allah ayırmıyor kullarını, kullar ayırıyor ilahlarını. Bilmem, soruna cevap verilmiş oldu mu? Tatmin olmadınsa, Ziya Kazıcı'nın, HIRİSTİYANLIK isimli eserini oku. Göreceksin ki, çok şeyler kazanmış olacaksın.

İstersen, buraya kadar gelmişken, Yehova'lar hakkında biraz daha bilgi vereyim.

YEHOVALAR KİMDİR VE İNANÇLARI NELERDİR?

Önceleri Russel'ın tarikatı durumunda iken, 26 Temmuz 1931'den itibaren Yehova Şahitleri adı ile kendilerini tanıtmaya başlamışlardır. Yehovalar Hristiyanların bir koludur. İncil'in içine kendilerine göre birtakım sözler sokmuşlardır ve çok sözleri de kendilerine göre açıklamışladır. Diğer Hristiyanlar bunlara çok kızmaktadırlar. Bu Yehovalar, Hz. İsa'dan 1931 sene kadar önce neredeydiler de isimlerini açıklamadılar?

Hristiyanlığın kutsal kitabı İncil'i kendi yaptıkları yeni tercümede, metnin içine 200'den fazla Yehova adını katmışlardır. Hiç mukaddes sayılan bir kitaba, kullar tarafından ek yapılır mı? Demek ki bu kitap eksikmiş ki, içine 200 tane Yehova eklemişler. İçine sonradan ek yapılan bir kitap, nasıl, olur da mukaddes kitap olabilir? Yehova, Yahudilerde tanrının ismidir. Bizde ise tanrının ismi, Allah'tır. İncil'in içine, 200 tane Yahudilerin tanrılarının ismini koymalarından, bunların Yahudiler tarafından Hristiyanlığı bölmek için kurulan bir mezhep olduğu anlaşılmaktadır. Nitekim, her yerde Yahudileri desteklemektedirler. Yehova Şahitleri teşkilatı yöneticilerinin düşüncelerini yansıtan yorumlar ve görüşler, 19171928 yılları arasında 148 noktada değişiklik göstermiştir. Onların dünyevî krallıklarının kurulduğunu, kendi anlayış çerçeveleri içinde devletlerin ve hükûmetlerin sonunun başladığını ilan ettikleri tarihler daima fiyasko ile neticelenmiştir.(261) İsa'nın kırallığının başladığı ve milletlerin, hükûmetlerin sonu olduğunu iddia ettikleri tarihler, 1914, 1918, 1925, 1975 tarihleridir. Bu söyledikleri tarihlerde ne İsa'nın krallığı başladı, ne de diğer hükûmetlerin sonu oldu. Hristiyanlığın kutsal kitabı, 66 kitaptan ibarettir. Bunların 39'u aynı zamanda Yahudilerin de kutsal kitabıdır. Yahudiler 39 kitap dışında, Hristiyanlarca eklenen 27 kitabı kutsal saymazlar, reddederler. Onları uydurma olarak görürler. Bazı taraflarının yalan yanlış kendilerinden kopya edildiğini söylerler. Onların nazarında İsa ne Yehova'nın oğlu, ne de bir peygamberdir. Onu yalancılık ve sahtekârlıkla itham ederler. Bu 66 kitap Yehova Şahitleri'nin de temel mukaddes kitaplarıdır. Bundan yaptıkları yorumla, ve eklemelerle ayrı bir akım, ayrı bir Hristiyanlık mezhebi şeklinde görünürler. Bazı Hristiyan mezhepleri İsa'yı ilâhlaştırırlar ve bilinen teslis (baba-oğul-ruhul kudüs) içinde görürler. Katolik, Ortodoks ve Protestanlık da böyledir. Yehova Şahitleri için ilâh Yehova olmakla beraber, onun yanında ilâha eşit olmayan fakat aynı zamanda onun oğlu olan insanüstü bir varlık yer almaktadır. Yehova Şahitleri'ne göre, İsa Yehova'nın sağında yer almıştır. Ve onun oğludur. Bu şekilde bile, İsa'yı ilâh olmaktan çıkarış, Katolik, Ortodoks ve bazı Protestanları kızdırmıştır.

Yehova Şahitleri İsa'nın ikinci gelişi için 1914 tarihini

---

(261) Yehova Şahitleri - Doç. Dr. Hikmet Tanyu.

öne sürmekteydiler. Bu defa onun gelişini "Russel Takipçileri" durumunda olan Yehova Şahitlerinin göreceklerini iddia ettiler. İsa'nın bu gelişinin maddî gözle değil, ruhen olacağını ve ruhanî gözle görüleceğini ileri sürdüler. Yehova Şahitleri bunda da yanılmışlardır. Zira vahiy kitabının 1:67 cümleleri onu her gözün görebileceğini, Yuhanna'da günahkarların bile onu görebileceği anlatılmaktadır.[(262)] Bu da gösteriyor ki, Yehova Şahitleri Hristiyan olduklarını iddia ettikleri halde, şu andaki Hristiyanların mukaddes kitabının emirlerine ters inanışlar da taşımaktadırlar.

Russel ve tarikatçılarına göre, zavallı İsa, dirildikten sonra hemen kral olmamıştır. O zaman krallık ehliyetini almış olduğu halde kral olabilmek için ta 1914'e kadar beklemeliydi. Nasıl ki zavallı fakir bir adam, şoförlük ehliyetini alır ama parası olmadığı için bir oto satın alamaz ve muayyen parayı kazanıncaya kadar ehliyet cebinde olduğu halde beklemelidir. İşte böylece de zavallı fakir (haşa) Allah(!) İsa'ya krallık ehliyeti verdiği halde, krallığı yürütecek kudrette değildi, ta Yehova Şahitleri'nin kurulacakları zamana kadar beklemeliydi. İşte tam o zaman zenginleşen baba, İsa Mesih'i krallık ehliyetini kullanmak üzere tahta geçen kral yapmıştır! Eğer bu hususta "Allah Hak Olsun" adlı kitabın 17. bölümüne ve 13 ve 14. paragraflarına bakarsanız, bu çeşit bir saçma iddiayı şaşkınlıkla görürsünüz. Ama öbür taraftan, bu konuda Hristiyanlığın kutsal kitabı ne diyor? Rab İsa, 1914'te mi krallığı aldı? O tarihte mi krallığı kullanmaya başladı? Yoksa mezara ve ölüme dirilişiyle bu zaferinden hemen sonra babasının (Hristiyanlığa göre tanrının) sağına, göğe gider gitmez mi krallığını kul-

---

(262) Aynı Eser

lanmaya başladı [262a] Yehova Şahitleri'nin bu konudaki yorumlarının, Hristiyanlık kutsal kitabına uymadığı yine bu kitaptan deliller göstererek açıklamaya çalışılmakta ve Efesos 1.120-22, Matta, 28:18, Vahiy 17:14, Vahiy 19:16 ve diğer kitaplardan alınan cümlelerle Yehova Şahitleri bu noktada tekzip edilmektedir. [263]

Yehova Şahitleri diğer Hristiyan mezhep ve tarikatları gibi asli suç inancına sımsıkı sarılmışlar, onu bütün anlamıyla benimsemişlerdir. Onlara göre insan, Adem ve Havva'nın cennette işledikleri yasak meyveyi yeme, şeytana uyuş ve Tanrı'ya itaatsizlik yüzünden cennetten suçlu olarak kovulmuş ve bu sebeple ölüme mahkûm olmuştur. Böylece, soya çekimle bütün insanlar bu suçu taşımaktadırlar. İnsan kendi gücü ile bu suçtan kurtulamaz. Ancak Tanrı, yani onlara göre Yehova, oğlu İsa'yı, insanları bu suçtan kurtarmak için gönderir ve işkence ile yine insanlar tarafından haç şeklinde tahtaya çivilenir, ölür.[*] Böylece kendisini insanlığı kurtarmak için güya fidye yapar. İnsanlar İsa'yı öldürdüğü halde, yani yeni bir suç işlediği halde önceki aslî suçundan bu fidye ile kurtulmuştur. Şaşılacak bir şey... Nasıl olur da bir insanın suçunu bütün insanlar çekebilir? Yani Adem (a.s)'ın suçunu nasıl bütün insanlar çekebilir? Diğer insanların ne suçu var, bu bir haksızlık, adaletsizlik değil mi? Hiç Allah olan adaletsizlik yapar mı? İnsanlar günahkâr olarak dünyaya geliyormuş. Hiçbir şeye aklı ermeyen zavallı çocuğun ne günahı olabilir de, günahkâr olarak dünyaya geliyor? Yoksa anasının karnında mı

(262a) Aynı Eser
(263) Aynı Eser
(*) Not: Yehova Şahitleri Haç simgesine karşıdırlar.

suç işledi? Diyelim ki soya çekimle Hz. Adem'in suçundan dolayı bütün insanlar suçlu olsun, bütün insanların suçunu affetmek için niçin bir kişiyi cezalandırsın? Bütün insanları cezalandırması gerekmez miydi? Asılanın suçu ne idi? Hem de Tanrı Yehova, oğlu İsa'yı çarmıha gerdiriyor, insanların suçunun keffareti için. Tanrının insanların suçunu affetmesi için mutlaka birini çarmıha germesi mi lâzımdı? Bütün insanları affettim demekle, affedemez miydi? İsa'yı aslî suçlu olarak kabul etmiyorlar. O zaman nasıl olur da asli suçu olmayanı Tanrı asabiliyor? Bu bir adaletsizlik değil mi? Nasıl olur da bir Tanrı, oğul evlat edinir? Ne ihtiyacı var ki evlada? Hiç bu kadar adaletsizlik olur mu? Hristiyanlar kusura bakmasınlar, elimde değil şaşırıp kalıyorum. Bazı Hristiyanların, bizim dinimize hakaret ettikleri gibi hakaret etmiyorum. Sadece şaşıyorum. Bu da doğal bir haktır. Tanrı çarmıha gerecek birini bulamamış da, günahsız olan oğlunu mu asmış? Oğlunun acı çekmesine niçin müsaade etmiş? Oğul edinmek isteyen bir tanrı, hemen bir oğul meydana getiremez miydi de, 9 ay aciz bir kadının karnında oğlunu tuttu? Aciz miydi ki hemen yaratamadı? Bu kadar da olur mu? Üstelik bir kısım insanlar (onlara göre) İsa'yı çarmıha gererek işkence ile öldürmüşlerdir. Peki, Tanrı bu yeni suç ve cinayetle insanların aslî suçunu nasıl bağışlamış oluyor? Bu türlü dolaylı işlemlerin lüzumunu tahlil edip açıklamıyorlar, dolayısı ile çelişkiler içinde bocalamaktadırlar.

Hristiyanların kiliselerine karşı Yehova Şahitleri'nin de hem bethel, Tanrı evi, hem de krallık salonu vardır. Onlarda toplantılar dua ile başlar, dua ile sonuçlanır. Hatta kendilerine mahsus ilahileri, şarkıları da vardır. Müslümanlara inançlarını aşılamak isteyen Yehova Şahitleri, bir müddet bu Hristiyan yönlerini gizler, kiliseye gidilmediğini söyler ve çok zaman Yehova yerine Müslümanlar'a cana yakın gelmesi için "Allah" ve diğer İslâmi terimleri kullanırlar.

Yehova Şahitleri merkez teşkilatı, Hristiyanlık kutsal kitabını (İncil'i) kendilerine göre yorumlarlar. İncil'lerinde cennet inancı olduğu ve orada evlilik, zürriyet, tenasül gibi hususlar olmadığı halde, onlar cennetin yeryüzünde (dünyada) olacağına İsa'nın orada krallığına ve 144 bin seçkin Yahudinin orada yönetileceğine, dünya cennetinde maddî, bedenî bir hayat yaşanacağına, çoluk çocuk sahibi olunacağına inanırlar. Ruhun varlığına ve ölmezliğine inanmazlar. Şimdi bunlar İncil'e inandıkları halde niçin İncil'in içindeki ayetlere karşı geliyorlar? Zaten İncil'lerin içindekilerin çoğu da doğru değil. Çünkü İncil doğru olsa idi, bir tane İncil olurdu. Halbuki dört tane İncil var. Onların da içindekiler birbirini tutmuyor (İleride buna da temas edeceğiz.) İncillerde cennet var diyor; bunlar cennet yoktur, ancak bu dünyada vardır diyorlar. Orada evlilik, çoluk çocuk yoktur deniyor, bunlar vardır diyorlar. Hristiyansa bunlar nasıl Hristiyan ki İncil'in dediğine inanmıyor. Yok Hristiyan değil yeni bir din kurdularsa peygamberleri kim bunların?

Eski ve Yeni Ahit'i benimser göründükleri birçok yerde inançları için delilleri merkez teşkilatlarının yorumlarıyla getirdikleri, Eski ve Yeni Ahit kitaplarının Allah tarafından yazdırıldığını ileri sürdükleri halde, Tevrat'ta açık şekilde belirtilmiş pesah (mayasız ekmek) bayramını, sünnet olmayı, domuz eti yememeyi ve (on emirde yer alan) Cumartesi gününü istirahatla geçirme gibi esasları benimsemezler. İsa bunları değiştirmiş midir? Neden? Nasıl? Bunlara cevap veremezler. Tevrat'taki Cumartesi günü ateş yakmama buyruğuna uymazlar. Fakat kan nakline, kan vermeye engel olmak için yorumlara girişir, bunun yasaklandığını iddia ederler. Bazı Hristiyan mezheplerinde olduğu gibi, mabette (ibadet edilecek yerde) resim, heykel, haç, mum yakma, tesbih, Tanrının resmini yapma adetlerine karşıdırlar. Kiliselerinin altınla kaplanmasına, rahiplerin süslü elbiseler içinde olmasına da karşıdırlar. "İsa'nın ve havarilerin özel kıyafetleri yoktur" derler. Hristiyanlık kutsal kitabından aldıkları bazı sözleri ve levhaları duvarlara asarlar.

Yehova Şahitleri'nin ahlak ilkeleri, Musa'nın on emri ve Hristiyanlık kutsal kitabının bazı cümlelerinden gelmektedir. Üçleme (teslis anlayışları), bazı Hristiyan mezheplerinden farklı olmakla beraber tamamen reddetmemektedirler. İsa, Allah'ın sağında duran, onun ruh verdiği mümtaz oğludur. Teslisleri Allah (baba) yaratıcı, İsa (oğul) kurtarıcı, kutsal ruh (takdis edici kuvvet) oluyor ve bu kutsal ruh insana, vaftizle Yehova'dan (tanrıdan) çıkıp geliyor. Vaftiz, mayolarla ve yarı çıplak, topluca suya dua ile girmek demektir. Vaftiz, temel ayindir. Vaftiz, ölüm demektir. Suya batan insan, önceki hayatında ölüp yeni hayatına başlıyor. Bazı Hristiyan ilahiyatçıları, "İnsanın hakiki ilahî hayatı o andan itibaren başlıyor" diyorlar.

"Tevrat'ta, Tanah'ta poligami (çok evlilik) oluşuna Yehova müsaade etti" diyorlar. Fakat İsa müsaade etmiyor diyerek bir çelişmeye düşüp, İsa'nın tek evliliği istediğini ileri sürüyor ve evlenmeyi dini bir anlamda kabul ediyorlar." [264] Güya inandıkları kitabın, işine gelmeyen yerlerini değiştiriyorlar. Yehova'nın (tanrının) müsaade ettiği bir emri

---

(264) Aynı Eser

nasıl olur da bir peygamber olan İsa kaldırabiliyor? Peygamber İsa (Yehova'nın oğlu), böylece Tanrıya (babasına) karşı gelmiş olmuyor mu? Ayrıca mukaddes dedikleri kitabın içindekileri nasıl değiştirebiliyorlar? Yehovalar ilmî hakikatlere karşı gelirler. İlmî hakikatleri kendilerine göre açıklamaya çalışırlar. İlmî hakikatlere karşı çıkanlara ne demeli?

Zamanımızda faaliyetlerini atıran Yehova Şahitleri bilhassa şu propaganda üzerinde durmaktadırlar. Yakında mutlaka İsa'nın meydana çıkışı ve Armagedon son savaşı vukuu bulacaktır. Bu savaşta İsa'ya, Hristiyanlığa karşı olanların dünyevi güçleriyle, 1000 yıllık hükümetin hükümdarı (İsa) karşı karşıya gelecektir. Kim Yehova'ya olan inancını bildirip yayarsa, uzun zaman yaşamaya devam edecek ve böylece bir kimse 1000 yıllık hükûmetin imtihanını kazanırsa, bir insanî mükemmeliyet içinde ebedî hayata ve cennet olan dünyaya (Yeni dünyaya) girebilecektir. Yehova Şahitleri hali hazırda kurmuş oldukları örgüte (Yeni Dünya Derneği) dedikleri gibi ayrıca ilerideki kuruluşa da (Yeni Dünya Derneği) demektedirler.

(Bu insanları İslâmı bilenler kabul edebilir mi? Asla! Ama İslâmı bilmeyenlerin bazıları aldanabilirler. Onları tanımaya devam edelim.)

Yesus Kristus (İsa Mesih) dünyaya gelmiş. Tanrı Yehova onu ruhanî bakımdan tekrar diriltmiştir ve onu 1874-1914'ten itibaren görünmez teokratik organizasyonun kralı, başkanı yapmıştır. İsa Mesih'in dünyaya geldiğini kim söyledi bunlara? Hristiyanların diğer mezhepleri İsa Mesih'in şimdi indiğini acaba kabul etmekte midirler? Niçin görünmez bir devletin kralı, görünen bir devletin kralı olmuyor? Çünkü böyle bir şey yok da ondan. Acaba kendileri görüyorlar mı? Kendileri de görmüyorlarsa nasıl inanıyorlar? Kendi inançlarına göre İsa çarmıha gerilirken görünüyordu da niçin şimdi gözükmüyor? (İslâm dininde İsa (a.s) çarmıha gerilmemiştir. İsa'ya benzeyen birini çarmıha germişlerdir. İsa'yı (a.s) Allah Teala göğe çekmiştir.)

Yehova Şahitleri peygamberimiz Hz. Muhammed'i (s.a.v) yalancılıkla ve Kur'an'ı batıl, asılsız olarak itham ederler. "İncil'de ne eksiklik var da Kur'an gelmiştir" derler. Biz de onlara: "Zebur'da ne eksiklik vardı da Tevrat geldi, Tevrat'ta ne eksiklik vardı da İncil geldi?" dersek, acaba ne cevap vereceklerdir? Elbette süt dökmüş kedi gibi susacaklar veya kendilerine göre saçma sapan açıklamalar yapacaklardır.

"Yehova Şahitleri kitap, dergi ve broşürlerinde İsrail'i, Yahudiliği överek onun yedi şamdanını (menora) tekrar tekrar resimleriyle ele alması ve bu Siyon adını, teşkilatın ve derginin ilk günlerinde başlık olarak kullanması ve sık sık kapak arkalarında renkli İsrail haritaları vermesi ve İsrail'i tarih ve ülkesiyle övmeye ve ona saygılı davranmaya sevketmesi, Yehova Şahitleri merkez teşkilatının arkasında Yahudi desteği, etkisi ve malî yardımı olduğuna dair şüpheler uyandırmıştır. Yıllıklarında başbakan yardımcılarının İsrail'i, Arap memleketlerinin yenilgisinden sonra ziyareti ve İsrail'in muzaffer durumunu övmesi, üzerinde ibretle düşünmeyi gerektirir." [(265)]

Ahmet Kahraman, "Dinler Tarihi" adlı kitabında bu düşünceyi şöyle belirtiyor: "Hristiyanlık ve Yahudilik", "Yehova Şahitleri" adı altında bugün faaliyet göstermektedirler. Kendilerini Hz. İsa'ya nisbet edilen İncil'in telkin ettiği saf Hristiyanlığın müdafii olarak takdim eden ve çeşit-

---

(265) Aynı Eser

li kombinezonlarla gençleri, bilhasa din yönünden aydınlatılmamış nesilleri kandırma yollarını arayarak, Yahudi zihniyetine hizmet ettirme gayesini güden bu mezhep, Yahudi teşkilatından başka bir şey değildir... En geniş faaliyet sahalarından bir tanesi de Türkiye'dir.[266a]

YEHOVA ŞAHİTLERİ'NİN PSİKOLOJİK USULLERİ VE TELKİN METODU:

1 — Dünyadan ve insanlıktan ümitsizliğe uğratmak, savaş, yer sarsıntısı, sel baskını, kıtlık, hastalık, hatta hava kirlenmesi üzerinde durarak, insanın bunlarla cezalandırıldığı veya insanın bunları düzenleyemeyeceği telkinini yapmak, kendileri dışında mevcut dinleri, manevî idealleri, partileri, hukukî nizamı kötüleyerek, manevî bir buhran, zihnî bir bezginlik, ümitsizlik telkin etmek.

2 — Korku içinde bırakmak. Yakında ölüneceği, Yehova Şahidi olmayanlar için ise kıyamet ve felaket geleceği.

3 — Biricik kurtuluş ümidinin ve gerçek yönün kendilerinde olduğunu telkin.

4 — Avlanan insanları grup, kitle psikolojisinden faydalanmak üzere, kızlı, kadınlı dinî toplantılara götürüp, konuşmaların, tanışmaların manevî havasından faydalanmak.

5 — Devamlı, sürekli konuşma, telkin. Ses tonunu değiştirme (sesi alçaltıp, yükseltme). Birkaç dakika birisinin konuşması, sonra diğerinin devam etmesi.

6 — Devamlı, sürekli okutma, aynı inançla ilgili yeni yayınların arkasını kesmeden vermek ve onları okut-

----

(266a) Ahmet Kahraman - Dinler Tarihi.

maya çalışma. Böylece hem sözlü, hem okumalı telkine tâbi tutma.

7 — Hristiyanlık kutsal kitabını mantıkî tahlil ve muhakeme. Ondaki tutarsızlık ve çelişmeleri göstermeden, çok zaman teviller ve onun pürüzlerinden sapmalarla işi değiştirme ve diğer dinleri ciddi bir inceleme okuma ve mukayese etme faaliyeti, emeği olmadan tek taraflı bir ezbercilik faaliyetine sevketme.

8 — Dünya çapında bir kuvvete ve çokluğa, örgüte dayanma ve mensubiyetle övünme, güvenme, kendine önem verme, verdirme ve bu gibi durumlar.

9 — Aktif, aksiyoner veya eylemci bir hale getirme, vaiz öncü yapılma.

10 — Yabancı memleketlere seyahat ve temas imkânları. Kongrelerin, toplantıların havasından telkin altında kalış.

11 — Yehova Şahidi kadınlarla evlendirme metodu veya kadınları Yehova Şahidi erkeklerle evledirme usulü.

12 — İş ve menfaat sağlama, aylık alma vesair imkânlarla kendilerine çekme.

13 — Bir çevre temini veya tesisi, yeni dostluklar, arkadaşlar edinme psikolojisi.

Yehova Şahidleri örgütünün propagandacıları, kendisinden kitap ve dergi almak isteyenlere hatta bunları, kendilerini incelemek için olsa bile aldırış etmezler, yeter ki kendileriyle konuşulsun ve yayınlarından alınsın. Onlar ergeç kendi telkin kabiliyetlerine ve bu telkin metodunun başarı kazanacağına inanırlar.

Yehova Şahitleri'nin öncüleri, müjdecileri ve vaazla, daha doğrusu propaganda ile görevlileri çok metodlu, planlı çalışmaktadırlar.

Ellerinde geniş bölge haritaları ve vaazda, telkinde bulunacakları kimselerin adları yazılı liste vardır. O günkü konuşmanın planını hazırlamak ilk işleridir. Bunu ufak bir pusula üzerinde yaparlar. Vaaz verirken arada bir durup karşıdaki şahsı inceler, bazen ona konuşma, soru sorma fırsatı vererek yine kendi bildikleri konuya dönerek vaaza devam ederler.

Kıyafetleri, giyimleri, temiz ve tertiplidir. Bununla da karşıdakine tesire çalışırlar. Vaazlarını denetleyen müfettişlerin veya bir üst dereceli dernek mensuplarının ellerinde matbu veya teksir makinesinde yazılmış veya daktilo makinasıyla düzenlenmiş, öğrenci karnesi gibi kağıtlara konuşma, telkin ve diğer hususlarda iyi, orta gibi notlar verirler. Kurnaz, işini bilir bir propagandacı olarak adamlarını yetiştirmeye çalışırlar. Bilhassa genç kız ve kadınların yardımından faydalanırlar. Umumiyetle bir kadın ve bir erkek veya iki kadın birlikte giderek propaganda yaparlar, tekrar görüşmek için umumiyetle bir hafta sonra söz almaya çalışırlar. [266-b]

Yehova Şahitleri'nin kurucusu Charles Taze Russel'ın (1852-1916) ahlakî karakteri: Maria Francis, 1879'da evlendiği Russel'ı kendini beğenmişlik, bencillik ve kadınlara düşkünlük, ahlâksızlık iddiasıyla mahkemeye verdi ve Russel, mahkeme önünde evlatlık kızı Roz Boll ile olan cinsî münasebetlerini alenen itiraf etti. Russel mahkûm oldu. Fakat mahkeme kararına uymayarak karısına nafaka ödemediğinden, tekrar muhakeme edilerek aleyhte bir hüküm giydi.

Russel ahlâksız olduğu kadar büyük bir yalancı idi.

(266-b) Yehova Şahitleri - Doç. Dr. Hikmet Tanyu.

Kendisini etrafındakilere, "Çok saygı değer çoban" olarak tanıttığını gören Protestan Baptist kilisesi üyesi, söylevci C. Ross, Russel'ın sahte bir çoban olduğunu ileri sürerek, "Some facts about the selfstyled Pastor Charles T. Russel", "Kendisine vaiz süsü vermek isteyen Russel hakkında bazı gerçekler" adlı broşürünü yayınladı. Russel buna karşı çıkarak, C. Ross'u mahkemeye verdi. Mahkemede avukatın bir sorusuna karşılık Russel, Yunanca bildiğini ileri sürerek yemin edince, avukat kendisine Yunanca bir İncil uzatarak okumasını söyledi, fakat okuyamayınca mahkemece "yalan yere yemin eden biri" olarak ilan edildi. Daha sonra, kendisinin başka din adamları tarafından takdis edilmiş, "çok saygı değer çoban" olduğunu söyleyince isbatı istenmiş, zor durumda kaldığından, kendisinin hiçbir din adamı tarafından takdis edilmemiş olduğunu itiraf etmeye mecbur olmuş, böylece mahkeme onun bir "yalancı" olduğuna dair hüküm vermiştir." (Bak. Martin and Klann adlı eserin 18-22. sayfaları).

Russel, yine satışa çıkardığı bir buğdayın az miktarının bile çok fazla ürün vereceğini, bu buğdayın mucizeli olduğunu ilan etti. Buğdayın içindeki büyük mucizeye inanan safdil, bilgisiz kimseler bunun bir avucunu 60 dolara satın alarak ektiler. Fakat, doğru dürüst bir mahsul alınmayınca dolandırıldığını anlayan halk tarafından mahkemeye verildi Mucizevî olduğu reklam edilen buğdayın diğer buğdaydan hiçbir farkı olmadığını mahkeme huzurunda itiraf etti ve tekrar mahkum oldu. (Bu olay ansiklopedilere de geçmiştir.)

Yine Çin ve Japonya'ya yaptığı seyahat sonunda oralarda ilk misyoner teşkilatını kurduğunu söylediğinden, kiliseler ve diğer ilgililer tarafından tekar mahkemeye verildi. "Yalan yere propaganda eden" bir kişi olarak bu davada tescili yapıldı. [267]

31 Ekim 1916'da ölen Russel daima kullandığı, "Şimdi yaşayan milyonlarca kişi hiçbir zaman ölümü görmeyecektir" sloganına rağmen, ölümü görmüş ve (Bize göre) cehenneme yuvarlanmış gitmiştir.

Şimdi Hristiyanların amentüsüne bir göz atalım: Müslümanların amentüsünün Hz. Peygamber tarafından öğretilmesine rağmen, Hristiyanların amentüsü Hz. İsa tarafından değil, çok daha sonra gelen Hristiyan din âlimleri tarafından meydana getirilmiştir. Nasıl olur da bir dinin amentüsünü peygamber değil de, insanlar hazırlayabilir? Peygamber İsa niçin hazırlamamış? Gelelim amentülerine:

1 — Ben, yeri ve göğü yaratan herşeye kadir, baba Tanrıya inanırım. (Tanrı için kullanılan "baba" tabiri çok alçaltıcıdır. Zira, insan cemiyetinde, kötü hatıra bırakan aile babaları vardır. Aynı zamanda baba terimi (sözü) cinsel ilişkileri hatırlatır. Baba da öleceği için ölümü düşündürür; yani Tanrı'nın öleceğini düşündürür. Mirası düşündürür.)

2 — Ve efendimiz olan, onun biricik oğlu İsa'ya inanırım. Mecazî ve temsilî manada bile olsa, hem Eski Ahid ve hem de Yeni Ahid'de İsa'dan başka insanlar için "Tanrı'nın oğlu" tabiri kullanılmıştır. Bu ise "Biricik oğul" tabiri ile tezat halindedir. Luka'ya göre (3/38), Adem (a.s) Tanrının oğludur. "Seignur" kelimesinden, İsa'nın Tanrı oğlu, yani ulûhiyyete iştirak ettiği anlaşılıyor ki bu da Allah'ın birliğine zıt düşmektedir.) [268]

---

(267) Aynı Eser

(268) İslâmiyet ve Hristiyanlık - Doç. Dr. İhsan Süreyya Sırma, Tercüme.

3 — Ruhul Kudüs'ten gebe kalınana inanırım. (Ruhul Kudüs'ün gösterdiği fonksiyondan, onun Tanrı için bir alet olduğu görünümü çıkıyor. Âmil ile alet aynı şey olamaz.

4 — Ve bakire Meryem'den doğana inanırım. (Şayet Tanrı bir bakireden bir çocuk doğurtursa, bu çocuğa değil, bizzat Tanrı'ya tapınılma gereğini ortaya koyar.)

5 — Onun Pontus Pilatus'tan zulüm gördüğüne inanırım. (Doğum, işkence, ölüm ve defnedilmek insanla ilgili özelliklerdir. Tanrı'nın özellikleri değildir. Şayet Hz. İsa'nın, aynı anda ilahî ve insanî olmak üzere iki hüviyete sahip olduğu ve onun insanî hüviyetiyle öldüğü söylenirse, bu dahi anlaşmazlıklara sebep olur.)

7 — Cehennemlere indiğine inanırım. (Cehennem günahkârların yeridir. Acaba İsa oraya niçin gitti ve bize oradaki acaip olaylar hakkında niçin bilgi verdi? Bir cezadan kurtarmak için mi? Allah suçluları affetmesi için bir masumu (günahsızı) cezalandırmaz. Günahkârları çıkarmak için, Hz. İsa niçin üç gün cehennemde kalsın? Hapishane'nin kapısını açmak yeterli idi. Kaldı ki, İsa'nın oradan ayrılışından sonra gelecek günahkârların durumu ne olacaktı?)

8 — Üçüncü gün tekrar canlandığına inanırım. (Herhangi bir şeyi yapmaya muktedir olmadan cehennemlere ölü olarak inişi, hiçbir işe yaramayacaktı.)

9 — Göklere çıkıp, kadir olan baba Tanrı'nın sağına oturduğuna inanırım. (Bu maddeye göre İsa, Tanrı'nın sağına oturduğu için, o (İsa) Tanrı'dan farklıdır. Zira birisinin, kendi kendisinin sağına oturması mümkün değildir. Şayet İsa, yeryüzünde insan olup, gökte de insan kalırsa o halde ne zaman Tanrı oluyor?)

10 — Oradan gelip ölüleri ve dirileri hesaba çekeceği-

ne inanırım. (Şüphesiz ölüler, tekrar dirildikten sonra muhakeme edilirler. Fakat, yaşayanları hesaba çekmek acelecilik olmuyor mu? Zira onların hayatı henüz bitmediğinden, çok sayıda iyi veya kötü hareketlerde bulunma imkanına sahiptirler.)

11 — Ruhul Kudüs'e inanırım.

12 — Mukaddes Katolik kilisesine inanırım. (Tarih, kilisenin temel noktalarda bile görüş değiştirdiğini göstermiştir. Bu nedenle kilise dahi kesin ve mükemmel değildir.)

13 — Azizlerin cemaatine inanırım. (Azizler günahkârları kurtarmazlar. Allah istediğini cezalandırma veya affetme konusunda kesinlikle hürdür. Şayet "communition" "uluhiyyete iştirak" düşüncesiyle, biraz şarap içmek ve biraz ekmek yemek ameliyesine ihtiyaç duyuluyorsa, bu ilahi birliğin hiç bir şekilde müsamaha etmeyeceği bir şirk koşma çeşididir.)

14 — Günahların affedileceğine inanırım. (Günahların affı, tövbe ve ilahî rahmet neticesinde olur. Bir masumun cezalandırılmasından değil. Velev ki Tanrı'nın oğlu olsun. Hristiyan amentüsü metninin dışında İsa, Yeni Ahid'in hiçbir yerinde "Ben tanrıyım" demiyor. Bilakis tam zıddını söylüyor. Meselâ, Matta 12, 18'de şöyle diyor: "İşte benim seçtiğim kulum". Tanrının bu sözünü söyleyerek bunu kendisine tatbik eden İsa, Tanrı'nın kulu ve kölesi olmaktan gurur duymaktadır. Yine Matta 24/36 ve Markos 13/32'ye göre, dünyanın sonu ne zaman gelecek sorusuna, İsa şöyle cevap verir. "Fakat o gün saat hakkında ne göklerin melekleri, ne de oğul, yalnız Baba'dan başka kimse bir şey bilmez." Aynı şekilde Yuhanna 5/19'a şöyle denmektedir: "Doğrusu ve doğrusu size derim: Baba'nın yapmakta oldu-

ğunu gördüğü şeyden başka, oğul kendiliğinden bir şey yapamaz, Çünkü, o ne yaparsa, oğul da onları öylece yapar." İsa Tanrı olmadığını, fakat onda fenafillah olduğunu, açıkca söylemektedir.)[269] Ayrıca, aşağıdaki İncil ayetlerinde İsa için, "Ebul insan" denilmektedir.

Matta	İncili	Bab	8	Ayet	20
"	"	"	9	"	6
"	"	"	13	"	37
"	"	"	16	"	27-28
"	"	"	17	"	21
"	"	"	18	"	11
"	"	"	19	"	28
"	"	"	20	"	18
"	"	"	24	"	28, 30, 37, 40, 45
"	"	"	25	"	13, 31
"	"	"	26	"	21, 24
Markos	"	"	8	"	32, 38
"	"	"	9	"	9, 112, 31[270]

15 — Vücudun tekrar canlanacağına inanırım.
16 — Ebedî hayata inanırım:

İNCİL'İN DİLİ

Hz. İsa Yahudi milletine peygamber olarak gelmiştir ve dolayısıyla kendisi de bu millete mensuptu. İncil'i yazan şakirtleri de elbette bu millete mensuptu. Her peygamberin

---

(269) Aynı Eser.
(270) İmanî Suallere Cevaplar - İsmail Fenni Ertuğrul.

kendi zamanında revaçta olan ilimin cinsine göre mucizelerle gönderildiği gibi, her peygamberin kendi kavminin lisanı ile yazılmış ve herkesin anlayabileceği bir şekilde kitap da gönderilmiştir. Halbuki, elde bulunan bugünkü en eski İnciller halk Yunancası ile yazılmıştır. İçinde bazı Aramice kelimeler vardır.[(271)] İnsan bunu okuyunca, (Yunanlı olmadığı halde) neredeyse İsa (a.s)'ı Yunanlı kabul etmesi geliyor içinden. Ama ne Hz. İsa Yunanlı, ne de onun konuştuğu lisan Yunanca idi. O, ancak peygamber yatağı diyebileceğimiz Asya kıtasında doğmuş ve kendisine burada vazife verilmiştir. Meram ve isteklerini kavmine bildirmesi de ancak kavminin konuştuğu lisanla konuşması ile mümkün olabilir. Yoksa onlara anlatmak imkansızlaşır.

O zaman değil Yahudilerin Yunanca konuşması, bütün bilinen ve Yahudilere komşu olan diğer milletlerin dahi Yunanca konuştuklarına dair hiçbir kayıt bulunmamaktadır. Bunun için, Yahudilerin Yunanca konuştuklarını ileri sürmek suretiyle bu meseleyi örtbas etmek isteyen kimselerin sözlerinin gerçekle bir ilgisi olmadığı anlaşılmaktadır.[(272)]

Bu durum gösteriyor ki, İncil'in aslı Yunanca değil, Aramice olması lâzımdır. Fakat elde bulunan en eski İncil Yunanca'dır. Bu da gösteriyor ki, İncil değiştirilmiştir.

Hristiyan aleminin elinde bulunan ve kutsal olarak kabul edilen bugünkü İncillerin kutsal olarak kabul edilmesi ancak İsa (a.s)'dan 325 sene sonra olmuştur. Bu tarihten önce altmıştan fazla İncil mevcuttur. Herkes elindekinin kutsal kitap olduğunu, diğerlerinin uydurulmuş birer kitaptan öteye geçemeyeceğini ileri sürüyordu.

---

(271) Kur'an ve Garb Kaynaklarına Göre Hristiyanlık
Ziya Korur.
(272) Aynı Eser.

İsa (a.s)'nın doğumundan 325 sene sonra İznik'te bin kişilik bir heyet halinde Hristiyan ruhani meclisi putperest, fakat bazı siyasî sebeplerle Hristiyan görünmek zorunda kalan imparator Konstantin'in emri ve başkanlığı altında toplanır. Altmıştan fazla ve her biri diğerini kafirlikle itham edecek kadar aralarında ayrılık bulunan İncil'ler heyete sunulur. Yine imparatorun emri ile 318 gibi azınlık reyi ile bugün teslisi (üçlü ilah sistemi) savunan kitaplar kutsal ilan edilmiştir. İznik Ayasofya kilisesi içinde mezarı ve mezarının içinde de biraz kemiği bulunan Mısır heyetinin başkanı Arius, bu toplantıdan çoğunluğun sözcüsü olarak, zorla kabul ettirilen üçlü ilah sistemine karşı çıktığı için mecliste bir tokata maruz kaldığı gibi sonra da imparator tarafından hapsettirilerek çeşitli işkencelere tâbi tutulmuştur. Nihayet, bu şiddetli işkenceye tahammül edemeyen bu zât hapishanede ölmüştür. Bunca işkenceye tâbi tutulması putperest ve Hristiyanların bugünkü İncillerini kabul etmemesi yüzündendir.

Arius ve diğer arkadaşlarının fikri, İslâm'ın kendisinden gerçek Hristiyanlık diye bahsettiği ve Hz. İsa'ya inen safiyetini muhafaza eden Hristiyanlık olduğu şeklindeydi. Şu halde dört İncil, yirmi bir mektup, bir Yuhanna vahyinden ibaret olan Ahdi Cedid 325 senesinde İznik'te toplanan azınlığın fikri ve imparatorun desteği ile kutsal ilan edilmiştir. Daha önceleri ne böyle bir kitap herkes tarafından kabul ediliyor ve ne de sayısı bu kadar azdı. Bir kimsenin kabul gören bir Hristiyan olabilmesi için elde mevcut olan bu kitapları olduğu gibi kabul etmesi gerekmektedir. Aksi takdirde ona Hristiyan denmediği gibi papazların para ile sattığı cennete de giremez. Fakat insanın aklına şöyle bir soru sormak geliyor: 325 tarihine kadar Hristiyanlık aleminin elinde altmıştan fazla kitap bulunuyordu ve bunların arasındaki tezatlar çok büyüktü. Bir diğerini sapıklıkla itham edecek kadar birbirinden ayrı idiler. Adı geçen tarihe kadar pek az kimse bu kutsal olanlara inanıyordu. Şu halde, kendisine inanmak suretiyle Hristiyan olunan bugünkü İncillere daha önce inanmayanların dinsiz olarak ilan edilmesi gerekmez mi? Birçok Hristiyan azizin bu tarihten önce yaşadığı nazarı itibara alınırsa, hiçbir Hristiyan bunu kabul edemez. Şu halde, söylenecek bir söz kalıyor. O da, Hristiyanlık aleminin 325 sene kitapsız kaldığıdır. Öyle ya kutsallıkları ancak bu tarihte kabul edilen bu kitabın bu tarihten önce kutsal olması imkânsızdır. Bir Hristiyanın buna nasıl cevap vereceği pek bilinemez.

Ara Not: *İncil ister değişmiş olsun, ister olmasın, biz yine Kur'an'a iman ederdik. Çünkü emri veren Allah. (E.Ş.)*

KAÇIRILAN KİTAP

Hristiyan dünyasının taassub bulutlarıyla gölgelendiği kara günlerde, her gücün üstünde kabul edilen ruhban sınıfı, mukaddes kitap İncil'i tahrif etmek için adeta büyük bir yarış halindedirler.

Her önüne gelen yeni bir İncil yazmakta ve mukaddes kitap, şahsî fikirlere göre değişmektedir. Sayısı yüzleri bulan birbirinden farklı olan İncil'lere, her geçen gün bir yenisi katılır. Fakat, yazarının adı ile zikredilen bu İncil'lerin sayısı o kadar çoğalır ki, tedbir almak kaçınılmaz hale gelir. Ve İznik'te toplanan bir heyetin uzun süren bir çalışması sonucunda, o ana kadar yazılmış bulunan İncil'lerden dört tanesi hariç diğerleri yasaklanır.

Ancak bu yasaklanan İncil'lerden bir tanesi üzerinde özellikle durulur ve bunu okuyanların şiddetle cezalandırılacağı ilan edilir.

Papa 1. Celasyüs tarafından yasaklanan bu İncil Havarilerin en eski talebelerinden biri olan Barnaba'ya aittir ve diğer İncil'lerde bulunmayan bir özelliği sahip olduğu için yasaklar listesine alınmıştır.

Yasaklanan İncil'ler, büyük bir hızla toplatılır. Bir kısmı ise çok ağır cezalardan korkan halk tarafınan imha edilir.

Ancak bu arada dindar bir papaz, herşeyi göze alarak Barnaba İncil'lerinden bir tanesini kaçırmaya muvaffak olur. Bu İncil daha sonra Viyana'daki imparatorluk kütüphanesine ulaştırılarak İngilizceye çevrilir.

Fakat kilise, Barnaba İncili'nin izini tekrar bulmuştur. Bir hafta içinde bu İncil'in bütün nüshaları, imha edilmek üzere toplanır. Ancak kilisenin bütün gayretleri boşa gidecektir. Çünkü İnciller imha edilirken 2 tanesi tekrar kaçırılır. Bunlardan biri Britanya Müzesi'ne, diğeri Amerikan Kongresi kütüphanesine götürülür.

İncil'ler gönderildikleri yerlerde her nedense askerî sır gibi büyük bir titizlikle saklanarak halka kapalı tutulur.

Bu sırrın ortaya çıkarılması ise, bir Müslüman generale nasip olacaktır. Amerika Birleşik Devletleri'nde askerî ateşe olarak görev yapan Pakistanlı general Abdurrahim, bu İncil'in mikrofilmlerini gizlice çekerek, Pakistan'a kaçırmaya muvaffak olur.

Mikrofilmler daha sonra Pakistan'daki Begum Aisha Bawany Vakfı [273] tarafından kitap haline getirilerek İslâm dünyasına kazandırılır.

----

(273) Vakfın adresi: Bank Havse No: 1 Habib / Square M. A. Jinns Karachi/PAKİSTAN.

Mikrofilmler banyo edilince, Barnaba İncili'nin geçirmiş olduğu bu büyük maceranın hikmeti anlaşılır. Çünkü bu İncil, Peygamber (a.s.m) Efendimizin geleceğini çok öncesinden müjdelemekte, mübarek ismiyle ilan etmektedir.

Batı dünyasının Asrı Saadet münafıklarına has olan bir inat ve gayretle bu İncil'i yok etmeye çalışması, gerçekten de son derece ibret vericidir.

Barnaba İncil'i tahrip edilmiş olmasına rağmen, hakikatlerin bir kısmını muhafaza etmektedir.

Yazımızın bundan sonraki bölümlerini, Barnaba İncilinden aynen alınan paragraflarla sürdürüyor ve Peygamber (a.s) Efendimizin hakkaniyetini, bir de bu eserden dinliyoruz.

Eserin 44. sayfasında Hz. İsa (a.s) kendisinden sonra gelecek olan peygamberi, havarilerine şöyle tarif etmektedir:

"Size söylüyorum, Allah'ın Resulü bütün mahlukata rahmettir. O, anlayışlı ve tesellici, hikmetli ve kudretli, Allah aşkı ve korkusuyla dolu dakik ve yumuşak ruhludur. Rahmet ve yardımseverlik ruhu ile, adalet ve acıma hissi ile, nezaket ve sabır ruhu ile hareket eder. Cenabı Hak, bütün yaratıklarına verdiğinin üç katını ona vermiştir. O, bu dünyaya geldiğinde saadet devridir. Buna inanınız. Bütün peygamberlerin, Allah'ın onlara verdiği nübüvvet gözü ile gördüğü gibi, ben de onu gördüm. Onu görünce ruhum teselli ile doldu. "Ey Muhammed, Allah seninle beraber olsun ve beni senin ayakkabının bağı olmak şerefi ile şereflendirsin.* Eğer ben bu muradıma erersem, Allah'ın mübarek bir kulu ve büyük bir peygamberi olacağım. Ve Hz. İsa (a.s) bunu söyledikten sonra Allah'a şükretti."

----

* Bu sözün doğruluğu tartışılır. E. Ş.

Hz. Peygamber'den çok önceleri ona "Ey Muhammed" diye hitap ederek peygamberliğini tasdik ile haber veren Hz. İsa (a.s) ve Barnaba İncil'i O'nu en büyük peygamber olduğunun inkar edilmez bir delilidir.

Yine aynı eserde Hz. İsa (a.s) bir kadının "Beklenen mesih sen değil misin?" sorusuna şu cevabı vermektedir. "Ben yalnız İsrail oğullarına gönderilmiş bir kurtarıcı bir peygamberim. Lakin benden sonra Allah tarafından bütün aleme Muhammed adında bir resul gönderilecektir." [274] demiştir. Barnaba İncil'inde ne Hz. İsa (a.s)'ın ilahlığından söz edilmekte, ne de onun çarmıha gerildiğinden bahsedilmektedir.

Yine Barnaba İncil'inde Hz. İsa (a.s): "Ben bütün yeryüzündeki kabilelerin beklediği mesih değilim" [275] demektedir.

Yine Hz. İsa (a.s), Peygamber (s.a.v) Efendimizin bizzat mübarek ismini söyleyerek "Hz. Muhammed (s.a.v) Arap yarımadasında zuhur edecek. Putları ve putlara tapanları te'dip edecektir" [276] demektedir.

"Ey muallim, dünyaya geleceğinden bahsettiğiniz o zat kimdir?" sualine Hz. İsa (a.s): "O, Muhammed Resululllahtır" [277] cevabını vermiştir.

"Bununla beraber ben size kati olarak söylüyorum. Benim gitmem sizin için hayırlıdır. Çünkü, gitmezsem teselli̇ci size gelmez." [278]

Tahrif edilmiş, yani kasıtlı olarak değiştirilmiş olan İn-

----

(274) İncil-i Barnaba, Fasıl 96, Cümle 8- Gerçeğe Doğru'dan.
(275) İncil-i Barnaba, Fasıl 66, Cümle 12, Gerçeğe Doğru'dan.
(276) İncil-i Barnaba, Fasıl 163, Cümle, 7, Gerçeğe Doğru'dan.
(277) Yuhanna İncil-i XVI 13, Gerçeğe Doğru'dan.
(278) Yuhanna İncil'i XVI 13.

cil'lerden alınan yukarıdaki ifadeler, bu mukaddes kitabın tahrif edilmeden önce Peygamber (s.a.v) Efendimize ait delillerle dolu olduğunu isbat etmektedir. Evet, Peygamberimizin (s.a.v) hakkaniyetine bazan ay, bazen güneş şehadet etmiş, bazen ise taşlar ve ağaçlar delil olmuştur. Elbette Kur'an'ın haricindeki mukaddes kitaplar da o Zattan (s.a.v) bahsedecek ve bu gerçeği göstermek istemeyen münafıklar, ne kadar tahrif ederlerse etsinler, o muhteşem hakikatleri gizleyemeyeceklerdir.[279]

İncil'in metni arasında birtakım tenakuzlar (zıtlıklar) vardır. Normal bir insanın eserinde bile fahiş tezatlara rastlanmaz. Bunlardan birkaç tanesi:

1 — Luka (24:5051) İsa'nın Beytanya'da göğe çekildiğini söyler. Fakat Resullerin İşlerinde (1:12) İsa'nın Olivet adı verilen dağdan göğe çekildiğini okumaktayız.

2 — Luka'nın (24:2129, 36 ve 51) ifadesine göre İsa ölüler arasından kalktığı gün veya ertesi gece göğe kaldırılmıştır. Fakat, Resullerin İşlerinde (1:3) onun kıyamından sonra kırk gün kadar şakirtleri ile buluştuğu, onlara nasihatta bulunduğu ve dini yaymalarını söylediği, sonra göğe çekildiği anlatılır.

3 — Luka (3:23)'e göre Meryem'in kocası Yusuf Heli'nin oğluydu. Halbuki Matta (1:16) da Yusuf'un Yakub'un oğlu olduğundan bahsedilir.[280]

İşte bunlar da gösteriyor ki İncil'ler değiştirilmiştir, insan eli onlara girmiştir.

---

(279) Gerçeğe Doğru - Zafer İlim-Araştırma dergisi.
(280) Kur'an-ı Kerim ve Garbın Kaynaklarına Göre Hristiyanlık Ziya Kazıcı.

GÜNAHLARIN İTİRAFI

Her şeyden önce şunu söyleyeyim ki, günah işleyen bir kimse günahını sadece Allah'a itiraf eder ve sadece Allah'tan af dileyebilir. Günahkâr olan bir kulunu affetme Allah'a mahsus ve onun tasarrufu altındadır. Allah (c.c) adına hiç kimse bu hakkı kullanma selahiyetine haiz değildir. Kitap sorulu cevaplı olduğu için, Hristiyanlığa ancak bu kadar yer verebildim. Neden bunları yazdığımı soran bir Hristiyan olursa cevabım şu:

Dönün de, Hristiyanların İslâm düşmanı olanlarının İslâm dini ve canımız Peygamberimiz için ne hakaretler ettiğine bakın. Biz hakaret etmiyoruz. İnancımıza göre eleştiri yapıyoruz. Eğer gençlerimizi Hristiyanlığa, Üstelik korkunç iftiralarla davet etmeseydiniz belki bunlara ihtiyaç duymazdık. Bizde ne kadar döküntü, dinsiz, dinazor varsa İslâm aleyhtarı, onların da sözlerini delil alarak...

Bilgi edinmek isteyen kardeşlerimiz için bu hususta piyasada çok kitap vardır. Ben sadece ikisini yazacağım. Kur'an-ı Kerim ve Ziya kazıcı'nın Garp Kaynaklarına Göre Hristiyanlık. Bir de Kitabı Mukaddes Kur'an ve Bilim. (Maurice Bucaile, Çev. Doç. Dr. Suat Yıldırım).

KIZ ERKEK BİRBİRİNİ GÖRMEDEN EVLENEBİLİR Mİ?

***Soru:** 3 — "Eskiden kızla erkek birbirini görmezmiş. Bana, bu tutucu kural çok saçma geliyor. Niçin İslâm'da bu kadar bağnazlık var?"*

Cevap: Önce şunu söyleyeyim ki İslâm'a bağnaz demek, Allah'a (hâşâ) bağnaz demektir. Çünkü İslâm'ı beğenmeyen, Allah'ı eleştiriyor demektir. Zaten kızla erkeğin hiç görüşmeden evlenmesi dinimizce haramdır. Ancak, iki taraf da riski göze alıp evliliğe razı olurlarsa caiz olur. Flört tarzı görüşmekse kastın, o konuya da girelim. Soruyu sorarken dahi İslâm'a uygun olarak sormak gerekir. Gelelim soruya:

Bak Meral Kardeş, sana önce bir soru sorayım: Şöyle bir düşün. Kızla erkeğin birbirini az gördüğü zamanlar mı boşanmalar çoktu, bugün mü? O zamanlar mı babasız çocuk çoktu, bugün mü? O zamanlar mı ayyaşlar fazlaydı, bu zamanlar mı? O zamanlar mı zina fazlaydı, bu zamanlar mı? Elbete ki, bu zamanda hepsi çok fazla. Neden acaba, düşündük mü? Kızla erkeğin birbiriyle önceden buluşması, gezmesi onları sonradan mesud eder mi? Edemez, etmiyor da. Günümüz dünyasında adına flört denen modern zina haddinden fazla ürünlerini vermektedir. İki misal vererek küçük çapta açıklama getirelim.

Bir çift düşünelim. Hergün buluşuyorlar. Birbirlerine iltifatlar ediyor, şiirler okuyorlar. Birbirlerine çok iyi huylu kişiler, anlayışlı insanlar olduklarını söylüyorlar. Ayrıca birbirlerine güzel görünmek için her gün değişik elbiseler giyiyorlar.

Ve bu çift günün birinde evleniyor. İlk günler gayet mesutlar... Sonra, gün geçtikçe başlıyor birbirlerine ilgisizlikleri. Yıllarca birbiren iltifat edenler, birbirlerine öyle alışanlar, yavaş yavaş şok geçirmeye başlıyorlar Ne eskisi gibi süslenmeler, ne "güzelsin" kelimeleri... Ne hediyeler... Hepsi bitiyor... Derken başlıyorlar birbirlerinden şüphelenmeye. Kadın şöyle diyor: "Sen artık beni sevmiyorsun."

Derken huzursuzluk, ilk yıllarda yuvanın temelini sarsıyor. Derken çorap söküğü gibi gidiyor... Aslında değişen bir şey yok. Sadece evlenmeden önce (cinsel arzuların da tetiklemesiyle) gençlerde heyecan çok oluyordu. Haliyle evlenince o heyecan kesildi. Bunu bilmeyenler, sevgi eksildi, sanıyorlar.

Bu arada evlenme umuduyla, hamile kalan kızların, deliren, intihar edenlerin haddi hesabı yok... Bunalımlı gençler de Batı düzeninin hediyesi...

Dönelim şimdi İslâm'a göre olan evliliğin misaline. Evlenmek isteyen genç delikanlı bu fikrini annesine veya başka yakınına açıyor. "Bana uygun kız bulun" diyor veya kendi buluyor. Ve o erkeğin inancına göre kız bulunuyor. Kız da, erkek de inançta ve kültürde aynılar. Oğlan tarafı kızı, kız tarafı da damat adayını beğendikten sonra, sıra gelir oğlanla kızın birbirlerini görmesine. Kız tarafı bir gün verir, oğlan tarafı giderler. Kız ile oğlan evde yalnız kalmamak şartıyla bir odada otururlar. İnançları dairesinde istediği gibi konuşabilirler. Erkek, kız birbirini beğenirse, ikinci kez de detayları konuşurlar. Yeterince konuşamadılar veya birbirlerini göremedilerse üçüncü kez de görüşürler. Peygamber Efendimiz (s.a.v) "Eli yüzü güzel olan kadının diğer tarafları da güzeldir" buyurmaktadır. Eğer birbirlerini beğendilerse; hayırlı mı, değil mi diye, istişare yaparlar. İstihare delil değil. Fakat yine de sünnet olsun diye yapılır. Eğer birbirlerini beğenmezlerse, ya münasip bir şekilde birbirlerine söylerler, ya da bu konuda bir söz açmamak şartıyla istenilmediği, beğenilmediği anlaşılmış olur. Eğer beğendilerse, İslâm'a uygun bir tarzda istenir, yüzükler takılır. İslâm'da nişanlılık diye bir şey yoktur. Fakat söz olsun diye yüzük takılır. Sözden sonra, fazla bekletmeden sözlü veya halkın deyimiyle nişanlılık devresinde, yalnız başına kız erkek gezmeye gidemez. Düğünden önce dini nikah yapılmamalı.

Fazla şaşaalı, debdebeli olmayan bir hazırlık; mütevazı, desinlerden uzak, erkeği borca sokmadan bir düğün yapılır. İslâm'ı bilen kızla erkek vazifelerini iyice bilirler.

Daha önce sık sık görüp birbirlerine iltifat etmedikleri için böyle birbirlerine ufak da olsa güzel bir söz söylediklerinde o söz değer taşır. Ve mesut olup giderler. İslâm dini üzerine kurulan yuvada boşanma müstesna oluyor. Batı tipi evlilikte ise boşanmamak müstesna oluyor.

Amerikalı bir Prof. şöyle diyor: "İslâmiyet'in her emrini insanın yaradılışına uygun görüyorum. Evlenmeden önce, kızla erkeğin flört etmesini yasaklayan İslâm dini, gençliğin dejenere olmamasını sağlıyor. Zira günümüz dünyasında bir genç devamlı en üstün, en güzel olmak istiyor. Kendini karşı cinse beğendirme çabası içine giriyor, böylece de sinir sistemlerini genç yaşta harap ediyor. Ayrıca flört eden kızlar veya erkekler çok kişilerle flört ettiği için erkek veya kızların tüm özelliklerini aynı kişide görmek istiyorlar."

Gerçekten de benim şahit olduğum bazı olaylar var. Kendi çapımda bu konuda gözlemlerim oldu ve şunu gördüm. Kadın erkek ikisi de şeriatı yaşıyorlarsa ve şeriate göre de evlenmişlerse onların mutluluğu, Batı tipi evlenen ve aynı stilde evliliğini sürdürenlerde yok. Önceleri şeriatçı erkeklerle evlenen kızlara acıyor, şöyle diyordum: "Zavallı kızcağız! Dört duvar arasında kapanacak. Her gün dayak yiyecek, sevgi nedir, hiçbirini göremeyecek."

Aradan ne kadar zaman geçti bilmiyorum. Rabb'imin lütfu ile O'nun şeriatının kapısından girdim. Bir de etrafıma baktım ki, çok değişik şartlar altında Müslümanlıklarını sürdürenler var. Tabi o zamanlar, yaş 18-19, İslâm hakkında aldatılmıştım. Müslümanların hatasını İslâm'a mâlediyordum. Allah affetsin hem beni, hem de benim gibi düşünenleri. Sakallı bir erkeğin çok hain olduğunu, barbar olduğunu ve de karısına çok işkence ettiğini zannediyordum.

İsterseniz size bir olayı nakledeyim. Dinimi hiç bilmediğim zamanlarda, Üsküdar vapurunda bir kadınla bir erkek gördüm. Kadın kapalı ve gençti. Erkek de gençti fakat sakallıydı. Genç kadına şöyle bir baktığımda içim kan ağladı. Vah vah... Genç yaşta harab etmişler dedim. Yavaşça kadını bir kenara çağırdım. Kadın da geldi.

— Buyurun, dedi.

— O sakallı adam senin neyin oluyor? dedim.

Kadın şaşkınlıkla

— Kocaaaam, dedi.

— Ayy... Seni o adama zorla mı verdiler?

Neye uğradığını bilmeyen kadın:

— Hayır, dedi. Niçin zorla versinler? Kendim istedim.

Kadının şaşırdığı kadar ben de şaşırmıştım.

— Çok dayak yiyor musun?

— Ne münasebet kardeş. Biz de dayak yoktur. Bazen bazı sinirli erkekler eşlerini döver ama o kadarı herkeste olur. Hiç kavga olmayan yuvada huzur da olmaz, dedi.

Kadının halinden ben, benim halimden kadın şok olmuştu.

Düşünün İslâm dinine göre evliliğin nasıl olduğunu bilmediğimden, benim beynimde kafirler istediği oyunu oynamışlardı.

Yine ikinci bir olayı anlatayım. Biri Müslüman diğeri de adı Müslüman olan iki aile aynı günde evlenmişlerdi.

İslâm'ı yaşayan genç kız, "Ben düğün salonu istemem" dedi. Öteki de, "En modern düğün salonunu isterim" dedi. Ben bu iki evliliği takibe koyuldum. İslâm'a göre düğün yapan çiftin hiç borcu yoktu ve de Allah'ın emrine, peygamberin kavline göre evlilik temellerini atmıştı. Öteki ise şeytanın emrine, keferenin kavline göre temel atmıştı.

Aradan birkaç ay geçince, modern ailenin temelinde kımıldamalar olmaya başladı. Meğer yeni damat işyerindeki sekreterle geziyormuş. Birgün gelin hanımla karşılaşıp sordum:

— Nasılsınız, dedim. Ağlamaya başladı, "Hiç iyi değilim" dedi. "Kocam beni aldatıyor" dedi.

— Dinini aldatan, Allah'ını aldattığını zanneden biri seni aldatmış çok mu? Ben sana söylemedim mi? Allah bir kişiye yaranamamışsa, sen ona hiç yaranamazsın, diye. "Ah haklıymışsın, boya ile, oya ile huzur olmuyormuş" Ve bu yuva yıkıldı. O gün bugün ne kadar yuva yıkıldığını gördümse dikkat ettim, altından mutlaka İslâmsızlık çıkıyor. Tabiî ki müstesnalar vardır.

Netice itibariyle, erkekle kadının birbirini ruhen tanıması elli yıl da geçse mümkün olmaz. Ancak Allah'ın kanununu yaşamakla birbirlerini tanır ve ruhen ısınırlar. Güneşi fileye koymak, keçiye matematik öğretmek nasıl mümkün değilse, İslâm'a göre olmayan evliliklerde nurlu huzurun olması mümkün değildir. Bir kız evleneceği erkekle 20 yıl da gezmiş olsa onunla evlenmeden, onun gerçek kişiliğini göremez. Erkek de göremez. Çünkü o devrelerde hatalarını erkek de, kadın da saklar. Bir defa nikâh yok. Nikâh olmadığı zaman birbirine çok tatlı gelen bu ikili evlendikten sonra aynı havayı bulamıyor. Çünkü evlenmeden önce, nikâh yokken yapmış oldukları gezmeler vs. haram olduğundan şeytan iyi gösteriyordu.

Bu konuda "Dr. Wallace Sabine şöyle diyor: "Ben bu konuyu ilmî açıdan ele aldığımda şunu isbat ettim. Evlenme vaadi ile arkadaşlık kuranlar eğer birbirlerine cinsî açıdan sahip olamamışlarsa, onların birbilerine tutum ve davranışları harukulâde nazik olmaktadır. Örneğin el ele tutuşmaları onlara unutulmaz bir an gibi gelmektedir. Aynı çift evlendikten sonra yeterli doyuma ulaşınca, birbirlerine karşı ister istemez aynı ilgiyi duyamıyorlar. Aynı ilgiyi duyamayan gençlerde bir bunalım meydana geliyor. Çünkü her ikisi de evlenmeden önceki heyecanı tatmak istiyorlar. Bu arada gençler o heyecanın, o zamanın sevgisi sonucu olduğunu zannediyorlar. Halbuki tam tersi. İnsan bünyesi, karşı cinse karşı özlem duyduğu, karşı cinse karşı aç olduğu zaman karşısındakinin hareketlerinden tahrik olur. Sık sık doyuma ulaşmış bir kişinin davranışları, doyuma ulaşmayana oranla çok farklıdır.

Netice itibariyle, şahsî görüşüm evlenecek çiftlerin daha önce bedeni yapıda anlaşmaları değil, fikir ve ruh yapısında anlaşmaları ve de sık sık görüşmemeleri gerektiğidir."

Evet, bu ilginç açıklamadan sonra bilmem bir şey söylemeye gerek var mı?

Kişi ilmiyle ve ameliyle anlaşılır. Allah'ını terk eden bir erkeğin, karısını terk etmemesi beklenemez. Onun için siz, evleneceğiniz erkeğin imanına ve bilinçli Müslüman olup olmadığına bakın. Bilinçli Müslüman, kadın hakkına gayet saygılı olur. Bilinçli kadın da erkek hakkına... Fakat şu kesin olarak bilinmelidir ki, her ikisi de hatasız olamazlar.

Bu konu, kitaplık bir konu. Onun için bu soruya da bu kadar cevapla yetineceğim. Kız ya da erkek, mutlaka konuyla ilgili kitaplar okumalıdır.

Tavsiye edebileceğim kitaplardan bir kaçının ismini veriyorum:

1) Kadın Psikolojisi, Prof. Dr. Nevzat Tarhan, Nesil Yayınları

2) Ömür Boyu Aşk, Cemil Tokpınar Nesil Yayınları

3) Kılavuz İslâm'ı Doğru Anlamak, E. Şenlikoğlu Mektup Yayınları

Kadın kurbanı olan erkekler kadar,
erkek kurbanı olan kadınlar da vardır.
E.Ş.

CAHİLLERE GÖRE ERKEK ÇOCUĞU

Soru: *5 — Eskiden kızlara önem verilmezmiş. Şimdi uygar dünyada yaşıyoruz. Kız, erkek diye bir ayırım yapılmıyor. Niçin İslâm'da kızlar hor görülüyor?*

Cevap: Kardeşim Meral, bu soru da küffarın kurduğu, düzenlediği bir sorudur. Bu soruyu üç şekilde inceleyelim:

a — Eskiden kızlara önem verilmediği,

b — Şimdi uygar dünyada kız erkek diye bir ayırım olmadığı,

c — İslâm dininin günümüz uygar dünyasının yaşayışına izin vermediği.

Önce birinci maddeyi ele alalım:

Kardeşim, sen bilmiyor musun İslâmiyetten önce yeryüzünde cehalet nasıl vahşet saçıyordu? Okumuşsundur, İslâm'dan önce cahiliyet dönemi insanlarının kız çocuklarından dolayı utandıklarını ve utandıkları için onları diri diri gömdüklerini... O gün kızların ve erkeklerin birbirlerinden üstün olmadıklarını, bugünkü senin gözünde uygar olan dünya mı bildirmişti? Yoksa kainatın sahibi olan Allah mı? Elbetteki Allah. İşte Rabb'imizin o zamanlar indirdiği ayet: "Muhakkak ki, Allah yanında en üstününüz, en iyi ibadet edenler, en çok Allah'tan sakınanlardır."(281) Yani, Rabbül âlemîn kız erkek diye ayırım yapmamış, ancak en iyi amel edenler seçilmiştir. Efendimizin şerefli sözü bu konuya açıklık getirmektedir. Efendimiz diyor ki: "Öyle kadınlar vardır ki bin erkeğe bedeldir..." Bu hadîsi şerîfin

---

(281) Hucurat: 13.

yanında bir sürü âyet ve hadîsi şerifler vardır ki, kadın erkek ayırımı yapılmaması konusundadır. Sen zanneder misin ki, İslâm dini olmasaydı bugünkü dünya kadını ölüme mahkûm etmezdi?

Gerçi bugünkü dünyamızda keşke kızlar gömülseydi... Sence bir kızın imanı, namusu mu elden gitsin? Yoksa canı mı? Seni bilmiyorum, ama bence imanlı olmak şartıyla bir milyar can gitsin, bir zerre iman gitmesin.

Eskiden kızları diri diri gömerlermiş ama, kız akıl baliğ olmadığından kızlar cennete giderdi, gömen ana baba ise cehenneme. Fakat şimdi kızların imanının gitmesine ana baba sebep olduğu için, hem kızlar cehenneme gidiyor, hem ana baba cehenneme gidiyor. Şimdi sana soruyorum, o zaman kızlarını diri diri gömenler mi daha zalim yoksa şimdi kızlarının imanının gitmesine sebep olanlar mı? Yirminci asrın cahiliyeti eski cahilî dönemlerini çoktan geçti.

Ayrıca bana övmekle bitiremediğin bugünkü medenî(!) dünyada kızlarımız (af buyurun) çıplak gezdiriliyor. Dansöz yapılıyor, randevu evlerine satılıyor. Bir de en fazla zina yaptıran randevu evi sahibi en çok vergi verdi diyerek, madalya alıyor...

Ey imansızlar! Hiç mi vicdanınız yok? Bu madalyayı niçin veriyoruz? diye, niye düşünmüyorsunuz? Nasıl iştir bu? Feryat edesi geliyor insanın. Nefret ediyorum şu yirminci asrın cehaletinden. Benim utandığım, nefret ettiğim yirminci asrı bana uygar diye övüyorsun. Bu nasıl uygarlıktır ki, bu milletin evlatlarına zina yaptırıyor, bu milletin namusunu satan namussuza madalya veriliyor. Ve bu madalya töreni millete televizyondan gösteriliyor. Uykuda olanlar, namus mefhumunu düşünemeyenler de, madalya alana bravo diye alkış tutuyorlar. Bu nasıl alçaklıktır ki, fazla zina ettirene madalya veriliyor?

Aklım almıyor... Almıyoooor. Meral kardeş, sen günlük konu olarak sadece şehvet ve mideden bahseden bir dünyaya nasıl uygar diyebiliyorsun? En güzel şekilde vücudunu sergilemek, en güzel dansı öğrenmek, öğretmek, en çekici, en ahlâksız gazete ve dergileri çıkarmak. Adım başı bir kadın satılan ev açmak, meyhane açmak... Başkasının erkeğini cinsel yönden tahrik edebilmek için her yola başvurmak, şer'an mecburiyeti yokken cinsiyet değiştirmek... Faiz... Dolandırıcılık. Para gelecek diye turistlere yataklık yapmak, onlara namus vermek. vb.

Bunca rezaletten sonra da medenî olmak ha!

Bugünkü dünya medeniyetini daha açık yazamıyorum. Bazı gazete ve dergileri, İslâmî gözlükle gözden geçir. Bak bakalım gençliği sapıklığa, af buyur fuhşiyata sürüklemekten başka ne yapıyorlar?

Bu kadarla bitmez senin uygar dediğin yirminci asrın rezaletleri. Babasız çocukların haddi hesabı yok. Kimin, kime hediyesidir bu? İşte babasız çocuklar, bugün övünen uygar (!) dünyanın insanlığa hediyesidir. Bu hediyeleri kabul edenler buyursunlar.

Ben böyle hediyeyi de kabul etmiyorum. Ben böyle bir hediyeden utanç duyuyorum. Ben böyle uygarlıktan, böyle medeniyetten nefret ediyorum. Ben İslâm'ın gölgesinde bir dünya istiyorum! Ben o çocukları günahsız görüyor, o çocukları meydana getiren iğrenç hayatı kabullenmiyorum. Ben bütün bunlara sebep olanlara "Beyefendi... ağam... Efendim... Paşam..." diyemiyorum, ben onlara. Ben onlara şöyle sesleniyorum... Ey zalimler! Bu ahlaksızlık alıp başını giderken, günahsız kızlar evlenme vaadlerine aldandığı için evini terk edip, bir de çocuk bırakırken neredeydiniz? Bu genç kızlar bir iki tane değil ki, onları görmemiş olasın.

Binler var, onbinler var... Hepsini de biliyordunuz... Hatta çoğunun çocukları da bizzat kendi ürününüz... Nedir bu vahşet? Nedir bu işkence? Artık yılan derisinden çıkın.... Namuslu oluşundan dolayı utananlara, iffet nedir bildirin. Gerçi siz de bilmiyorsunuz iffeti. Girin İslâm'a öğrenin. Türkiye'yi zina pazarından kurtarın.

Daha neler söylemek istiyorum. Ama "Ayıptır fazlası" diyorlar. "Kodesi boylarsın" diyorlar. '"Sen kadınsın, bu sözler sana yakışmaz" diyorlar. Diyorlar da, diyorlar işte. Bir öteki sokağımda bir kızımız satılırken...

Kardeşim, yaram gittikçe azıyor. Bana bu rezalet dünyayı medh etme. Dayanamıyorum bu haksızlığa. Çünkü sen benim dinlediklerimi, duyduklarımı bilmiyorsun. "Eskiden kızlar hor görülürmüş" diyorsun. O eskiyi ben de beğenmiyorum. Ama ben, senin beğendiğin bugünkü ahlâksız dünyayı da beğenmiyorum. Allah bile beğenmemiş, beğenmemiş de onun için o adaletsizliğin, o vahşetin ortadan kalkması için Kur'an'ı göndermiş.

Sana anlatamadığım neler var bir bilsen... Ah, bir bilsen. O zaman onların kokuşmuş fuhuştan ibaret olan medeniyetlerini övmezsin... Onları temsil eden bir tek gazete bile okumazsın. Tükürür geçersin onların her türlü neşriyatına. Neyse Meral kardeş, kalemim zıvanadan çıkıyor. Cahiliyet devri insanlarının en iyisi bile, "kızın oldu." diye müjde verilince utancından kızarırmış. Allah bu durumu aşağılıyor.[282]

Kur'an diyor ki, Allah dilediğine kız, dilediğine erkek çocuk verir, dilediğini kısır bırakır.[282a]

----

(282) Geniş bilgi için Kur'an-ı Kerim'den şu ayetlere bakınız: 16/58-59, 43/17, 47/49-50, 53/45-46

(282a) Şura, 49,50

Daha sonra kadın erkek ayrımı yapılıyor. Bu defa da, kadın erkeği, erkek kadını küçümsüyor. Bir defa erkek, erkek olarak, kadın da kadın olarak yaratılmıştır. Her yaratılmışı yaradılış özelliği ile başbaşa bırakmak gerekir. Her yaratığın kendine has mevkisi tayin edilmiştir. Eşitlikte adalet yoktur, ama adalette eşitlik vardır. Kadınla erkeğe (aynı karakteri taşıyorlarsa) aynı değeri vermek, Allah'ın koyduğu kanundur. Ama ikisine de aynı yükü, aynı işi vermek eşitliktir, amma adalet değildir. Bu arada eşitlik meselesinde, son yıllarda Batı medeniyetinin kopardığı yaygara oldukça yaygın. Türkiye'de o kadar çok manasını soranın da bilmediği sorular var ki, aklın durur. "Kadın hor görülsün" diyormuş gibi İslâm'a saldırıyorlar? Sana bu konu üzerinde biraz daha düşünmeni tavsiye ederim. Düşün, bankada çalışanların çoğu kadın, sekreter kadın, tezgahtar kadın. Adam halı satacak, reklam aracı olan kadın. Çiklet satılsın diye çikletin üzerindeki resim kadın. Kadın lastiği ile çaydan araba lastiğine kadar reklam yapıyorlar. Çabuk iş bulan kadın, kötü yoldan para kaynağı bulan kadın. Turistleri çekmek için oynatılan kadın. Kadın, kadın... Şimdi Türkiye'de kadın her işte önde gidiyor. Çabuk iş buluyor olması, kadına verilen değeri mi gösterir? Yoksa kadının yaradılışının sömürüldüğünü, kadının bir sermaye olarak kabullenildiğini mi gösterir?

Şimdi "c" şıkkını ele alalım: Bu şıkta "Dinin günümüz uygar dünyasının yaşayışına izin vermediği"ni anlatmak istemişsin.

Kardeşim Meral, yukarıda anlatılanlardan sonra herhalde " İslâm niçin bu berbatlığa izin vermiyor?" diyemezsin.

Şunu unutmamak gerekir ki Allah her asrı, asırları yaratmadan önce biliyordu. Allah insanlara ve inanca aykırı her şeyi yasak eder. Faydalı olan her şeyi de serbest bırakır. Bunu bilmek yeterlidir. Muhakkak olan şudur ki, Allah'ın her işi çok güzeldir. Ve güzel olan herşeye izin verir. Güzeli de iyice ele almak gerekir. Güzel de çirkin de inanca göre değişir. Senin için Kur'an sesi güzeldir, ama bir Hristiyan için çok çirkindir. Sesler de, mideler de inanca göre çalışır.

Bunun isbatı: Müslüman domuz eti yese, günlerce istifra eder. Hıristiyan ise bundan zevk alıyor. Niçin Müslümanın midesi bulandı?

Demek oluyor ki, mideler de inanca göre çalışmaktadır. Bundan sonraki olayları şöyle İslâmî gözlükle incele; ne kadar çarpıklık bulacağını göreceksin. Kahrolacaksın, belki de, "Beni kimse tutamaz, dinime hizmet edeceğim" diyeceksin.

Okuduğun gazetelerde her gün İslâm'a saldıran yüzlerce yazı bulacaksın. Filmleri incelediğin zaman Türkiye'yi önce Batılılaştırmak sonra Hristiyanlaştırmak isteyenlerin çirkin yüzünü göreceksin.

Hadi gel Meral sen de İslâm'ın safına geç... İslâm'ın sahibi olduğunu bildir, meydan oku İslâm düşmanlarına. Sahip çık dinine.

O emanet senin
Assalar bile seni ipe
Demelisin "Dinim benim"[282]

---

(282) Mahkum Duygular

EZAN İNGİLİZCE OKUNSA BAYRAM EDERLERDİ, ARAPÇA OLUNCA....

Soru: *Ezan Türkçe okunsa olmaz mı? Ben Türküm, bana ne Arapça'dan?*

Cevap: Bu soruya geçmeden önce lisanların önemine değinelim: Bilindiği gibi lisanlar bir ırkın habercisidir. Her lisanın kendine has özelliği ve edebiyatı vardır. Meselâ Türkiye'nin istiklal marşı, Almanya'nın istiklal marşı vardır. Dünyanın neresine gidersek gidelim, Türklerin istiklal marşı Türkçe okunur. Biliyorsun bazen uluslararası yarışmalar oluyor. Yarışmaya katılan hangi ülke ise o ülkenin istiklal marşı çalınıyor. O zaman Almanca olan Almanlar'ın marşı, Türkçe okunuyor mu? Hayır. İşte aynen bunun gibi Müslümanlar da aslında tek millettir.

Dinlerin de evrensel marşları vardır. Hristiyanlıkta çan, Yahudilikte boru öttürme, İslâmda da ezan. Dinlerin özel marşı, dünyanın her yerinde aynı lisan ile olur.

Düşün lâalettâyin bir dilin beynelminel özelliği oluyor da, kulları namaza davet eden Allah'ın yeryüzünde beynelminel bir çağrısı olmasın mı?

Bir arkadaşım anlatmıştı: Bir Türk ihtisas için İngiltere'ye gitmiş. Aylar sonra bunalım geçirmeye başlamış. Dinle hiç ilgisi olmayan bu kardeşimiz, İngiltere'nin günah dolu caddelerinde dalgın dalgın giderken, birden yüreğini hoplatan bir ses ile irkilmiş:

"Allahu ekber, Allahu ekber

Eşhedü enlâ ilahe illallah" diyor kulağına gelen sesler.

O kadar duygulanıyor, o kadar İslâm'a ısınıyor ki olduğu yerde, tretuvarın üzerinde oturuyor. "Sanki o caddelerde ahbablarım, dostlarım doluymuş gibi geldi bana" diyor. Hemen gidip abdest alıyor ve o gidiş namaza başlıyor.

Şimdi düşünelim, eğer ezan beynelmilel olmasaydı bu kardeşimiz ezanı anlayabilecek miydi? Örneğin İngilizce'ye çevrilseydi! Türk nasıl anlardı. Türkiye'ye geldiğinde bir İngiliz Müslüman ezan Türkçe olsa, ezan olduğunu nasıl ayırt ederdi? Arapça olunca her ırkın Müslümanı ezanı anlıyor. Kıskanılan da bu ya... Allah'ın davetidir ezan.

Bir konu daha anlatayım da, konunun başka açısı ortaya çıksın.

Ruslar, 1979'da işgal etmek için Afganistan'a girmeden önce müftülükler aracılığı ile Müslümanlar alarma geçiriyorlar. Ve Rusya bütün Müslümanlar'ı toplayıp bir müftüyü konuşturuyor. Müftü şöyle konuşuyor:

"Müslümanlar, sizler dinlerinize bağlı kişilersiniz. Bakın Afganlı kardeşlerinizi öldürmeye gelen binlerce Amerikalı asker Afgan dağlarında bekliyor" diyerek, Müslümanlar'ı şahlandırıyor ve cihad ilan ediyor. Müslümanlar'a tanklar tüfekler veriyorlar. Müslümanlar üzgün ve barut gibi öfkeli oldukları halde yola çıkıyorlar ve Afganistan dağlarında Amerikalı asker arıyorlar. Fakat bir türlü bulamıyorlar. Birgün şafak sökmeğe başlarken karşıki dağdan yanık yanık bir ses duyulur:

ALLAHU EKBER ALLAHU EKBER
ALLAHU EKBER ALLAHU EKBER
EŞHEDÜ ENLA İLAHE İLLALLAH

Bu da nesi?... Şaşırır, Rusyalı Müslümanlar. Bir de bakarlar ki, arkasından ALLAHU EKBER ALLAHU EK-

BER sedaları yükselir. Anlarlar Ruslar'ın komplo kurduğunu. Bu sefer göz yaşları içinde bu tarafta olanlar tekbir getirirler. Allahu ekber, Allahu ekber. Bu sedaları karşı dağdaki Afganlılar duyar. Onlar oradan bu taraf buradan ağlayarak birbirlerine doğru koşarlar. Ve iki dağın arasındaki vadide birleşirler. Birbirlerine sarılır sarılır, ağlarlar...

Sonra birlik olup o gün yüzlerce Rus askerini teslim alırlar. Düşün, eğer ezan Arapça olmasaydı orada bulunan yüzlerce Müslüman birbirini öldürecekti... Yalnız buna göre değil. Allah'a davet olan ezanın Arapça oluşunda ayrıca büyük hikmetler vardır. Benden bir kardeş tavsiyesi, ırkından dolayı fazla gururlanma, Müslüman oluşundan dolayı gururlan. Çünkü, Türk olmak veya başka ırktan olmak senin hünerin değil, eğer hüner sayıyorsan! Ama Müslüman olmak biiznillah senin elinde. Hiç bir ırk ötekinden üstün değildir. Ancak takva ile üstündür. Ben Müslüman olayım da, ister Türk ister Roman olayım hiç önemli değil... Bütün insanlar fıtrat tanımlarına göre doğar. Yaşadığı kanunlara göre de ahiretteki yerine gider. Bir iki şiirden sonra ırkçılığı biraz daha düşünürüz herhalde.

"Öyle bir din istemem Arap felsefesinden
Bana bir din yarat Türk'ün nefesinden" (283)

Bir ırk hayranı daha. Bakın neler saçmalamış:

"Ne örümcek ne yosun,
Ne mucize ne füsun
Kâbe Arap'ın olsun
Bize Çankaya yeter." (284)

----

(283) H. Edip Adıvar.
(284) Kemalettin Kamu

İşte ırkçılığın sonu bu. Araplarda da başka ırklarda da ırkçılık felakettir. Sadece insanın kendi ırkına sıcaklık hissetmesiyle ırkına tapınması ayrı bir şeydir! "Irkçılar ırkını dininden üstün görür.[285]

ZEKİ KADIN KENDİNİ EZDİRMEZ

Soru: *7 — İslâm'da, kadın evlendikten sonra erkeğin kölesi olur. Bu adaletsizlikler İslâm'dan çıkarılsa diyorum. Olmaz mı?*

Cevap: Hâşa; senin söylediğin adaletsizlikler İslâm'a hiç girmedi ki çıksın. İslâm'da kadın da erkek de "Birbirini tamamlayıcıdır." Şunu unutmamak gerek ki, Allah bizi bizden çok daha iyi bilen, çok daha merhametli olandır. Bu sorular Allah'a hakkı ile inanmamaktan ve güvenmemekten doğuyor. İslâm'ı bilen bir erkek karısına işkence etmez. Yakınımızda olan öyle Müslümanlar görüyoruz ki adeta insanlıklarına, Müslümanlıklarına hayran kalıyoruz. Hanımı hastalansa yemek yapıyor, biraz kalbini kırsa özür diliyor. İslâmî olmayan, ama kendilerini Müslüman zanneden geleneksel çevrelerdeki evliliklerde ise bu işleri yapan erkek küçümseniyor. Kılıbık deniyor. Bunlar da cehaletin ta kendisi. Senin mahallendeki Müslüman, mutlaka ölçü değildir. Ölçü, İslâm'ın kendisidir. Allah'ı dinleyen bir erkek karısına değer verir ve onu mesut eder. Çünkü, bilir ki kadın Allah'ın emanetidir. Kadın da bilir ki, erkek kadına Allah'ın emanetidir. Herkes emanetini korumaya çalışır.

---

(285) Lâ Edri

KALP DEVAMLI TEMİZ KALAMAZ

Soru: *8 — Ben namaz kılmıyorum ama kılanlardan kalbim daha temiz. Bunu nasıl karşılıyorsunuz?*

Cevap: Bir defa herhangi bir ibadeti yapmak için kalbin temizliği ön planda değil, niyeti ön plandadır. Kalp temizliği bizzat ibadetle olur. Ayrıca ibadet edenlerin kalbi pis olacak diye bir şey yok. Eğer böyle olsaydı, Hz. Muhammed'in (s.a.v) kalbinin çok pis olması gerekirdi. Sonra Hz. Muhammed'in (s.a.v) kalbi pis miydi ki ona, "Namaz kıl" emri verildi?

Sana bir misal vereyim.

Sıkı yönetimin herhangi bir emrine karşı gelen birisi "Ben emrinizi yapmadım ama kalbim çok temiz" diye bir ifade vermiş olsa, onun kalbinin temizliği itibara alınır mı? Elbette alınmaz. Peki, kâinatın sahibi Allah emir veriyor. İnsan kim oluyor da bu emri dinlemiyor? Allah'ı dinlemeyen kalpten daha pis kalp olur mu? Temiz olsa Rabb'ine döner, niçin küffara dönsün?..

Kardeşim kalp temizliği, kalp pisliği ne demektir? Önce istersen bunun üzerinde duralım.

Bir defa kalp nasıl çalışır? Kalp gözünün gördüğüne, kulağının duyduğuna göre düşünür, yorum yapar. Beyinle bağlantılıdır. Bir saniyede milyonlarca kötü işler düşünebilir. Tabiî, iyi de düşünebilir. Öyle ki senin hiç istemediğin, seni öldürseler bile yapamayacağın şeyleri düşünür, düşüncenden dolayı utanırsın. Senin elinde olmadan bakarsın ki, bir an bile olsa kalbin bozulmuş. Zaten bir kalp devamlı temiz kalamaz. Anlık da olsa bazen bozulur.

Bir hanım yanıma geldi. Belli ki derdi büyüktü. Ağlıyordu. "Size bir şey sormak istiyorum, ama bir türlü soramıyorum. Ne yapacağımı bilmiyorum" dedi. Ben de, "Sor kardeşim, olur ki cevabını bildiğimiz bir konudur" dedim. Kadın yine, "Nasıl söyleyeyim? Kendimden utanıyorum" dedi. Nihayet kadına söylettim. Aklından öyle şeyler geçiyormuş ki, kadını kahrediyormuş. "Elimde değil düşünüyorum, birden oluyor olanlar. Nikâhım düşsün veya düşmesin kim olursa olsun. İçimden bir ses hemen kötü bir şey düşünüyor" dedi. Yine bir başka hanım da kocasının haberini getirdi. Kocası "sor" demiş. "Benim Ramazan'da ister istemez açıksaçık gezen kadınlara kalbim meylediyor, şimdi orucum bozuluyor mu; Bozulmuyor mu?" Kişinin elinde olmayan düşüncelerinden kişi sorumlu değildir, dedik. Çünkü, muteber kitaplar öyle söylüyordu. (İlk bakışta günah yoktur, ama o da gayri ihtiyarî olmak şartıyla) Kişi ikinci kez bakarsa sorumlu olur.

Netice itibariyle kalp düşünür, kalp kişinin elinde değildir.

Meral kardeşim şunu bil ki Hristiyan, Yahudi, Ateşperest, Putperest kim olursa olsun, hepsinin içinde kötü düşünmeyenler vardır. Hep insanlar için iyi şeyler düşünmüşlerdir. Ama, "Allah indinde" hiç makbul değildir. Niçin? Çünkü insanlar için hep iyi düşünmüş, ama Allah için hiç iyi düşünmemiş. Kişinin cömert olması..." Kişi Allah'ını bilmiyorsa, Allah, Beş vakit namazını kıl" demiş, o kılmıyorsa... "İçki içme, kumar oynama" demiş, kişi içiyorsa, kumar oynuyorsa... "Açık gezme, cömert ol, yetimlere yardım et" demiş, kişi de etmiyorsa ve bu kişi ayrıca sizin deyiminizle kalbi çok temiz, insanlara iyilik düşünüyor diyerek, Allah'ın ona cennet vermesi gerekmez. Çünkü bu özellikler, kişi Allah'ın emrini dinliyorsa makbuldür, dinlemiyorsa hiç önemi yoktur. Farz edelim senin bir kızın var. Kızın o kadar iyi ki, devamlı komşuların bulaşığını, çamaşırını yıkıyor. Onların geçimlerini düşünüyor, onları çok seviyor. Fakat sen ona "Kızım şu bulaşıkları yıka" dediğinde o, "Bana ne?" diyor. Sen bu kızını, komşulara yaptığı işlerden dolayı mükâfatlandırır mısın? Mükâfatlandırmazsın değil mi? Her şeyden önce ona şöyle dersin: "Kimin işlerini yapıyorsan, git mükâfatını o versin" dersin. Teşbihte hata olmaz. (İnşaallah biz de hata yapmadan misal vermişizdir.) İşte Allah da, "Ey kulum.. Sen dünyadayken kimi dinledinse şimdi git, sana cenneti o versin..." der.

"Kalbim temiz, ben insan haklarına riayet ediyorum" sözleri meseleyi halletmez. İnsan haklarına riayet edip, Allah'ın hakkını çiğnemek olmaz. İslâm'ı yaşamalıyız. İslâm, tatbik dinidir.

İslâm şiirle gelmez. İslâm çok güzel konuşmalarla gelmez. Çünkü ilk gelişi böyle olmadı. İslâm'ı yaşarsak, İslâm yayılır. Onu yaşamak için de "desinler" duygusunu, kini, cimriliği, tembelliği bırakmak gerek.

Allahu Teala, "İnsanlara dünyada çalışmasından başka bir şey verilmemiştir", diyor... Hadi kardeşim, kalbini ibadetle temizle. Kalp, Rabb'inin emrini yerine getiriyorsa çoğunlukla temizdir. Aksi halde çoğunlukla kirli kalır.

Kızmamalıyım

"İbadetle olmaz sen kalbe temiz mi bak"
Madem kalp yetiyordu, niçin indi ki ayet?
Şu sözle cennete gidenlere kızarken
Hadi neyse diyorum şimdilik vakit erken. [286]

----

(286) Mahkum Duygular - E.Ş.

9 ve 10. soruların cevabı daha önce verildi.

Soru: *11 — Kur'an-ı Kerim'in mealini okudum hiç bir şey anlamadım. Bu kitap, nasıl oluyor da Allah'tan geliyor?*

Cevap: Kardeşim Meral, çok önemli bir konuya değindin. Yıllar önceydi. Kur'anı çok merak etmiş, ben de senin gibi mealini, yani Türkçe açıklamasını okumuştum. Okudukça İslâm'dan daha çok uzaklaşıyordum. Anlaşılmaz cümleler. Hz. Meryem şöyle dedi, Hz Âdem böyle dedi. Bazı yerlerini ise hiç anlamıyordum. Kendi kendime söylenerek Kur'anı elimden bıraktım. Halbuki siyasî görüşüm İslâmî idi. Hal böyle olmasına rağmen Kur'an'dan bayağı kopmuştum. Fakat yıllar geçti. Ben Rabb'imin lütfu ile okumaya başladım. Tefsirlerden yararlandım. Yıllar sonra baktım ki Kur'an-ı Kerim akıllara durgunluk verecek güzellikte. O kadar ilginç, o kadar harikulade ki anlatamam. (287) Fatiha'ya, "Manası bu kadardır" der, geçeriz. Halbuki ne kadar ince bir derinlik vardır her bir ayette.

Bir şeyin lügat manasını bilmek demek, o işin aslını bilmek değildir. Fizik okumadıksa ne kadarını anlarız ki?

Hiç bilgi sahibi değilken okuyan için ilk etapta anlaması zordur. Hristiyan veya dini reddeden bazı kişiler, Kur'an'ın meal (eksik) manasıyla hüküm veriyorlar. Tabiî hal böyle olunca da, bir de çeviri hatası varsa, ya da, Türkçe olmayan kavramlarla bize sunmuşsa hiçbir şey anlaya-

---

(287) Size tavsiye edeceğim bir Kur'an meali var; üç akademisyen tarafından yazılmış. İpek Yayın Dağıtım tarafından yayımlanmıştır.

mıyoruz. Yani ilmi az olanlar hiç bir şey anlamıyorlar. "Şarab" içilen demektir. Yani şarabın manası, bir şeyi içmeye gelir. Mazisi şeribe'dir. Adam tutuyor, "Kur'an'da şarab haram; rakı haram değildir, çünkü şarabı yazıyor. Rakı demiyor ki" diyor. Halbuki Kur'an'da serhoş edici içki haramdır deniyor. Adam tutmuş içkisinin adını Arapça, "şarap" olduğu için şarap koymuş. Halkın zaten dininden haberi yok ki, şarabın isminden haberi olsun. Gümbürtüye giden onu içenler oluyor. Görüyorsun değil mi? Sanki adamlar Arapça'yı çok seviyormuş gibi içkisinin ismini Arapça koymuşlar, b yerine p koysalar da. Neden? Galiba Kur'an'da şarap geçiyor diye. Geçiyor, ama nasıl geçiyor?!

Neticede Türkçe'de suyun veya herhangi bir normal içeceğin adı Arapça ismi şaraptır. Bu içilen herhangi bir şey serhoş edici ise, o içilen haramdır. Sarhoş edici değilse helâldir.

İşte Kur'an'da buna benzer ayetler çoktur.

Kur'an-ı Kerim Allah ile kul arasına inmiştir. Fakat kulla kul arasındak köprüdür. Kur'an dünya tarihidir. Kur'an Allah sözüdür. Kur'an-ı Kerim'deki geçmiş olaylar, Allah'ın bize bildirmesi, bir ikazıdır. Meselâ bir annenin çocuğuna, "Ağabeyine şöyle bir ceza verdim" gibi bir tehdidi maziden bahsetmektedir. Ağabeyine öyle ceza verdim, sana da veririm haa!" gibi.

İşte Allahu Teala da, teşbihte hata yoktur dedik, aynı misal, geçmişteki olayları bize bildiriyor. "Kullarım geçmişe bakın, ibret alın ben bunları, bana asi gelene yaptım, beni dinlemezseniz size de yaparım"

Geçmişten bahseden ayetler ya tembihtir ya da örnektir, bunu bilmeliyiz.

"Ne olaydı da şu gördüklerimi, şu bana verileni, kavmim bilseydi. Rabb'imin beni bağışladığını (cennet), ikram edilenlerden kıldığını ah kavmim bir bilseydi." (288)

Ve "Mikâil geldi. Antakya'nın kalesine bir kanat takıp, Antakya şehrinin altını üstüne getiriyor." (289)

Bu surenin bir ilginç tarafı da var. Antakya'nın altının üstüne çevrilmesini yıllar önce bir gazetede okumuştum. Amerikalı bir kozmograf, Antakya'nın altında şehir olduğunu Yasin sûresinden öğreniyor. Adam gelmiş, çok ilginç eski mimaride şehir kalıntıları bulmuş. Şöyle diyordu. "Siz Türkler kendi kitabınızdan haberiniz yok. Halbuki o kitabınız var ya! O kitap sahipleri bahtiyardır."

Adam Müslüman mıydı bilmiyorum, ama şahane şeyler söylemişti. Kendi kendimden utanmıştım.

AVRUPA BİLE DARWİN'E İNANMIYOR

Soru: *İnsan maymundan mı türedi?*

Cevap: Bazı kimseler maymunların evrimi ile insanın meydana geldiğini ileri sürüyor. Tabii ki bu imkânsız bir şey. Çünkü geçmişte, iki bin sene içinde olup bitenleri (önceki yıllara nazaran) daha iyi biliyoruz. Bu iki bin yıl içinde herhangi bir evrim olmamıştır. Daha evvel olan evrimler varsa, bunlar da tahminden ileri geçmez. Bulunan fosiller de bize, yüzde yüz doğru bilgi veremez. Meselâ bir kafa bulunmuş. Bu kafa insan kafası ile maymun kafası ara-

----

(288) Yasin Suresi, Sayfa 26-27.

(289) Esbabi Nüzul, Cilt 9, Cüz 22, S. 384.

sında bir şey...Bu kafanın, bir türe ait olduğunu kabul etmek yanlıştır. Bugün dahi öyle kimseler var ki, yüzü gorile benziyor. Yani bu adama bakıp, "insanlar da maymunlaşmaya başladılar" diyebilir miyiz? Bazı insan çirkin, bazısı da güzel olabilir.

Binlerce, milyonlarca yıl evveli, tarihten önceki çağlara girdiği için o devirler hakkında söylenen sözler tahminden ileri geçemez. Evrime ait gösterilen resimler, ressam işidir. Fosiller de her şeyi bütün açıklığı ile ortaya koyamaz. "O devirde böyle bir canlı varmış" fikrinden ileri geçemez.

Maymundan insan olsaydı, neden hepsi değil de bir kısmı insan olmuş, bir kısmı maymunlukta kalmayı seçmiş? Acaba bu seçim, maymunların isteğine mi bırakılmıştır?

Diyelim ki, organ bakımından maymunlar insana benzedi. Peki, nasıl oldu da, maymun beyni uçak ve telsiz yapacak kadar gelişti ve insan beyni haline geldi? Vicdan ve iman gibi şeyler nasıl teşekkül etti? İnsanlar konuşabilirken, maymunların halen konuşmamasının sebebi nasıl izah edilebilir? Ya da insanların maymuna dönüşmemesi?

Değil bir veya birkaç maymunun insan olması, Darwin gibi bir biyolog isteseydi, kendisi maymun olamazdı. Hatta boyu kısa idiyse uzatmak, kollarını uzun gördü ise kısaltmak elinde değildi. Darwin gibi bir ilim adamının gerçekleştiremediği bir şeyi, nasıl olur da maymunlar gerçekleştirebilir?

Maymunun başkalaşarak insan olduğunu iddia eden insan, insan derisi içindeki cesetle, maymun derisi içindeki ceset arasındaki farkı görmemezlikten geliyor.

Meşhur misali hatırlayalım. "İçinde birden ona kadar numara bulunan bir torba düşününüz. Bu torbadan 5 numarayı çekmek istesek ihtimal onda birdir.

İki rakam çekmek istesek, meselâ ilk önce üç rakamını bulmak istiyoruz. Sonra bunu atıp, yediyi bulmak niyetindeyiz. Bu durumda ihtimal on üzeri iki, yani yüzdür.

Bu defa torbadaki rakamları birden başlayarak ona kadar sırasıyla çekmek istesek, bu seferki ihtimal on üzeri on, yani on milyarda birdir.

Bir maymunun iskeleti bir makina gibi monte edilmiyor. Makina parçaları uygun şekillerde dışarıda yapılır, sonra yerlerine konarak meydana getirilir. Maymun böyle değil. Onun başlangıcı bir hücredir.

Kemikler de yerinde teşekkül etmeye başlar, zamanla gelişir ve son şekillerini alarak iskelet meydana çıkar.

Halbuki motorun parçaları dışarıda yapılıp yerlerine takılır. Bir motorun yapılması kendine göre bir zorluk taşırken ve tesadüf olmazken, maymunun yapılması daha çok zor ve asla tesadüfi değildir. Medeniyet bir maymun yapamaz. Yapsa da robot olur. Öyle ise maymunu yaratan tesadüfe yer vermez. Tesadüf diyenler de, Allah'ın sıfatlarını bilmiyor demektir.

Bir misal daha vereyim:

Karşımıza on tane maymun alalım. Bunların değişik birer kemiği noksan olsun. Meselâ birincinin burnundaki bir kemik, ikincinin kafasında, üçüncünün bacağında ve böylece her birinde bir kemik noksan. Bu maymunları karşımıza dizelim. On adet noksan ve değişik kemiklerini de bir torbaya koyalım.

Maymunlar teker teker gelsinler, torbadan birer kemik çekip, tekrar torbaya bıraksınlar. Biz istiyoruz ki, her maymun kendi noksan kemiğini bulsun. Çünkü dünyadaki bütün maymunların kemikleri ne noksandır, ne de değişik.

Maymunların kendi noksan kemiklerini ilk çekişte bulma ihtimali, on milyarda birdir.

Bir maymunun pek çok kemiği vardır. Şimdi hesabımızı yüz maymunda, yüz adet değişik kemikle yapalım. Gene her maymunun kendi noksan kemiğini bulması ihtimali yüz üzeri yüzde (100^{100}) birdir. Yüz üzeri yüz, 100 sayısının kendisiyle 100 defa çarpılmasıyla çıkan çok büyük bir sayıdır.

Aklın idrak edemediği, kağıda sığmayan bu değeri 100 rakamının arkasına 200 adet sıfır koyarak buluruz.

Bütün maymunları nazara alarak, böyle bir hesap yapsak, maymunların tesadüfen meydana gelmesinin imkansızlığı anlaşılır.

Bütün insanları ve hayvanları düşünürsek, matematik ilmi bunların tesadüfen meydana gelmiş olma ihtimallerini katî olarak reddeder. (290)

Çevre faktörü:

Çevre şartlarından dolayı meydana gelen değişiklikler "modifikasyon" adı altında işlenir.

Wiesmann isimli bir doktor, yirmi nesil boyunca farelerin kuyruğunu kesmiş, buna rağmen yirmibirinci nesil olarak doğan farenin kuyruğu da öncekiler kadar büyümüştür. Zürafanın boyun ve ayaklarının senelerce yüksek dallara uzanmaktan uzadığı iddia edildiği halde, aynı şekilde ağaç fidanlarına yetişmek için uğraşıp duran keçilerde böyle bir durum söz konusu değildir. (291)

Benzetme, canlıların bazı hususlarının benzerliğini aynı menşeden gelmesi ile izah etmektedir. Analoji de, canlıların bazı yönleri ile benzerliklerinin olmasıdır. Kuş kana-

---

(290) İlimler ve Yorumlar Hekimoğlu İsmail-H. Hüseyin Korkmaz.

(291) Biyoloji ders otları Prof. Dr. Bedia Bozkurt, S. 28.

dı ile kelebek kanadı gibi... Fakat, onların aynı soydan gelmesi söz konusu değildir.

Mum, çıra, gaz yağı, elektrik ve güneş ışınlarını düşünelim. Bunların hepsi de ışıktır, ama birbirlerine benziyorlar diye aynı menşeden geldiklerini söyleyemeyiz. Mum hayvanî yağ, çıra bitki, gaz yağı maden menşeli, elektriğin menşei de büsbütün değişik, güneş ışığı ise bir gezegenden gelmektedir. (292)

Deniliyor ki: "Maymun önce yerde dört ayak üzerinde yürüyordu. İki ayak üzerinde durmanın daha faydalı olduğunu anladı. İşte onun devamı olan bugünkü insan da iki ayak üzerinde yürümektedir." Oysa ki, dört ayak veya iki ayak üzerinde olmak iskelet ve sinir sistemindeki gelişmeye bağlı bir durumdur. Arzu ile ayak üzerinde kalkılsaydı, çok arzu eden kamburlar kendilerini düzeltirlerdi.

İnsan kör bağırsağının işe yaramadığı, önceki canlılardan körelerek geldiği söylenmektedir. Halbuki, kör bağırsağın bir işe yaramadığı söylenemez. Ona "ikinci mide" denilmektedir. Daha önce de bademcik ve apandistin lüzumsuz olduğu söylenirdi. Bunların bir lenfoit organ, bir nevi vücudun askerî karargâhı olduğu, vücut savunmasında lüzumlu olan antikorların burada yapıldığı şimdi anlaşılmıştır.

Hz. Adem ve Torunları:

Hz. Adem'in saçı siyahtı. Şimdi sarı saçlı, mavi gözlü farklı tipler var. Bu nasıl olur? denilerek burada insanların Hz. Adem'den gelmediği iddiasına dayanak aranıyor. Halbuki:

Aynı soru maymundan gelindiği kabul edilse de söz konusudur. Ata maymun da bir tiptir, ileri nesiller nasıl böyle çeşitli tipte olabiliyor?

---

(292) İnançlar, Dr. Kenan Çığman, S. 81

Hz. Adem'in tipinden farklı ırkların oluşumunu Mendel prensipleriyle açıklayabiliriz. Meselâ benim saçlarım şu anda siyah olabilir de, ben aynı zamanda sarı saç, kahverengi göz vs. gibi özellikleri taşıyabilirim. Şu anda hâkim olan (dominant) siyah saçlılıktır. Ama torunlarım sarı saçlı olabilir.

Bu durumu açıklayabiliriz. Babadan gelen kromozomlar, anadan gelen kromozonlarla karşılaşıyor, birbirine değiyor, parça alışverişi yapıyor. Dolayısıyla farklı bir saç, göz, renk olabiliyor.

Şunu peşinen söyleyelim ki değişiklikler yapılabilir, hatta bu ileri nesillere de aktarılabilir. Fakat değişikliğe uğrayan yine insandır. Değişmekle başka tür olmuş olmaz. Mutasyonlar canlıda bir değişiklik yapabilir. Ama tür değişimi, meselâ ayıdan aslana dönüşüm olmaz. (293)

Değerli okuyucum, zooloji kavramlarını bilmem. Fakat işin uzmanları anlatınca, insan yine de çok şeyler anlıyor. Benim için çok bilgi verici olan aşağıdaki alıntıyı bu niyetle sizlere takdim ediyorum.

"ALLOPOLİPLOİDİ:

Üzerinde durulan bir konu da budur. Bu, farklı canlıların kromozom sayısını, iki, üç katına çıkarma demektir.

10 kromozomlu bir canlı ile 24 kromozomlu bir canlıyı ele alalım. Her ikisinin kromozomlarını iki katına çıkaralım, birininki 20, diğerininki de 48 olsun. Bu iki cinsi birleştirelim. Bu iş çoğunlukla yürümemekle beraber, bazen tutar ve yeni bitki çeşidine devam eder. Kromozom sa-

---

(293) Yaradılış ve Darwinizm - Abdullah Aymaz

yısını iki katına çıkarmanın sebebini açıklayalım. İki katına çıkarmadan çiftleştirmeye melezleme denir. Bu devamlı olmaz. Türler arası melezler (katır gibi) kısırdır. Hayvanlarda bu şekilde meydana gelecek canlı kısır olur, devamlı olamaz. Kısır oluşlarının sebebi erkek ve dişi olmayıp, x oluşlarıdır. Bu şöyle oluyor:

Kromozomları iki katına çıkaralım:

Birinci canlı erkek:	Kromozom	x y
İkinci canlı dişi:	Kromozom	x x
Birinci canlı erkek:	Kromozom	xx yy
İkinci canlı dişi :	Kromozom	x x x x

Bunları genetik olarak birleştirdiğimizde xxx y olur. Hayvanlarda bu y'nin tek oluşu ne erkek, ne dişi olmayı sonuçlandırır.

Canlıların otopoliploidi (aynı canlının kromozom sayısını iki üç katına çıkarma) ve allopoliploidi yoluyla olmadığına dikkati çekelim. Çünkü, genellikle hayvanların kromozomları ikişerli dizilirler. Böylece insanların kromozom sayısı ikişerli dizili 23 takımından 46 olur. Eğer canlılar otopoliploidi yoluyla olmuşsa, meselâ A canlısı B canlısına dönüşmüş iddiası varsa, bu durumda kromozomlar dörder dörder dizilmiş olur.

Allopoliploidi'de bu aynen geçerlidir. Hayvanlar aleminde genel olarak, kromozomların dörderli yerine ikişerli dizilmesi vardır. Yani otopoliploidi ve allopoliploidi hayvanlarda görmüyoruz. Hayvanlarda meselâ, Drosophil sineğinin kromozomları sun'i olarak iki katına çıkarabilirse de, bu sinek çiftleştirildiğinde döl vermez.

Prof. Dr. Fethi İncekara'nın Genetik kitabının mutasyon bahsinde, otopoliploidilerin dörderli değil, bazen üçerli dizilmelerle, birerli dizilmeyi bir arada bünyesinde tutan canlılar göremiyoruz.

Demek ki, canlılar otopoliploidi ve allopoliploidi yoluyla olmamıştır.

Kısacası, evrimcilerin en başta gelen dayanakları olan mutasyonla yeni bir tür meydana gelmiyor. Meydana gelen değişiklik, canlının yine aynı türde kalması şartıyla oluyor. Meselâ, evvelce belirttiğimiz gibi, insanın gerçekte 46 olan kromozomu 45, 47, 48, 49 olabilir. Bu durumda, insanda bazı rahatsızlıklar, özellikle zeka geriliği (mentalretardasyon) ile seyreden bazı kromozomal anormallikler meydana gelir. Ama mutasyona uğratılan bu canlının türü yine insandır.

Zaten fosil ilmiyle uğraşanlar da aynı görüşü savunuyorlar. Aralarından bir küçük zümre, "Canlılar arasında ara fosil bulunmuyor ama, bir canlıdan diğer canlıya doğrudan geçiş mümkündür" görüşünü ileri sürüyor ve ilk kuşun reptil yumurtasından olduğunu söylüyorlar. Bu görüşü de genetikçiler çürütmekte ve canlılar arasında tekamülün mutasyon birikimi ile olduğunu, bir reptil yumurtasından birdenbire bir kuş olması için çok büyük mutasyonlar gerektiğini, bir anda meydana gelecek mutasyonlarla vücut dengesinin bozulup canlının öleceğini belirtmektedir. [294]

---

(294) Yaradılış ve Darwinizm - Abdullah Aymaz

ALLAH AYETLERİNİ KULLAR DEĞİŞTİREMEZ

Sour: *Bir kız başını açıp okuyabilir mi?*

***Cevap*:** Peygamberimiz (s.a.v), "Beşikten mezara kadar ilim öğreniniz. İlim Çin'de de olsa arayınız". (Yani çok uzaklarda da olsa ilmi arayınız. Çin o zaman Müslümanlara çok uzak olduğu için böyle buyurmuştur.) "İlim her kadın ve erkeğe farzdır" buyurmuştur. Bizim şimdiki şuursuz Müslümanlar işin detayına inmeden, İslâm'ın diğer emirlerine bakmadan hemen fetvayı veriyorlar. "Kardeşim ilim sadece erkeğe mi farz, kadına da farzdır diye buyrulmuştur. Öyle ise kadınlar da okumalı gerekirse başını açmalı" diyorlar.

Evet, ilim kadın ve erkeğe farzdır ama hangi ilim? Dinî ilim, her kadın ve erkeğe farzı ayndır. Yani, dinini her kadın ve erkeğin öğrenmesi şarttır. Diğer astronomi, tıp, fizik, kimya, matematik vesaire gibi ilimler ise farzı kifayedir. Yani bazılarının bunları okumasıyla, diğer Müslümanların üzerinden sakıt olur (düşer). Eğer hiçbir Müslüman bu ilimleri okuyup öğrenmezse, bütün Müslümanlar sorumlu olurlar. Şimdi şöyle bir düşünecek olursak, Türkiye'deki okullar İslâm'a uygun bile olsa, yani kız erkek okulları ayrı olsa, kızlara kadın hocalar gelse bile, bir kız kendine farz olan dinî ilimleri öğrenmeden diğer ilimleri öğrenmek için bu okullara giderse, Allah'ın indinde sorumlu olmaz mı? Önce, bir genç kız kendisine farz olan ilimleri öğrendikten sonra bu okullara gidebilir, tabiî ki okullar İslâm'a uygunsa. Yoksa, caiz değildir. " Dinî ilimleri öğrendikten sonra İslâm'a uygun okullarda okuyabilir mi?" diye bir soru gelirse, tabii ki okuyabilir. İster üniversiteyi bitirsin, isterse profesör olsun. Zaten kadın elemanlara da ihtiyaç vardır. Bilhassa kadın doktora çok ihtiyaç vardır. Fakat şimdiki İslâm'a aykırı olan okullarda, ilim kadına farzdır zannı ile, "Kadın doktora da ihtiyaç var. İslâm'a hizmet etmek için okuyorum" gibi vicdanî telkinler katiyyen doğru değildir. Çünkü İslâm'a hizmet, Allah'ın emirlerini çiğneyerek olmaz. Nasıl olur da Allah'ın (c.c) kesin emri olan kapanmayı bırakıp, başını, bacaklarını açıp erkeklerin içinde okuyarak, "İslâm'a hizmet edeceğim" denilir? Böyle konuşan insanlardan yeter ki İslâm'a ziyan gelmesin de...

Aslında, başörtülü kızlara izin vermeyenlerin, bize ve dinimize dost olup olmadıklarını araştırırsak ve karşımıza çıkan sonuçta onlar bize dost değilse, onlardan ilim öğrenmeye tenezzül bile etmemeliyiz.

Fakat, başörtümüzle okuyabilme mücadelemiz ölünceye kadar bitmemeli. Çünkü bu durum, Müslümanların onuruyla bağlantılı bir konuma geldi. Zaten boşvermek de haramdır.

CEHENNEM OLDUĞU HALDE DİZGİNLENEMEMEYEN KULLAR VARKEN, CEHEMMEN OLMASA NE OLURDU, DÜŞÜN?

Soru: *Cehennem gerçekten var mıdır?*

Cevap: Bazılarının sorduğu cehennem sorusu, birileri tarafından kasıtlı olarak beyinlere şırınga ediliyor. Biz Müslümanız ve cehennemin varlığına inanıyoruz, bizim inancımızdan onlara ne? Onların bize saçma gelen inançlarını, torunlarına kapı kapı gezip anlatıyor muyuz? Allah'ın adaletini bilmemekten ileri geliyor. Cehennem elbette var. Bu soru sorulurken önce vicdan ele alınıyor, sonra da mantık. İslâm düşmanları biliyorlar ki, hissî fakat mantıkî sorular kişilere daha çok tesir ediyor. Kişi, Allah'ın kanununu kendi duygularına uygun istiyor.

Önce vicdanı -kısaca- ele alalım: Vicdan bilindiği gibi bir duygudur. Gerçi bu konuyu daha önce işlemiştik, fakat tekrarında fayda olabilir. Bu vicdan denilen duygu inanca göre hareket eder. Meselâ, birini öldüren adamı öldürüp dağa attığı cesedi yemeye gelen sakat bir köpeğe çok acır, onu tedavi ettirmeyi bile düşünebilir. Düşünün, insan öldürmüş, ona acımıyor, topal kurda köpeğe acıyor... Niçin?.

İşte bu vicdan olduğu için. Ama onun vicdanı, İslâmî olmadığı için güzel eğitilmemiş, sonuç korkunç olmuştur. O kişi kendince çok güzel iş de yapmıştır.

Gelelim mantığa:

Mantığı bir teraziye benzetebiliriz. Terazinin üzerine

ne konulursa terazi onu tartar, şeker konsa da, tuz konsa da aynı tartar.

Mantık, doğuruyu da mantıklı anlatıldığında kabullenir, yanlışı da kabullenir. Yani, yanlış bir şey doğru anlatılırsa mantık kabul eder.

Birkaç yıl önce bir kardeşimiz, dayısının Hristiyan olduğunu, telefonla dayısı ile konuşmamı istemişti. Ben de telefon ederek "İslâm dini size ne yaptı ki, onu bırakıp Hristiyan oldunuz?" dedim. O da "Sanki Müslümanlar bırakmıyorlar da, İslâm dinini çok mu seviyorlar?" dedi. Ben de, "Elbette seviyorlar. Sevmemiş olsalar sizin gibi Hristiyan olurlardı", dedim. "Onlar zaten Hristiyan olmuşlar da farkında değiller, ben de öyleydim. Adım Müslümandı, ama kendim Hristiyanmışım ki, böyle oldum... Ben askerken kızlarla işaretleşirdik. İhram giyen kızlar telefonda, irhamımın eteğini hafifçe yukarı kaldırırım, beni oradan tanırsın", derlerdi... Gördük işte... "O kızlar da Müslüman ve de kapalıydı" dedi. Ben de, "Onu örnek gösteremezsiniz, biraz önce sizin söylediğiniz gibi onlar tam Müslüman değilmiş demek ki," dedim. Sonra, "Hristiyanlıkta şahıs mühimdir. Fakat İslâm dininde şahısların bir fonksiyonu yoktur. Çünkü bizim dinimizin idarecisi insanlar değil, bizzat Allah'tır." dedim. O da: "Dininizde de saçmalık var" dedi. Ben de "Neyi beğenmediniz ki?" dedim. O da sordu:

— Üzüm yemek İslâm dininde günah mı?

— Ne münasebet, öyle saçmalık olur mu?

— Saçma tabiî. Üzümün kendisi de haram olamaz, suyu da.

— Size haram diyen oldu mu?

— Tabiî ki haram. İslâm bunu yasaklıyor. İçki niçin haram?

Onun demagoji yaptığını, mantık yolu ile aklınca beni

dinim hakkında şüpheye düşürmek istediğini biliyordum. Fakat yine de emin olmak için sordum:

— Yani siz şimdi bir kilo üzüm alıp, onun suyunu sıktıktan sonra da onu içseniz İslâm bu hareketi haram mı ilan ediyor?

— Tabiî. Hanımefendi siz de anlamaya başladınız.

Din değiştirdim adı altında sahtekarlığını daha da güzel sergiliyordu. Ona göre ahizenin öbür başında olan ben, dinimi bilmeyen biriydim ve cevapsız kalacaktım. Sonra dedim ki:

— Yanlış konuşuyorsunuz. Üzümün taze suyu değil haram olan. Bayatlamış, serhoş eden suyu haram.

— Olur mu canım? Kendisi helâl olan bir şeyin suyu nasıl haram olur?

— Peki size bir şey sorayım. Siz cebinizde kibrit taşıyor musunuz?

Hiç düşünmeden:

— Tabî taşıyorum, dedi.

— Peki, kibriti çakınca da cebinize sokar mısınız onu? Elbette o zaman yakar. Çünkü şeklini değiştirmiştir değil mi? İşte üzüm de böyledir. Yakmadan önce yenir ve içilir. Yakınca yenmez ve içilmez. Yani serhoş edince, şekil ve hüküm değişir.

Tartışmamız on, onbeş dakika sürdü. Ben bu tartışmayı daha sonra birilerine anlattım. Tabiî önce onun söylediği, "Üzüm helâl de suyu niçin haram olsun" sözünü söyledim. Dinleyenler "çok mantıklı" dediler. Sonra benim kibrit misalini vererek, üzüm serhoş etmez, suyu yıllanırsa serhoş eder" dediğimi söyledim. Bu sefer de benim cevabım için "mantıklı" dediler.

Sözün özü, şu ki mantık her yana yatıyor. Onun için

bazı meseleleri mantık açısından değil, dinin hükümleri açısından ele alıp amel etmek lazım. Mantığa güvenen niceleri "tavuk da, ördek de kanatlıdır, onların da leylek gibi uçması lâzımdır" diyerek, ördeğe uçma dersleri vermeye kalkışmışlar, neticede görmüşlerdir ki, her şey kendi kanununa göredir. Mantık kanununa göre değil.

Bu sözümle, "mantığa hitap ediyor" diyerek, her soruyu kabullenmenin bir felaket olduğunu anlatmak istiyorum. İşte çok mantıklı bir soru daha: "Allah niçin cehennem yarattı? Ve de niçin yakacak? Ne lüzûm var ki? O Allah affetsin, gitsin işte..."

Evet görünüşte soruyu soran haklı gibi. Dedik ya, mantık terazi gibidir. Kabına neyi güzel koyarsan onu tartar.

Bu sorunun cevabına gelince, cevabı hem mantıklı, hem adaletli, hem de gerçek. Çünkü Allah'ın cevabıdır. İslâm düşmanları durmuyor. Gençlerimizin helâk olmasına çalışıyorlar... Gençlerimiz ise bir mantık hikâyesi tutturmuş, "Mantığıma yatmayanı kabul etmem" diyor. Ve de Rabbine isyan ediyor, Rabbini reddediyor. Kur'an'ı reddediyor, Kur'an'ını çiğniyor. Tanımadığı, bilmediği ömründe bir defa dahi okuyup tanışmadığı Kur'an'ı küçümsüyor. Ona hakaret ediyor. Onun için tekrar ele aldık.

"Cehennem olmasaydı olmaz mıydı?" Rabbül âlemini ilgilendirir. Yalnız cehennemin varlığı çok şaheserdir. Ve gerçek adalet yeridir.

Gazeteleri okuyunca hayret ettiğimiz olaylarla karşılaşıyoruz. Bu işleri yapanların ceza görmemesi hangi adalette yer alır. İsterseniz birkaç gazete haberi verelim. Verelim ki, bu sapıklığı yapanlara cenneti değil, cehennemi layık görelim.

İşte bir gazete şu başlığı atmış:

"DOSTU İLE BİR OLAN KADIN KOCASINI BOĞDU."

Bir başka başlık:

"İKİ ÇOCUĞUNU SATAN BABA PARASINI KUMARA VERDİ. VE KUMARDA KAYBEDİNCE KARISINI SATIŞA ÇIKARDI."

"BEN ALLAH'I SEVİYORUM" DİYEN KARISINI BOŞADI."

Yine iğrenç bir haber:

"ONBEŞ YAŞINDAKİ KIZLARI SATAN KADIN, KIZLARDAN DAHA ÇOK KAZANIYORUM, DEDİ."

Yine iğrenç bir haber:

"ÜVEY KIZINI YAVAŞ YAVAŞ ÖLÜME MAHKUM ETTİ."

Gazete haberlerini bir kenara bırakarak, biraz da bugünkü dünyamızın üzerinde dönen başka dolaplardan bahsedelim.

Tanıdığımız işçiler var. Bir zalim patron üç çocuklu işçisine, onaltı bin lira veriyor. (Bu ücretle 1993, iki odalı ahşap dairede kirayı bile ödeyemiyordu.) Onun da yedi bin lirasını ayın ondördünde veriyor. Bu işçinin çocuğu hastalanıyor, evine kömür alacak para yok. Gidiyor patronuna:

"Efendim çocuğum çok hasta, kömür alacağım, biraz para verir misiniz?" diyor. Mercedesine binerken, purosunu çeke çeke: "Burada banka mı var?..." diyor ve gaza basıyor adam. İşçi boynu bükük, sinirinden ağlayarak evine gidiyor. İşten çıksa ne yapacak?.. Çıkmasa bu para ile nasıl geçinecek? Ertesi gün patron bu işçiyi çağırıyor. "Oğlum... Al şu üçyüz elli bin lirayı kızımın bugün yaş günü. Şu köşede zümrüt kuyumcusuna bir kolye ısmarladım. Al onu, bizim eve götür" diyor.

Öbür tarafta işçinin çocuğu hasta... İşçi bu zalim patronun yüzüne bakıyor. Düşünüyor. Bu adamı öldürsem ben zarara gireceğim. Şikayet etsem, kime edeyim?

Neticede işçi krizler içinde feryat ediyor. "Ey Allah'ım görüyorsun... Benim çocuklarımın hakkını yiyen bu zalimi affetme yarabbi. Bu dünyada hakkımı alamam. Bu adamdan ahirette hakkımı mutlaka istiyorum" diyor. "Benim sırtımdan kazanıyor, hakkımı vermiyor" diyor garip işçi... Cinnet geçiren işçi. Şimdi size soruyorum, bu patron işçisinin hakkını ödemeden cennete gitsin mi? Azıcık cehenneme sokulmasın mı?

Bu arada bir başka patron düşünelim. (Gerçi böyle Müslüman patronu günümüzde görmek herkese pek kısmet olmuyor. Gerçi İslâm'da patron yoktur. İşveren kardeş, iş yapan kardeş vardır.) Bir işveren işçisine soruyor. Kaç lira kira verdiğini, kaç çocuğu olduğunu. Ve diğer patronlar işçilerine 16 bin lira verirken, bu Müslüman 45-50 bin lira veriyor. O zaman da bu ücret çok iyi bir ücret. "Buyur kardeşim, ben senin sayende para kazanıyorum. Al, hakkını da helâl et. Ayrıca bir derdin olursa bana söyle" diyor... İşçisine köle gözü ile bakmıyor, ona minnet gözü ile bakıyor.

"O olmazsa ben kazanamam" diyor. "Fazla kazanırsam sana da fazla vereceğim" demeyi de ihmal etmiyor.

Yukardaki patron da, aşağıdaki iş sahibi de diyelim öldüler. İşçiden çalan, tevbe etmeden öldüğü halde, ikisini de Allah aynı yere koysa razı gelen olur mu?

Bugün, kayınvalidem, görümcelerim Gülseren ve Pembe ile birlikte bir dertli anne dinledik. Zavallı kadın ağlayarak anlattı derdini. İkiz çocuğu olmuş, biri ölmüş, diğerine de kaynata-kaynana bir olup onun elinden almışlar. Birlikte oturuyorlarmış. Evden de kovmuşlar.

Anneye, kendi yavrusunu emzirmeye izin vermemişler. Çocuk şimdi beş-altı yaşlarına gelmiş. Senede bir çocuğunu görse de, ikisini başbaşa bırakmıyorlarmış. Yıllarca gözyaşı dökmüş bu anne. Ona bu gözyaşlarını döktürenler elbette cezalarını çekeceklerdir.

O gazete haberlerinde okuduğumuz vahşi hayvanlar gibi insanlar ceza çekmeyecekler mi? Onları yapanlar, tevbe etmemişlerse cehennemde yanmayacaklar mı? Öyle şey olur mu? Efendim toprak olsun diyenler var. Toprak olunca acı duyar mı? Akıl sahibi insan şunu kabul etmek mecburiyetindedir ki, mükâfatı hak eden cenneti, cezayı hak eden de cehennemi kazanmıştır. Allah kimseyi zorlamıyor ki, herkes kendi isteği ile giriyor cennete veya cehenneme. İsteyen kabul etmesin. Allah böyle buyurmuş.

Bakın bir genç kız ne yapmış. Nişanlı olan bir erkeğe aşık oluyor. Erkek de bu kıza yüz vermiyor. Çünkü nişanlısını seviyor. Ayrıca bu çocuğa aşık olan kızın nişanlısı da var. Birgün geliyor nişanlı olan çocuğa diyor ki: "Senin nişanlın bizim mahalledeki gençle yıllarca gezdi, tozdu. O çocuk onu almadı. Sen sokak kızısın, dedi. Onun almadığını sen nasıl alıyorsun?"

Nişanlı genç "Yalan" diyor. "Eğer doğruysa o çocuğu bana göster." Kız gidiyor, akşam nişanlısını buluyor. Ona diyor ki: "Benim bir arkadaşım var. Bizim iş yerinde bir erkekle nişanlı. Fakat nişanlısını sevmiyormuş, çocuk da onun peşini bırakmıyormuş. Kızcağız ağlaya ağlaya "Ne olur şu işin çaresine bak." Eğer yardım etmezsen intihar edeceğim, dedi. Senden rica ediyorum. Yarın iş yerine gel. Seni, arkadaşımın eski sevgilisi diye tanıttım. Sana ne sorarsa cevap ver ve onunla gezdiğine, onu güzelce ikna et. O genç kızcağızın peşini bırakır da kızcağız da huzura kavuşur. Bildiğin gibi değil. Kızcağız çok ağlıyor", diyor. Bu konuşmaları dinleyen delikanlı teklifi kabul ediyor. Ertesi gün sevgilisinin iş yerine geliyor. Planı mükemmel hazırlayan vahşi kız, ikinci sevdiği nişanlı delikanlıya "Nişanlının eski sevgilisi geldi, şu an yazıhanede. Bir şeyler sormak istiyorsan git sor" diyor. Çocuk hızla kendini yazıhaneye atıyor, oradaki gence: "Sen Serap'ı tanıyor musun?" diyor. O da, "Tabi tanıyorum, onunla arkadaşlık yaptık... O kız mükemmel bir sokak kızıdır" diyor. Genç şaşkına dönüyor, nereden bilsin dönen dolapları, hemen inanıyor. İlk işi nişanı atıyor. Nişanlısı krizler geçiriyor ama onu dinleyen kim? Kız hastalanıyor. Günlerce yemiyor, içmiyor. Sonunda tüberküloz (verem) hastalığına yakalanıyor. Kızın anası, babası adeta perişan oluyor. Kız yetmiş kilodan, kırkdokuz kiloya düşüyor... Yıllarca hastanede yatar, fakat kıza bir kriz hastalığı musallat olur. Bütün insanlardan kaçmaya başlar. Tek odanın içinde yaşar. Nişanlısı da, o zalim kızla evlenir. Aradan yirmi yıl geçer. Şimdi o hasta çilekeş kız, kırk yaşında ve evlenmemiş. Hasta... Bedbaht..

Şimdi akıl sahiplerine soruyorum. O birbirini seven çiftleri ayıran hain bedelini ödemediği, nasuh tevbesi gibi tevbe etmediği, iftira ettiğini söylemediği halde cehenneme gitmesin mi? O da her iyi insan gibi cennete mi gitsin? "Evet" diyenlerin adaletinden ve de aklından şüphe ederim.

Yaşanmış hayattan bir örnek daha vereyim:

Adamın birisi kıt kanaat çalışmış; birbaşka deyimle yememiş, içmemiş para biriktirmiş. Yıllarca hayalinde bir ev almak varmış. Adam, memleketine dahi dörtbeş yılda bir gidermiş. Çocukları ve kendi doğru dürüst bir ayakkabı giyememiş. Nihayet 20 yıl sonra, bir gecekondu yapacak kadar para biriktirmiş. Hırsızın birisi canavarca bir yolunu bulup, o paraları çalmış. Adamın üzüntüsünü siz düşünün. Ne hale gelmiştir?

İşte Allah, o hırsızı insanlar bu dünyada yakalasa, "kolunu kesin" emrini veriyor. Yakalanmazsa, ahirette cehennem azabı veriyor.

Ancak, İslâmi kurallara uygun hukuk devletinde o hırsız daha önce güzelce eğitilir. Ona iş imkanı verilir. Yine hırsızlık yaparsa, o zaman kolu kesilir. Bu hükme karşı gelenlerin elindeki son para çalınsa, işte o kişiyi o zaman görmek isterim. Değil kolunu kesmek, belki kafasını da keser, ama İslâm'a zıtlık olsun diye, "Böyle şey olur mu?" nutukları atar. Uzaktan davulun sesi hoş gelir misali. Bir davul kulağının dibinde çalsın bakalım, ne oluyor?...

Netice olarak Allah, cehennemi yaratmış. Girmek istemeyen tedbir alsın. İnanmayan da gidince var mı, yok mu anlayacak zaten.. Cehennem olmamış olsa, cennetin kıymeti bilinir mi? Cennetteki kullarına Allah (c.c) bizzat cehennemi gösterecek ki, cennettekiler, "İyi ki Rabbimize ibadet etmişiz. İyi ki o kadar çilelere rağmen Allah'ı unutmamışız. İyi ki gösterişçi, cimri, zalim değilmişiz" desinler...

Bu kitaba ait sorular böylece bitmiş oldu. İyiler İslâm'ın, hatalar bizimdir. Allah hepimize hayırlı amel nasip etsin (amin).

Şimdi, önemli sözlere, sonra da bu kitaptan dolayı ceza almama sebep olan bilirkiş raporuna geçelim.

İbretli Sözler

* ***"Kişilik, kişinin yaşama biçimi de denilebilir."***

* "Bir insanın hücresinde yirmi bin ile yüz yirmi bin arasında gen olduğu sanılmaktadır." Dr. M. Ünal

* ***"Haksızlık kimden gelirse gelsin, kime yönelik olursa olsun, mazlumdan yana, zalimlere karşı olmalıydık." (?)***

* "Zorunlu kültür değişimleri, sosyal kültür değişimi demek değildir. " La Edri

* ***"Hem farklı hem zayıf asla olamazsınız." Cemil Meriç***

* "İnsanın davranışları kültürünü sergiler. (?)

* ***Kültür, doğuştan gelmez insanların psiko-sosyal alışkanlıkları ve çeşitli davranış kalıplarıdır.***

* "Küçümsediğin her şey için, önemsediğin büyüklükte hesap ödersin." Burhan Toprak

* ***"Tehlike konusunda bilgisi eksik olan, tehlikeye en yakın olandır."*** *La Edri*

* "Kur'an'ın sinesine ihlas ile kulağını versen neyi duymazsın, aşk ile nura basiretini çevirirsen neyi görmezsin."(?)

* ***İslâm, terakkiye mani olmadığı gibi terakkiye mani olanlara manidir.***

* İçinizde bir şeyler değişmeden, dışınızda asla bir şey değişmez.

* ***"Bir can değil mi, ha yorganda çıkmış ha urganda; ne fark eder?"*** *Atasözü*

* "Kültür: Uygun zihinsel faaliyetler aracığıyla aklın ve ruhun bazı yeteneklerinin geliştirilmesi anlamına gelmektedir. Ayrıca bir uygarlığın zihinsel, düşünsel yönlerinin tamamı şeklinde tanımlanmıştır.

* ***"Kültürün bir tanımı henüz yapılmadı."*** *Dr. Mahir Ünal*

* "Ümitsizlik, tembelliğin sığınağıdır."(?)

* ***"Büyüklük, kuvvetli olmak değil, kuvveti yerinde kullanmaktır."*** *La Edri*

* "Düşünürlerin aydınlatmadığı toplumu şarlatanlar aldatır." Kondenset

* ***Peygamber Efendimiz buyuruyor ki:***

"Biriniz kardeşini (Allâh için) seviyorsa ona sevdiğini söylesin."

* "Cahillerle girdiğim her tartışmayı kaybetmişimdir." Ebu Hanife

* ***"Yaşlılık, bir dağa tırmanmak gibidir, tırmandıkça yorgunluğunuz artar. Nefesiniz daralır ama görüş açınız genişler."*** *Bergman.*

* "Savaşta, dövüşenlerden çok, kaçanlar ölür." S. Lopen

* ***"Çile çekmeyen saadeti, mutluluğu anlayamaz."***

* "Gecelerin ne kadar uzun olduğunu ancak hastalar anlar." Sadi

* ***"Siz, kendinize inanın, başkaları da size inanacaktır."*** *La Edri*

* "İnsanlık var oldukça arayış bitmeyecektir."

* ***"Öfke gelince akıl gitmemeli. Gitmişse çabuk getirilmelidir.***

* "Evladımı doğurdum, gönlünü doğuramadım."

* ***"Olmaya devlet cihanda, bir nefes sıhhat gibi."*** *Kanuni*

* "Ya bir yol bul, ya bir yol aç, ya da yoldan çekil." Mümin Sekman

* ***"Düzenin kursağında uyuduk."***

* "Gülümseme önce beyinde başlar, sonra yüze iner." R.A.

* ***Çocuğa yapılan yatırımdan daha faydalı bir yatırım yoktur."***

* Çocuklar, göremiyeceğimiz bir zamana gönderdiğimiz canlı mesajlardır." N.L.P.

* ***"Hayat ağır bir yük değildir. Zaten yol uzun sürmeyecektir."***

* "Sinirli ve geçimsiz çocuklar, saadetsiz izdivaçların mahsûlüdür." Dr. Wilhem Stekel

* ***Allah'tan daha güzel kanun koyan olamaz.***

* İslamsız toplum ruhen çökmeye mahkumdur

* ***Dünyaya önem verdiğimiz kadar ahirete de önem veriyor muyuz?***

* Çarşafın aleyhinde olanlar kıyafet devrimini onaylıyor demektir.

* ***Peygamberimiz hem devlet adamı hem de ordu komutanıdır.***

* ***Kur'an-ı Kerim'in bir hükmünü bilerek inkar eden İslamdan çıkar.***

* Kur'an-ı Kerim'in hükmü kıyamete kadar geçerlidir.

* İslam sadece güzel konuşma dini değil, tatbik dinidir.

* ***Bizi Amerika-Rusya değil ancak nefsimiz yener. M. Ustaosmanoğlu***

* Laik devlete İslam ülkesi demek Atatürk ilkelerine aykırıdır.

* ***İslam, Peygamberimizin metoduyla yayılır.***

* Emirlerini yerine getirmek Allah'ı sevmektir.

* ***Öyle bir duruşun olsun ki, gören İslamı hatırlasın.***

* Nefsini yenemeyen düşmanını yenemez.

* ***İslamı öyle yaşa ki seni öldürmeye gelen sende dirilsin.***

* İslâm düşmanlarına verdiğin paranın nereye gittiğini biliyor musun?

* ***Çocuğunun rızkını düşündüğün kadar imanını da düşün.***

* Müslümanın suçunu dine maletme.

* ***İslamca yaşarken dünya için çalışman da bir ibadettir.***

* İslamı yaşarken başkalarının tenkitlerine aldırma.

* ***Mazlumlara dua etmeyi unutma.***

* Davaya verilmiş neyin var?

* ***Örtüden değil çıplaklıktan utan.***

* Müslümanlığınla gurur duy. Çünkü sen, Alemlerin Rabbine secde ediyorsun.

* ***Peygamberimiz ve sahabinin hayatını iyi öğren.***

* İtikatta ehvenişer olmaz.

* ***Çoğunluğu değil, az da olsa hakkı destekle.***

* Cennet ucuz değil, cehennem de lüzumsuz değil. S. Nursi

* ***Ümitsizlik imansızlıktır.***

* Zulme karşı dik durmalısın.

* ***İslam İslam derken kalktık, Batı Batı derken battık.***

* İslam herkese uymaz, herkes İslâma uyar.

* ***Zina eden kadın ayıplandığı kadar zina eden erkek de ayıplanmalıdır.***

* İslam bir ideoloji değil, vahiydir.

* ***Kendi fırkanda olmayan Müslümana kızdığın kadar din düşmanlarına kızıyor musun?***

* Türkiye'de 4. 10. 126'da İsviçre Hukuku Kabul edildi.

BİLİRKİŞİ RAPORU

Bu kitap 1985 yılında yazarına 8 yıl üç ay hapis cezası aldırmıştır... Yazarı bu kitap için 2.5 yıl hapis yattıktan sonra infaz yasasından yararlanıp cezaevinden çıkmıştır...163. maddeden yargılandığı için kitap bir dönem yasak edilmiştir. 163. madde kalktıktan sonra serbest bırakılmış, 2006 yılında yazar kitabı gözden geçirererk okuyucusuna sunmuştur.

Mektup Yayınları

İstanbul Devlet Güvenlik Mahkemesi Başkanlığı'na,

Üzerinde Emine Şenlikoğlu tarafından kaleme alındığı, işaret edilmiş bulunan (Gençliğin İmanını Sorularla Çaldılar, İstanbul, 1984) başlıklı kitabın incelenerek, bunda TCK 163. maddeyi ihlal edici nitelik bulunup bulunmadığı hususunda bilirkişi sıfatıyla mütaalamızın tespiti istenilmekle gerekli incelemeler yapılmış ve neticesi aşağıda arzedilmiştir:

415 sahifeden ibaret bulunan kitap, başlangıçında da açıklandığı üzere, İslâm dini hakkında bazı sorulara cevap vermek amacıyla kaleme alınmış bulunmaktadır. Yazara göre, bu sorular İslâm dinini tezyif ve özellikle gençlerin dini tutumlar elde etmelerini önlemek maksadıyla tevcih olunmaktadır. Bu soruların cevapları, uygun bir şekilde verilmediği ve devlet okullarında yapılan din eğitimi bu bakımdan etkisiz olduğu için özellikle yüksek öğretim gençliği, soruların cevabını bulamamakta ve böylece sorularla onların imanlarının yok edilmesine çalışılmaktadır.

Kitabın yazarına göre, İslâma hucum edilerek genç nesillerin İslâmi imandan yoksun olarak yetişmelerini isteyenler, onlara İslâmı küçük düşürücü, İslâmın esaslarından şüpheye düşmelerine sebebiyet verici sorular tevcih etmekte ve emellerine böylece ulaşmaya gayret etmektedirler. İşte yazar, bizzat kendisi vazettiği sorulara cevap vermek suretiyle, hayali birtakım İslâm düşmanlarına karşı, İslâmın müdafasını yapmakta bulunduğunu açıklamaktadır. Gerçekten de kitap, baştan sonuna kadar belirtilen biçimde vazedilmiş sorulara cevapları ihtiva eylemektedir.

Ancak, yazar bununla yetinmemekte, kitabın birçok bölümlerinde bugünkü Türk toplum düzenini tezyif ve tezlif edici ifadeler öne sürmektedir.

(.....)

Yukarıda belirttiğimiz niteliğine göre kitabın, TCK 163. maddeyi ihlal edici nitelikte bulunup bulunmadığını tesbit bakımından, İslâmî devlet, Laiklik gibi kavramla da ifade etmiş bulunduğu hususları gözden geçirmek uygun sayılmıştır. Kitabın 8. sahifesinde, "Dün devletin Allah'ın ahkamıyla yönetildiği sırada Batının bize muhtaç olduğu, bugün ise devletin, insanların kanunlarıyla yönetildiği ve devletin Batıya muhtaç hale geldiği, Kur'an'ın emirleri uygulandığı zaman ülkede maddi manevî, bir huzurun olduğu, zenginliğin ileri derecede bulunduğu, ilimde en ileri gidenlerin Müslümanların olduğu" beyan edilmektedir. Böylece devletin gelişebilmek için ilahi hükümlere dayandığı fikri açıklanmış olmakta ve 163. madde ihlal edilmiş olmaktadır. Kitabın 20. sahifesinde Türkiye'nin İslâm devleti olmadığı, çünkü anayasanın Kur'an olmadığı, halbuki Türkiye'de kanunları insanların yaptığı, bugün artık Türkiye'nin uyguladığı bir İslâmi emrin mevcut bulunmadığı, Cuma namazını işçilerin ve memurların kılamadıkları belirtilmekte. 22. sahifede Kur'an'ın din işleriyle devlet işlerini ayırmadığı, kim ayırırsa İslâm'dan çıkmış olacağı, Kur'an'ın bir hayat nizamı olduğu, bunun böyle olduğu anlatılırsa, insanın mahkemeye çıkıp hapse atılacağı; 23. sahifede İslâm'ı tatbik etmediği müddetce Türkiye'nin huzura kavuşamayacağı belirtilmekte ve böylece kanaatımızca 163. madde ihlal olunmaktadır.

31. sahifede, İslâm bir bütün olarak anlatılırsa, insan kanunların bütün çıplaklığının meydana çıkacağının muhakkak olması sebebiyle Türkiye'de buna fırsat vermemek için uyutmalı din derslerinin okutulduğu, 33. sahifede, İslâmın dünya işlerine karışan bir nizam olduğu; 70. sahifede, Allah'ın, insanların dünyada tatbik ettikleri müddetçe huzura kavuşacakları, Kur'an-ı Kerim ve peygamberin sünnetlerini bir anayasa olarak göndermiş bulunduğu, 222. sahifede, bugünkü Türkiye'deki devletin kanunlarını insanların hazırlamış bulunduklarını, oysa değişmez İslâm devletinin kanunlarını Allah'ın hazırladığı, Türkiye'deki Laik devletin kanunlarını insanların hazırladığı için zinayı serbest bıraktıkları, oysa İslâm devletinde zinanın kesinlikle yasak olduğunu, (.......) belirilmekte; 243. sahifede, İslâm devletinin askerlerinin nöbet tutarak bile ibadet sevabı kazandığı açıklanmakta; 248. sahifede, Müslümanlığın İslâmi hükümlere uymak demek olduğu açıklanmakta; 256. sahifede Allah'ın emirlerini inkar edenlerin çok olduğu, meselâ bunların Allah'ın kanunları dururken insanların kanunlarıyla yargılanmak istedikleri, "Bu zamanda kapalılık olur mu?" diyenlerin kafir oldukları; 281. sahifede, bu düzenin yetiştirdiği toplumun yarısından fazlasının ruh hastası olduğu; 283. sahifede Kur'an-ı Kerim'in bir anayasa olduğu; 351. sahifede, kadın ve erkeğin ancak Allah'ın kanununu yaşamakla birbirlerini tanıyacakları, (......) 364 ve 365. sahifelerde, milliyetçiliğin İslâma göre küfür olduğu; 380. sahifede İslâmın kendisine has miras, ekonomi, hukuk sisteminin mevcut bulunduğunu, İslâmiyetin bir bütün devlet sistemi olduğu, Türkiye'nin ise, Laik demokratik bir ülke olmasına rağmen din ile devlet işlerini ayırdığı, hukuk, miras gibi konularla Diyanet İşleri'nin ilgilenemediği belirtilmekte ve Almanya ile olan ve yazarın iddia ettiği bir kısım farklara değinilmektedir.

Yukarıdan beri açıklandığı üzere yazar Türkiye'de İslâmi bir devlet istemekte ve Laik düzeni, tağut düzeni olarak nitelendirmektedir. Böylece devletin dinî esaslara uydurulması gerektiği propagandası yapılmaktadır. Netice olarak kitabın TCK 163. maddeyi ihlal eder mahiyette bulunduğu kanaatına varılmıştır.

Keyfiyet saygıyla arz olunur.

26. 3. 1985
Bilirkişi
Ord. Prof. Dr. Sulhi Dönmezer